현대중국의 이해

현대중국의 이해

5판 발행　2019년 9월 10일
초판 발행　2000년 3월 15일

지은이　최 환·남민수·박명진
펴낸이　서길수
펴낸곳　영남대학교출판부
출판등록　1975년 9월 5일 경산 제16-1호　주소 경북 경산시 대학로 280
전화　053) 810-1801~3
FAX　053) 810-4722
홈페이지　book.yu.ac.kr
ISBN　978-89-7581-809-7 93820

• 값은 표지 뒷면에 있습니다.
• 잘못 만들어진 책은 바꾸어 드립니다.

이 도서의 국립중앙도서관 출판시도서목록(CIP)은 서지정보유통지원시스템 홈페이지(http://seoji.nl.go.kr)와 국가자료공동목록시스템(http://www.nl.go.kr/kolisnet)에서 이용하실 수 있습니다. (CIP제어번호 : CIP2019034468)

현대중국의 이해

최환 남민수 박명진 지음

영남대학교출판부

개정판을 내면서

2005년 2월, 2009년 2월, 2014년 2월에 개정판을 내고 다시 개정판을 내게 되었다. 중국의 빠른 변화 속도를 감안하면 4-5년 만에 개정판을 내는 것이 얼마간 늦은 감이 있다고 할 수 있겠으나, 여러 사정상 이보다 빨리 개정판을 내는 것은 결코 쉬운 일이 아니다. 특히 2017년 10월, 중국공산당 제19차 전국대표대회를 기점으로 시진핑 집권 2기를 맞이하였는데, 이 사실 하나만 보더라도 책의 내용을 개정하지 않을 수 없었다. 아울러 빠른 속도로 발전하는 중국의 경제·사회·문화 등 방면의 성과도 새로이 반영하지 않으면 안 되었다. 이처럼 이번 개정판에서도 그 동안 중국의 발전·변화된 모습이나 새로 나타난 문제점 등을 반영하였을 뿐만 아니라 어떤 분야에서는 비교적 최근의 통계 수치로 바꾸거나 보충하였으며, 잘못되거나 불필요한 부분이 있으면 삭제하기도 하였다. 본서의 중국어 표기법은 교육부 표기법으로 통일하였다. 그리고 그 동안 수업 중에 제시된 학생들의 의견도 적지 않게 받아들여 개정에 참고하였다.

이번에도 신문이나 잡지 그리고 여러 책에서 도판들을 활용하였으나, 그 출처를 일일이 밝히지는 않았다. 해당 저작권자에게 지면을 통해 양해를 구한다. 아울러 책 표지도 새로운 모습으로 단장하였다.

앞으로도 시시각각으로 변화하는 중국을 따라잡기 위해 일정 기간을 두고 본서를 개정할 것이다. 본서에 보이는 문제점이나 수정·보완할 부분이 있으면 언제든지 고견을 제시해주기 바란다.

끝으로 이번 개정판 편집 작업을 맡아 훌륭하게 마무리해준 영남대학교 출판부 여러 선생님들께 심심한 사의를 표한다.

2019년 8월

최환 삼가 씀

머리말

중국의 새벽 풍경은 우리와 많이 다르다. 기氣체조를 하는 할아버지·할머니들, 태극권太極拳을 하는 아저씨들, 에어로빅을 하는 아주머니들, 사교춤을 추는 남녀들, 조깅을 하는 젊은이들, 영어 책을 읽고 있는 대학생들……. 그들의 동작이 결코 빠르지는 않지만, 전체 새벽 분위기는 어딘가 모르게 활기가 넘치는 것을 느낄 수 있다. 중국 새벽의 이와 같은 활기가 중국의 미래를 상징하는 것이 아닌가 하고 생각해 본 적이 있다. 중국에 가 보면, 그들의 새벽처럼 활기에 넘치는 중국 사람들을 곳곳에서 만날 수 있다. 하루가 다르게 변화하는 중국의 모습에서도 그것을 느낄 수 있다. 12억이 넘는 중국 사람들이 무서운 기세로 미래를 향해 세계를 향해 달려 나가고 있는 것이다. 이제 그들은 우리의 뇌리 속에 남아있던 '땟놈'으로서의 중국 사람도 아니며, '비단이 장수 왕서방'으로서의 중국 사람도 아니며, '짱께이'로서의 중국 사람도 아니며, '1·4후퇴 때 인해전술의 중공군'으로서의 중국 사람도 아니다.

중국 최초의 민간 경제학자로 중국 안팎에서 명성을 얻고 있는 예일대학 경제학박사 출신 후안강胡鞍鋼은 그의 저서 《중국의 발전 전망》에서 중국이 미국을 어떻게 따라잡을 수 있는지를 수치로 설명해 놓았다. 1994

년의 중국인 1인당 GDP를 2,100달러로 잡고, 연평균 7.6%의 성장을 할 경우 오는 2013~2015년이면 전체 GDP규모가 간단히 미국을 추월할 수 있으며, 세계 최대의 경제규모와 최대의 무역거래 총액을 자랑하는 나라가 될 수 있다는 것이다. 굳이 이러한 경제적인 수치를 들지 않더라도 중국의 경제발전 전망에 대해 부정하는 사람은 거의 없을 것이다. 아무튼 중국은 세계에서 가장 역동적으로 성장하고 있는 나라로, 21세기 초에 세계 최대 경제규모의 나라가 될 것이라는 전망은 결코 과장이 아닐 것이다.

이렇듯 무섭게 달려오는 중국과 중국인에 대해 우리는 얼마나 깊이 있게 이해를 하고 있나? 그저 '중국은 인구가 많고 땅이 넓으며, 중국인들은 장사에 능하고 불결하다'는 정도의 이해로는 이제 충분하지 않을 뿐더러 그것으로는 중국과의 경쟁에서 뒤로 밀리기 마련일 것이다. 중국에 대한 이해는 이제 그들과 이웃으로 살고 있는 우리에게는 하나의 '교양'일 뿐만 아니라 '필수'이기도 하다. 중국 사람들의 특성 및 그 장점과 단점, 중국의 과거와 현재 그리고 미래, 중국의 미래지향적인 면과 부정적인 면, 지금의 중국이 안고 있는 여러 가지 문제점 등을 아울러 이해하지 않으면 안 될 것이다.

이 책은 대학 교양과목의 교재로 사용하기 위해 편찬된 것으로, 대학생들이 현대 중국에 대해 상식적으로 반드시 알아야 할 내용을 위주로 하고 있다. 현대 중국의 이해에 앞서 먼저 알아야 할 중국과 중국인에 대한 일반적이면서 총론적인 내용을 먼저 다루었으며, 그 다음에는 현대 중국의 역사·정치·경제·사회·문화(주로 문학과 영화 등) 방면을 중심으로 그 체제를 꾸렸다. 그리고 이 책은 기존의 여러 학자들의 견해 및 언론매체의 기사 등을 참조하고 아울러 필자들이 중국에서 생활하면서 보고 듣고 느꼈던 경험을 가미하여 썼다. 그러나 본문에서는 참고한 문헌들에 대해 일일이 주를 달지 않았다. 대신 책 뒤의 '참고문헌' 부분에 모두 수록하였다. 본문 내용에 대한 각주도 될 수 있는 대로 달지 않고 본문 중에 괄호 처리하여 설명하거나 내용 중에 흡수시켜 기술하는 형식을 취했다. 그러나 제2장 '현대중국의 역사' 부분에는 역사적 사건 등이 너무 빈번하게 출현하는 관계로 서술의 편의상 각주를 달아 설명하였다. 그리고 본문 중에 나오는 중국어 고유명사 표기는 될 수 있는 대로 중국어 발음으로 표기하고, 각 장마다 처음 나오는 것을 중심으로 한자를 병기하였다. 아울러 본문 중에 사용한 도표들은 강준영·전병곤·지세화의 《한 권으로 이해하는 중국》이라는 책에서 인용했음을 밝혀둔다.

교양과목 교재로서 나름대로 알차게 꾸미려고 노력했지만, 아직도 부족한 곳이 많은 것 같다. 현대중국을 이해하는 데 반드시 짚고 넘어가야 할 문제임에도 불구하고 필자들이 과문寡聞하여 그냥 지나친 부분도 분명히 있을 것으로 짐작된다. 그리고 일부 통계수치는 비교적 오래 되어 시의성時宜性이 부족함을 인정하지 않을 수 없다. 이런 부족함을 비롯하여 기타 여러 문제들에 대해 선배 제현의 질정을 겸허하게 기다릴 뿐이다.

아무튼 본서가 대학생들은 물론 중국에 가본 적도 없고 현대 중국에 대해 이해가 별로 없는 일반 독자들에게 조금이나마 도움이 되었으면 하는 바람이다.

2000년 봄의 문턱에서

崔 桓 씀

차례

제1장 총 론

제1장

총론

중국 개황

'중국中國'이라는 명칭에 대해

'중국'이라는 명칭이 가장 먼저 나타난 것은 서주西周 초기였다. 당시에 이 말은 세 가지 의미를 내포하고 있었다. 첫째는 천자가 거주하는 성城으로 사방의 제후가 거주하는 성과 달리 그 중간에 위치하고 있었던 천자의 거주지를 지칭하는 것이었다. 즉 '중국'은 수도를 의미하며 그것은 당시 서주의 수도 호경鎬京을 가리키는 지역 이름이었다. 여기서 말하는 '국'은 현재 사용하고 있는 '국가'라는 의미이기보다는 '성'·'지방'·'지역'의 뜻으로 사용되었다. 둘째는 주周가 상商을 멸하기 전에 주나라 사람들이 살고 있던 황허黃河 중하류 지역을 '중원의 나라中原之國', 즉 '중국'이라 부르던 것이 주 왕조까지 이어져 내려온 것이다. 셋째는 하夏·상·주족이 융화되어 하나의 민족이 된 후, 하족을 의미하는 '화하華夏'를 중국으로 칭한 것이다. 위진魏晉시대에 이르러서는 '중국'과 '화하'라는 두 단어가 조합되어 각 단어의 첫글자를 따서 '중화中華'라고 칭하였다. 후에 습관적으로 국가의 명칭으로는 '중국', 민족의 명칭으로는 '중화민족中華民族'이라고 칭하게 된 것이다.

한국에서 중국을 말할 때 빠짐없이 등장하는 낱말에 '중화사상中華思想'이란 것이 있다. 중국문화의 상징어로서 쓰이는 이 말은 곧 중국 중심적인 사고방식과 행동양식을 나타내며, 중국 지상주의의 우월 의식 속에서 주변의 민족을 야만시하고 자신이 세계 중앙에 위치한 최고 문명의 나라라고 자만하는 관념을 내포하고 있다. '중국'이라는 단어에 이미 세계 중심의 나라라는 자만심이 한껏 배어 있다. 이 중국 중심주의 심층에는 언제나 화이華夷이원론이 흐르고 있었다. 화華 즉 중화는 문화의 절대적 선진국이자 중앙이며, 주위의 나라는 모두 문명을 등진 오랑캐夷라는 것이다. 중국인들은 동쪽에는 이夷, 북쪽에는 적狄, 서쪽에는 융戎, 남쪽에는 만蠻이라 불리는 오랑캐가 사는데, 하나같이 중화문명의 은혜를 받지 않으면 안 되는 나라라고 이민족에 대해 극도로 멸시하였다. 세계는 '화'라는 중심의 핵을 야만의 나라가 둘러싼 동심원을 이루고 있으며, 핵인 중화에서 물리적으로 떨어진 지역일수록 문명이 없고 야만한 곳이라고 여겼던 것이다. 중화세계를 인류문화의 중심이자 온 우주의 중심으로 여겼던 중국인의 세계관은 현실주의적 사상체계로서 완비된 유교儒教와 결합하면서 그 배타적 우월주의가 더해진다. 그래서 중국은 자신들이 정치적으로 영향을 미칠 수 있는 지역에 대해서 반드시 그들의 유가儒家사상과 유가문화에 따를 것을 요구했고, 또 이민족은 그것에 순응하면서 중국문화를 적극적으로 수용하고자 했다. 심지어 중국 전체를 지배했던 이민족도 스스로 중국문화에 동화되기조차 했는데, 원元나라와 청清나라 때 한족漢族을 지배했던 몽고족蒙古族과 만주족滿洲族은 오늘날 거대한 중국 속의 소수민족에 불과할 뿐이다. 아무튼 옛날부터 쓰고 있는 '중국'이라는 단어를 생각할 때, 오늘날 우리가 생각하는 것처럼 하나의 나라라는 뜻보다는 어떤 훌륭한 문화를 형성하고 있었던 하나의 '문화권文化圈'으로 파악해야 편리할 경우가 많다.

요즈음 중국은 오천 년 역사에서 보기 드문 초강대국의 시대를 맞이하고 있다. 2008년 베이징올림픽·2010년 상하이국제박람회를 성공리에 마무리하였고 인민폐가 SDR에 편입되면서 세계 5대 기축통화의 하나가 되었다. 이제 '중화'민족의 활동무대는 아시아가 아니고 전세계라는 인식이 모든 중국인의 가슴을 뛰게 하는 것이다. 시진핑 국가주석이 '중국의 꿈中國夢'과 '일대일로一帶一路'를 국가의 비전으로 제시하는 이유는 중국이 중진국의 수준을 넘어 선진국으로 가겠다는 의지를 내비친 것이라 하겠다.

여기서 정치적 의미로서의 '중국'이라는 명칭에 대해 알아보기로 하자. 1911년 쑨원孫文이 일으킨 신해혁명辛亥革命으로 청나라 봉건왕조는 무너지고 중화민국中華民國이 건국되었으며 그 약칭으로 국명을 '중국'이라고 했다. 1949년 중화인민공화국中華人民共和國, People's Republic of China 성립 이후 그 약칭으로 '중국'을 국호로 사용하고 있다. 그러나 1911년 국민당國民黨이 세운 중화민국의 정통성을 이어받고 있다고 주장하는 타이완臺灣은 자신들의 정식 국명을 중화민국으로 줄곧 사용하였으나, 세계 정치무대에서 중국에게 밀려난 후에는 타이완 또는 차이니스 타이베이CHINESE TAIPEI로 표기하고 있다.

1949년 이후 타이완을 장기간 통치해 오던 국민당이 2000년에 타이완의 야당인 민진당의 천수이볜에게 총통자리를 빼앗겼다가 그 후 다시 국민당의 마잉주 후보가 총통자리를 되찾았는데 2016년에는 다시 야당인 차이잉원이 타이완 최초의 여성 총통이 되면서 정권을 교체하였다. 이러한 타이완 정국의 상황은 아이러니한 정치 상황을 만들기도 했는데 즉 과거의 적대관계이던 국민당이 중국공산당의 '하나의 중국'이라는 구호에 공감대를 표시하고 타이완 사람들의 타이완을 주장하는 차이잉원 총통

등 과거의 야당은 중국공산당의 압력에 강력히 저항하며 대륙과 별개로 타이완의 독립을 추구한다는 것이다. 현재 아시아에서 미국과 중국의 패권경쟁이 심화되면서 타이완은 수교국가가 점점 줄어드는 등, 정치 외교적으로 어려움이 가중되고 있다.

중국의 국기國旗와 국토

중화인민공화국의 국기國旗를 보통 오성홍기五星紅旗라고 부른다. 왜냐하면 국기의 바탕색깔은 붉은색인데 붉은색 국기의 왼쪽에 다섯 개의 큰 별이 그려져 있는 도안이기 때문이다. 중앙에 있는 큰 별은 중국공산당을 상징하며 중앙의 큰 별을 둘러싸고 있는 네 개의 작은 별은 노동자·농민·소시민계급·민족자본가계급 등을 상징한다고 한다. 즉 이 깃발에 담긴 의미는 중국공산당이 중심이 되어 네 계급이 단결하여 중국 혁명을 완성하였다는 의미를 담고 있는 것이다.

중국은 아시아 대륙의 동부, 태평양의 서안에 위치하고 있으며, 동으로는 북한, 북으로는 몽고인민공화국, 동북과 서북에는 러시아, 서와 서남으로는 아프가니스탄·파키스탄·인도·네팔·시킴·부탄, 남으로는 미얀마·라오스·베트남과 인접해 있다.

국경의 총 길이는 22,800km이며, 육지 면적은 약 9,632,922km^{2}로 한반도의 약 44배, 세계 육지 총면적의 1/15, 아시아 대륙 면적의 1/4로, 러시아와 캐나다에 이어 세계에서 세 번째이며 아시아에서 가장 넓고 전체 유럽의 면적과 비슷하다. 중국은 이처럼 넓은 국토를 가지고 있으므로 다양한 각종의 지형과 풍부한 지하자원들을 보유하고 있다. 중국의 내륙지형은 서쪽이 높고 동쪽이 낮다. 즉 해안지대에서 가장 가까운 연안일대 지형은 낮은 구릉과 평원이 대부분으로 해발 1,000~1,500m의 낮은 지형을 이루고 있다. 서쪽, 즉 내륙으로 들어가게 되면 1,000~2,000m의 지형대가 나타나는데, 네이멍구고원·황토고원·타림분지·투르판분지·쓰촨분지 등이 이 지역에 해당한다. 서쪽의 가장 내륙, 곧 칭짱고원青藏高原은 해발 4,000m 이상의 지형대로 높은 산이 많고 기후가 한랭건조한 곳이다. 내륙의 주요산맥으로는 톈산산맥天山山脈(신장위구르의 중부지역)·쿤룬산맥崑崙山脈(파미르고원에서 쓰촨분지에 이름)·친링산맥秦嶺山脈(간쑤성과 칭하이성 변경지역에서 허난성 중부지역에 이름)·다싱안링산맥大興安嶺山脈(동북지역에 위치함)·타이항산맥太行山脈(산둥성과 산시성의 경계지역에 있다) 등이 있다. 내륙의 주요 강으로는 북부의 황허黃河(5,464km)와 남부의 양쯔강揚子江(일명 長江, 6,300km) 등이 있다.

중국의 영해는 발해渤海·황해黃海·동해東海·남해南海의 4대 해역이 있는데, 총면적은 470여 만km^{2}이다. 해역은 동북에서 서남으로 호형弧形을 이루고 있으며 해안선은 총 18,000km이다. 해안선을 따라 북에서 남으로 다롄大連·친황다오秦皇島·톈진天津·옌타이煙臺·칭다오青島·롄윈강連雲港·난퉁南通·상하이上海·닝보寧波·원저우溫州·푸저우福州·샤먼厦門·산터우汕頭·선전深圳·주하이珠海·광저우廣州·잔장湛江·베이하이北海 등의 연해도시가 있다. 이 도시들은 자연적 조건이 좋아 해외운수와 국제무역을 하기에 매우 편리하기 때문에 중국의 대외 개방에 있어 가장 뛰어난 활약을 하고 있는 경제개발의 전진기지가 되어 있다. 그리고 중국에는 총 5,000여 개의 크고 작은 섬이 있는데, 총 면적은 80,000km^{2}이다. 그 중 가장 큰 섬은 타이완 섬으로 그 면적은 약 36,000km^{2}이고, 두 번째로 큰 섬은 하이난다오海南島로 면적은 33,000여km^{2}이다.

黑龍江省
吉林省
內蒙古自治區
遼寧省
北京市
新疆維吾爾自治區
甘肅省
寧夏回族自治區
天津市
河北省
山西省
山東省
青海省
陝西省
河南省
江蘇省
上海市
西藏自治區
安徽省
湖北省
四川省
浙江省
湖南省
江西省
福建省
貴州省
雲南省
廣西壯族自治區
廣東省
臺灣省
海南省

- **중국의 영토분쟁문제**

21세기에 미국을 능가하는 초강대국 건설을 목표로 삼고 있는 중국은 세계를 리드하는 경제적 패자일 뿐 아니라 정치적 맹주의 야망을 가지고 있다. 이 때문에 주변국가들과의 영토문제로 인한 분쟁이 끊임없이 일어나고 있다. 예를 들면, 베트남 동북부에서 상당히 먼 거리의 해역에 위치한 난사군도南沙群島 및 타이완의 북동해역에 위치한 댜오위다오釣魚島(일본은 센카쿠열도尖角列島로 부름), 그리고 제주도 남방해역에 위치한 이어도(離於島: 중국은 쑤옌자오蘇巖礁로 부름) 등의 문제를 들 수 있다. 난사군도南沙群島는 중국의 남부해안에서 매우 멀리 떨어진 해역으로 하이난다오의 남쪽, 필리핀의 중간 위치쯤 되는 지점에 위치하고 있다. 이곳에는 100여 개의 작은 산호초 섬들이 점점이 흩어져 있는데 이 산호초들의 면적은 모두 합쳐도 5평방킬로미터가 되지 않을 것이라고 한다. 이 해역의 서쪽에는 또 시사군도西沙群島가 있는데 필리핀과 상당히 가까운 해역이다. 이렇게 영토 개념으로 보면 보잘것없는 면적이지만 이 일대의 해역에는 석유를 비롯한 막대한 양의 지하자원이 매장되어 있다고 한다. 이 때문에 동남아시아 각국이 영유권을 주장하며 서로 대립하고 있는 실정이다. 필리핀·타이완·말레이시아·베트남·보르네오·중국 등이 각각 자국의 영유권을 주장하고 있는 실정이며 특히 최근 들어 대양해군 건설을 주장하고 있는 중국은 이 지역에 각종 군사시설 및 비행장을 건설하여 동남아시아 각국과 충돌하고 잇는 실정이다. 1998년에 이미 베트남과 중국 사이에 군사적 충돌이 일어난 바 있으며, 2017년 필리핀은 이 지역의 분쟁문제로 국제상설중재재판소에 중국을 제소하여 필리핀이 석유천연가스의 시추권을 가져야 한다는 판결을 얻었다. 그러나 중국은 이러한 결정은 일방적인 것이라고 하면서 무시하는 등, 난사군도를 둘러싼 분쟁이 협상으로는 잘 해결되지 못하고 있다.

댜오위다오는 타이완의 북쪽 해역, 오끼나와의 남서쪽 해역에 위치한 무인도열도로 2차대전 이후 미국으로 이양되었다가 1972년 미-일 오끼나와 반환협정과 더불어 일본으로 반환되었다. 일본이 센카쿠열도라고 부르고 있는 이 섬들은 원래 청-일전쟁 당시에 일본의 영토로 편입된 바 있다. 이 때문에 중국은 역사를 따져 볼 때, 이 열도는 중국의 영토라고 주장하고 있다. 근래에 이 일대에 지하자원이 매장되어 있다고 알려지면서 중-일 양국은 영토문제로 심각하게 대립하고 있다. 1995년, 중국공군기가 이 해역에 출동하자, 일본의 자위대소속 전투기가 긴급 출격한 바 있다. 또 일본의 우익들과 중국의 시위대가 번갈아 무인도에 상륙하여 자신들의 영토임을 시위하기도 하였다. 2013년 집권한 일본의 아베 신조 총리는 우경화정책을 추진하여 한국과 중국 등 동아시아국가와 긴장국면을 조성하고 있으며 이 때문에 댜오위다오 즉 센가쿠분쟁은 더더욱 첨예해지고 있으며 센가쿠 열도를 매입하여 국유화한다는 일본의 계획은 중국의 반발을 불러일으키고 있다. 이어 2013년 11월 중국이 최초로 방공식별구역을 선포하자, 한국과 일본도 방공식별구역을 선포하여 중국과 일본간에는 댜오위다오 분쟁이, 한국과 중국간에는 이어도분쟁이 심각해지고 있다. '이어도'는 우리나라의 제주도 남단(마라도를 기점으로 150km 거리임), 중국의 서해 동쪽 해역(무인도인 퉁다오童島에서 247km 거리임)에 위치하고 있는 수중암초지역이다. 우리나라는 이 해역 해저 10m 깊이의 수중 암초위에 기후와 해양정보 수집을 목적으로 하는 무인해양과학기지를 건설한 바 있다. 2006년 한-중 양국의 외교채널을 통해 이곳은 수중암초지역이므로 영토분쟁의 대상이 되지 않는다고 합의한 바 있다. 이러한 당국의 공식입장에 대해 중국의 일부 네티즌과 한국의 일부 네티즌들은 이 해역이 역사적으로 자국의 영토라는 주장을 펴고 있다.

중국은 시진핑 총서기 집권 이후 군 개혁을 추진하고 있는데 그 핵심은 현대전장의 조건하에서 이길 수 있는 군대를 만든다는 것이다. 이는 육·해·공 삼군을 입체적으로 기동시켜 전장의 승리를 보장하는 미국군의 전장입체작전 개념을 염두에 두고 이를 중국군이 독자적으로 발전시킨 것이다. 이러한 전술교리의 변화와 더불어 종전 7개 군구 사령부를 5개의 전구사령부로 교체하였는데 이러한 작전구역의 교체는 분쟁지역에 대한 효율적 대응과 관련이 있다. 예를들면 우리나라와 가까이에 있는 산둥성주둔군이 랴오둥전구사령부 휘하로 예속된 것은 한반도 급변사태에 대한 대응을 염두에 두고 있는 것이다. 특히 중국이 난사군도 문제와 센가쿠분쟁을 중시하는 이유는 태평양에는 미국의 태평양함대 사령부가 주둔하고 있고 이 때문에 중국의 대양해군이 아시아 전역으로 진출하는데 큰 장애라고 여기고 있기 때문이다. 난사군도 문제만 하더라도 이와 관련된 아시아국가는 많지만 이들 중 어느 한 나라가 독자적으로 중국과 맞겨룰 수 있는 군사력을 보유하고 있지는 않다. 따라서 아시아에 계속 영향력을 발휘하고자 하는 미국은 난사군도문제를 가지고 중국을 견제하려고 하고 중국은 난사군도문제를 자국의 영토문제로 여기고 있기 때문에 미국의 간섭에 대해 강력히 반발하는 모양새를 보이고 있다.

행정구역

현재 중국의 행정구역은 전국을 성급省級·지급地級·현급縣級의 3급으로 나누고 있다. 성급 행정단위에는 23개의 성 이외에도 5개의 자치구自治區와 4개의 직할시直轄市가 있다. 23개의 성은 헤이룽장黑龍江성·지린吉林성·랴오닝遼寧성·허난河南성·허베이河北성·산시山西성·산시陜西성·간쑤甘肅성·칭하이靑海성·산둥山東성·안후이安徽성·장쑤江蘇성·

직할시/성/자치구	약칭	인민정부 소재지
北京市	京	北京
上海市	滬	上海
天津市	津	天津
重慶市	渝	重慶
吉林省	吉	長春
遼寧省	遼	瀋陽
黑龍江省	黑	哈爾濱
河北省	冀	石家莊
河南省	豫	鄭州
山東省	魯	濟南
山西省	晉	太原
陝西省	陝 혹은 秦	西安
甘肅省	甘 혹은 隴	蘭州
青海省	青	西寧
安徽省	皖	合肥
江蘇省	蘇	南京
浙江省	浙	杭州
江西省	贛	南昌
湖北省	鄂	武漢
湖南省	湘	長沙
四川省	川 혹은 蜀	成都
貴州省	貴 혹은 黔	貴陽
雲南省	雲 혹은 滇	昆明
廣東省	粵	廣州
海南省	瓊	海口
福建省	閩	福州
臺灣省	臺	臺北
廣西壯族自治區	桂	南寧
內蒙古自治區	蒙	呼和浩特
寧夏回族自治區	藏	銀川
西藏自治區	新	拉薩
新疆維吾爾自治區	香港, 澳門	烏魯木齊
特別行政區		

중국 직할시 성·자치구 약칭 및 인민 정부 소재지

저장浙江성·장시江西성·푸젠福建성·후난湖南성·후베이湖北성·광둥廣東성·쓰촨四川성·구이저우貴州성·윈난雲南성·하이난海南성·타이완臺灣성이다. 5개 자치구는 시짱西藏(티베트)자치구·신장웨이우얼新疆維吾爾(신장위구르족)자치구·네이멍구內蒙古자치구·닝샤후이족寧夏回族자치구·광시좡족廣西壯族자치구이며, 4개의 직할시는 베이징北京시·상하이시·톈진시와 1997년에 새로 진급된 충칭重慶시이다. 그리고 1997년에 중국으로 반환된 홍콩香港과 1999년에 반환된 마카오澳門의 특별행정구역까지 합하면 중국의 성급 행정단위는 모두 34개이다. 그 아래의 지급 행정단위에는 지구地區·시市·자치주自治州·맹盟이 있다. 또 그 아래의 현급縣級 행정단위에는 현縣·자치현自治縣·기旗·시·특구特區·공농구工農區·임구林區가 있다.

이 중에서 특구는 공업과 광업이 집중된 현의 1급 행정구획이다. 그 아래의 진鎭은 현과 자치현이 관할하는 지방 3급 행정단위이며, 향鄕은 중국 농촌의 기초 행정단위이다. 중화인민공화국이 성립된 이후, 향에 인민정부를 설치하였으며 향인민정부는 현인민정부의 지도를 받게 되었다. 1958년 농촌의 인민공사화人民公社化 이후에는 인민공사가 향의 정권을 일시적으로 대행하였다. 1982년부터 인민공사가 점차 폐지되었으며, 이에 따라 향은 농촌의 기초행정단위로 복귀하였다. 자치구·자치주·자치현은 소수민족 지역의 행정단위이며, 맹과 기는 네이멍구 자치구의 지급·현급 행정단위이다.

중국의 문자와 언어

중국의 문자

중국어를 표기하는 중국 고유의 문자를 한자漢字라고 한다. 한자는 인류의 문자 역사에 있어서 가장 오래된 문자 가운데 하나이며, 수천 년 이래로 중국인들은 줄곧 한자를 성인聖人의 창조물이라 여겨 이를 귀중히 여기고 찬양하였을 뿐만 아니라 스스로 긍지를 느껴왔다.

뜻과 소리의 결합을 말이라고 한다면, 말을 시각적인 기호로 나타낸 것이 글자이다. 그러므로 글자는 먼저 소리를 단위로 하여 만들어 놓고 그것을 모아 뜻의 한 단위를 표기할 수도 있고, 또한 뜻을 단위로 먼저 글자를 만들어 놓고 그 뜻에 맞는 소리대로 읽을 수도 있다. 소리를 단위로 만들어진 글자를 표음문자表音文字라 하고, 뜻을 단위로 만들어진 글자를 표의문자表意文字라 한다. 표음문자는 한 글자가 곧 한 단위의 소리에 해당할 뿐이며 그것만으로는 뜻을 드러내지 못한다. 그러나 표의문자는 한 글자가 곧 한 단위의 뜻을 반드시 나타내고 있을 뿐만 아니라 그 뜻에 해당하는 소리까지도 아울러 드러낸다. 한자는 중국인이, 그들의 말인 중국어를 표기하기 위하여 만들어낸 대표적인 표의문자 중의 하나이다.

- 한자의 기본요소

이렇듯 한자 하나 하나에는 그 뜻意과 소리音 뿐만 아니라 글자의 형태形도 있다. 그래서 중국문자를 연구하는 학문은 크게 세 갈래로 나누어지는데, 그 하나는 문자학文字學으로 주로 한자의 형태를 연구하는 것이다. 처음에는 어떤 형태로 생겼는지, 어떠한 형태로 변해 왔는지, 또 어떤 방법으로 써 왔는지 등이 이 학문의 과제이며, 이와 함께 보통 육서六書라고 하는 조자造字방식의 문제도 여기에 포함된다. 그 다음은 성운학聲韻으로 글자의 음을 밝히는 것인데, 시대에 따른 음의 변천을 규명한다. 마지막 하나는 훈고학訓詁學으로 글자의 뜻을 풀이하는 학문이다. 한자는 표의문자이므로 글자를 보면 뜻을 안다고 하지만 글자수가 많고 없어진 글자도 있어 그 뜻을 파악하기가 매우 어렵다. 그래서 옛날의 전적典籍에서 사용한 글자의 뜻을 풀이하는 것이 훈고학이다.

- 한자의 기원

중국인은 그 민족의 역사가 오래인 만큼 그들의 문자생활도 매우 일찍부터 열려 있었다. 처음부터 지금과 같은 모양의 문자를 가지고 있었던 것은 아니고, 한자가 지금의 모양으로 발달하기까지는 오랜 시일과 점진적인 변천을 거친 것으로 알려져 있다. 아득한 옛날의 어느 단계에는 먼저 결승結繩을 문자 대신 사용한 듯하다. 노끈에다 매듭을 매어 큰 것으로 큰 사건을 나타내고 작은 것으로 작은 사건을 나타내어 그것을 보고 그때 일어났던 일을 되살려 알도록 한 것으로, 문자가 없던 당시 기억을 돕기 위한 보조수단으로 사용되었던 것으로 보인다. 결승 외에도 칼로 나무에 표시를 하여 기억을 보조하거나 약속을 기록하는 수단으로 서계書契가 있었다고 한다. 서계는 간혹 어떤 계약의 표시로 새긴 나무쪽을 둘로 쪼개어 이후에 맞추어 봄으로써 계약을 확인하는 데 쓰이기도 했던 것으로 보인다. 그러나 이것들은 모두 문자라 할 수 없는 것이다. 전설에 따르면 한자는 황제黃帝가 통치하고 있을 때 사관史官을 맡고 있었던 창힐倉頡이라는 사람이 새나 짐승이 지나간 뒤 남은 발자국을 보고 문자를 만들었다고 한다. 그러나 문자로서 인정할 수 있는 한자는 시안西安의 반포半坡 유적지에서 발견된 채색토기 위에 그려진 일련의 그림들(그림문자 혹은 회화문자)에서 그 기원을 찾을 수 있다. 그러나 이 그림들은 지금까지 그 의미가 분명하지 않고 당시 일정한 조건 아래서 의미를 전달하는 보조수단으로 사용되었을 뿐이며 완전한 문자로 보기는 어렵다. 그러므로 진정한 한자의 기원은 기원전 14세기에서 기원전 11세기의 것으로 추정되는 갑골문甲骨文에서 찾는 것이 지금까지 가장 유력한 방법이었다. 갑골문은 1899년 허난성 안양安陽현 샤오툰촌小屯村의 은허殷墟(은나라 수도)에서 발굴된 거북껍질이나 소의 어깨뼈·사슴의 뼈 심지어 인두골에도 새겨져 있는데, 당시 점을 칠 때 거북껍질이나 소뼈에 구멍을 뚫거나 불로 지져 거기에 생기는 균열을 보고 길흉화복을 판단하였다. 갑골문의 내용은 곧 점친 결과로 되어 있는데, 이 때문에 그것을 '복사卜辭'라고도 한다. 또 상대商代 후기의 수도 은허에서 출토되었기 때문에 '은허복사殷墟卜辭'라고도 한다. 지금까지 10여만 편片의 갑골편甲骨片

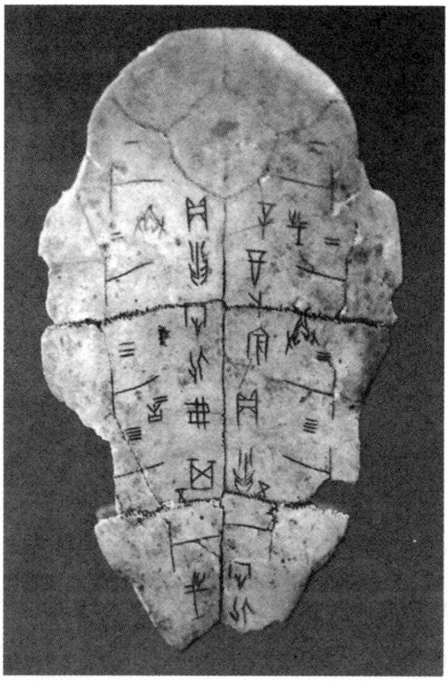

갑골문

이 발굴되었는데, 어떤 것은 몇 자만이, 어떤 것은 몇 십자가 새겨져 있고, 많게는 80~90자까지 새겨져 있는 것도 있다. 갑골문의 단자單字는 총 4,500여 자가 되며, 판독된 것은 1,700여 자 정도이다. 갑골문은 기본적으로 그 당시 언어를 기록하는 수요를 만족시켰으며, 또한 이미 상당히 발달한 문자였다. 그것은 현존하는, 가장 오래된 대규모의 한자 자료이다. 그래서 갑골문은 고대 한자 연구에 있어 아주 중요한 자료가 되며, 중국 고대사회를 연구하는 데도 매우 중요한 자료가 된다.

- **한자의 변천**

현존하는 자료에 근거하면 한자는 역사적으로 갑골문·금문金文·전문篆文〔대전大篆·소전小篆〕·예서隸書·해서楷書·초서草書·행서行書 등의 글씨체가 있다.

형상성이 강하여 형체구조가 고정되어 있지 않고 글자 하나가 여러 형태를 지니는 갑골문에 이어 금문金文〔금석문金石文 혹은 종정문鐘鼎文이라고도 함〕이 나타났다. 금문은 주대의 동기銅器·세 발 솥鼎·술잔·무기 등에 새긴 명문銘文을 말하며, 석문은 비석 또는 돌에 새긴 것을 말한다. 금문의 주요 내용은 대부분이 제사·전쟁·명령·계약에 관한 것들이 많아서 당시 사회를 연구하는 데 중요한 자료가 되고 있다. 금문은 필획이 간소화되기 시작하고 정연화되었으며, 서주西周 후기로 갈수록 획이 직선적이고 가늘어지는 특징을 지니고 있다. 금문의 글자 수는 대체로 2,600자 정도이고 해독된 것은 1,900자 정도이다.

대전은 바로 주문籀文이라고도 한다. 주문은 서주西周 말기 선왕宣王 시대에 이름이 주籀라는 사관이 편찬한《사주편史籀篇》에 사용된 글씨체이다. 이 책은 사람들에게 표준 글자를 학습하는 교재로 사용되었는데, 주문은 이 때문에 얻어진 이름이다. 후세 사람들은 주문을 대전이라 불렀다.

이 대전은 금문이 극도로 발전한 기초 위에서 변천해 온 글씨체이며, 주로 춘추전국春秋戰國시대의 진秦나라에서 통용되었다. 대전의 문자 자료는 매우 적다. 글씨체의 구조가 복잡하고 중첩된 것이 많은 것을 특징으로 한다.

소전의 명칭은 대전에 대해 상대적으로 쓰인 것이다. 소전은 진전秦篆이라고도 한다. 진나라 승상丞相인 이사李斯가 대전의 기초 위에 간략하게 개선하여 만든 글씨체로서 진대에 통용된 표준 글씨체이다. 춘추전국시대에는 각 제후국諸侯國의 글씨체가 서로 달랐으나, 진시황秦始皇이 중국을 통일한 후 문자 통일정책을 추진하여 소전을 표준 글씨체로 삼았다. 그리고 법령을 통해 전국에 한자 규범화 작업도 추진하였다. 한자가 소전으로 규범화된 후 한자 체계는 전대미문의 통일성과 순수함에 도달했다. 이런 현상은 한자 체계가 근대화로 발전하는 데 기초가 되었으며, 고대 한자가 근대 한자로 넘어가는 관건이 되었다. 소전이 주요 글씨체로 통용되었던 시기는 겨우 단명했던 진대와 서한西漢 전기였으며, 서한 중기에 이르러 소전은 예서로 대치되었다. 그러나 소전은 결코 소실되지 않고 신중함과 엄숙함을 글자로 나타낼 경우 여전히 사용되었는데, 역대 인장印章에는 거의 소전이 사용되었다. 그래서 '전篆'자는 인장의 대리 명칭으로 쓰이기도 한다. 이밖에 소전은 서예에서 중요한 위치를 차지하고 있기 때문에 더욱더 발전하였다.

예서는 소전을 간단하게 변화시켜 만들어진 글씨체이다. 전국 말기에서 진대에 걸쳐 사용되기 시작해, 한대漢代에 널리 통용되었다. 진대에 주로 쓰인 소전은 대전보다는 간단하지만 필획이 둥글고 길며 자형이 규칙적이고 단정하여 쓰는 속도가 느렸으므로 하급관리들이 사용하기에는 여전히 불편한 점이 많았다. 그래서 소전의 기초 위에 빨리 쓸 수 있는 글씨체를 만들었던 것이다. 소전의 둥글게 전환하고 길게 뻗는 선을 똑바로 각지게 꺾이는 선으로 바꾸어 쓰는 속도를 대대적으로 빠르게 하였다. 그리고 도예徒隸(비천한 노동자·노예·범죄자)와 관련된 문서를 처리하는 데 우선적으로 사용되었기 때문에 '예서'라고 한 것이다.

해서는 진서眞書·정서正書라고도 한다. '해楷'는 모범적이고 표준적이란 뜻이다. 이 글씨체가 위魏·진晉 이래 지금까지 통용되는 모범적이고 표준적인 글씨체이기 때문에 '해서'라고 하는 것이다. 해서는 예서의 기초 위에서 변화 발전해 온 것으로, 예서의 가로획·세로획·좌삐침획·우삐침획·점획·꺾임획·갈고리획 등의 필획이 한 걸음 더 발전하여 형성된 것이다. 해서의 구조는 예서와 기본적으로 같으며, 단지 원래의 모양에 약간의 변동이 있었을 뿐이다. 해서는 동한東漢 말기에 왕차중王次仲이란 사람이 만든 것이라고 하지만, 구체적인 증거가 없다. 학자들은 해서가 삼국三國 시기의 위魏나라에서 시작하여 양진兩晉 남북조南北朝 시기에 주요 글씨체로 광범위하게 통용되기 시작하였다고 한다. 그러나 이 시기는 아직 발전 시기에 속할 뿐이며, 당唐나라에 이르러 완전히 고정화된 모양으로 성숙하여, 지금까지 약 1,700년의 역사를 지니고 있다.

초서는 예서·해서와 동시에 통용되던 보조 글씨체이다. '초草'는 '흘려 쓰다'·'거칠다'라는 뜻이다. 초서의 가장 뚜렷한 특징은 필사가 간략하고 자유롭다는 것인데, 그래서 '초솔草率'·'초서'라는 이름이 지어졌다. 초서는 광의와 협의의 두 가지 뜻이 있는데, 광의로는 어떤 글씨체든 상관없이 일반적으로 흘려 쓰는 글씨체를 모두 초서라 하지만, 협의의 초서는 특정한 글씨체를 말한다. 협의의 초서는 한대에서 형성되기 시작하여 예서와 해서의 보조 글씨체로 사용되었다.

행서의 '행行'은 '움직인다'는 뜻으로, 이 글씨체는 필획이 이어지면서 질서가 있고 움직이는 형세를 나타내기 때문에 '행서'라고 한다. 최초의 행서는 동한 말기 유덕승劉德承이 만든 것이라고 한다. 그러나 그 당시의

한자체의 변천

행서가 어떤 모양이었는지 우리들은 아직 알 수가 없다. 해서는 단정하고 깔끔하여 쓰기에 힘이 들고 속도 또한 느려서 사실의 기록이나 편지글 또는 문장의 초안 등의 일상생활에 응용하기에는 부적합하다. 그리고 초서는 쓰기에 빠르고 힘도 적게 들지만 식별하기가 매우 어렵다. 결국 사람들은 유창하게 쓸 수도 있고 또 분명하여 쉽게 알아볼 수 있는 글씨체가 필요하게 되었다. 그래서 만들어진 것이 바로 행서이다. 행서에는 규정된 서법이 없다. 쓰는 데 어느 정도의 규칙이 있으며, 해서에 가까운 것을 '행해行楷'라 하고, 쓰는 데 약간 파격적이고 초서에 가까운 것은 '행초行草'라 한다. 역대에 전해 오는 행서의 자료는 매우 많으며, 각종 법첩法帖 중에서 행서로 된 것이 가장 많다. 고금에 있어 가장 표본이 되는 행서 작품으로 공인된 것은 왕희지王羲之가 쓴 <난정집서蘭亭集序>인데, '천하제일행서天下第一行書'라 한다.

다음은 한자 수의 발전에 대해 알아보기로 하자. 한자의 수는 갈수록 많아진다. 전국시대 이전에는 글자 수에 대한 기록이 없었기 때문에 우리들은 진대秦代부터 언급하기 시작한 몇 가지 서적의 글자 수에서 한자 수의 발전 개황을 알 수 있다. 진나라 이사 등이 쓴 글자 배우는 교과서인《창힐편倉頡篇》《박학편博學篇》《원력편爰歷篇》에는 모두 3,300자가 수록되어 있다. 한대 허신許愼이 편찬한 중국 최초의 자전字典인《설문해자說文解字》에는 9,353자가 실려 있고, 남조南朝 고야왕顧野王이 편찬한 자전《옥편玉篇》에는 16,917자가 수록되어 있으며, 송대宋代 진팽년陳彭年 등이 편찬한 운서韻書《광운廣韻》에는 26,194자가 실려 있다. 그리고 청대淸代의《강희자전康熙字典》에는 45,035자가 수록되어 있으며, 최근 출판된《한어대자전漢語大字典》에는 54,678자가 실려 있다. 이로 미루어 보면, 한자의 수가 부단히 증가하고 있다는 사실을 알 수 있다. 증가된 새 글자는 주로 언어 발전과 언어를 더욱 정확하게 표현하려는 요구에 부응하기 위해 창조된 것이며, 그밖에 적지 않은 부분은 마음대로 만든 이체자異體字·속체자俗體字이다. 그러나 각 시대에 통용된 글자는 가장 많아도 6천에서 7천 자를 넘지 않는다. 그 이유는 무엇일까? 첫째, 새로운 단어를 표현하려는 새 글자가 만들어지는 동시에 옛 단어를 표현하던 옛 글자의 사용이 중지되었기 때문이다. 둘째, 각 시대마다 문자를 규범화하는 작업에 종사하는 사람들이 규범적이지 못한 이체자·속체자의 사용을 제한했기 때문이다. 이렇게 해서 통용되는 한자는 매시기마다 적당한 수로 유지될 수 있었다. 현재 한자의 수는 대략 6만 자(그 중에서 이체자는 약 2만 자 정도) 정도이며, 대부분은 일상적으로 사용하지 않는 고자古字와 고이체자古異體字이다. 1971년 수정된《신화자전新華字典》은 약 8,500자를 수록하고 있으며, 중국에서 가장 많은 출판 부수를 차지하고 있는《마오쩌둥선집毛澤東選集》에 사용된 한자는 약 3천 자이다. 그리고 인쇄공장에서 사용하고 있는 한자의 자수 역시 보통 3천 자를 넘지 않는다. 여기에 일부 전문적인 한자를 추가한다 하여도 상용자는 3,500자 내외로 보면 될 것이다.

- **한자의 간화**簡化

1949년 중화인민공화국 성립 이후 중국 정부는 문맹 퇴치와 교육 보급을 위해 한자의 간화 정책을 적극 추진하였다. 그 결과 1955년 '한자간화방안초안漢字簡化方案草案'을 공포하고 다시 각계각층의 의견을 구한 뒤, 1956년 1월 28일 국무원國務院 전체회의 제23차 회의에서 정식으로 통과시키고 31일 《인민일보人民日報》를 통해 '한자간화방안'을 발표하였다. 그 후 네 번에 걸쳐 모두 2,238자를 간화하였다. 이렇게 간화된 한자를 간체자簡體字라 하며, 간화되기 전의 한자를 번체자繁體字라 하는데, 간체자는 번체자에 비해 필획이 많이 줄어들어 글자를 암기하거나 쓰는데 커다란 도움을 주었다. 이렇듯 간체자의 출현은 또 한 번의 한자체의 변천이라고 할 수 있는 획기적인 사건이었다. 물론 간체자 출현 이전에도 복잡한 필획을 가지고 있는 한자의 간략화가 부단히 시도되었다. 어쩌면 문자는 끊임없이 변화하면서 번잡한 것이 간단한 것으로 바뀌는 것이 필연적인 추세라고 할 수 있을 것이다. 그래서 한자에는 갑골문 이래 필획의 생략으로 생겨난 (통속체로서의) 이체자가 많이 존재한다.

그러나 현대중국어〔백화문白話文·구두어口頭語, 중국에서는 '현대한어現代漢語'라고 함〕를 학습하는 데에는 번체자를 몰라도 되지만, 고대중국어〔문언문文言文·서면어書面語·고문古文, 중국에서는 고대한어古代漢語

번체자	慶	嶺	聽	說	體	學	産	韓	國	電
간체자	庆	岭	听	说	体	学	产	韩	国	电

간화의 사례

라고 함]를 학습하려면 반드시 번체자를 알아야 하는 어려움이 있다. 더군다나 주로 번체자[우리는 정자正字라고도 함]를 배워온 한국인들은 간체자를 새로 배워야 하는 부담을 안게 되었다. 그러나 간체자에 대한 조자造字의 규칙이 분명히 있으므로, 보는데 얼마간 습관이 되면 간체자를 쉽게 익힐 수가 있다. 타이완의 국민당 정부는 한자의 간화 정책이 민족문화의 말살이라고 규정하고 반대하는 입장을 줄곧 견지하고 있다.

중국의 언어

현재 중국어의 표준어는 음은 베이징어를 기본으로 한 북방음을 기준으로 하고, 전형적인 현대 백화문 저작을 문법기준으로 삼고 있다. 하지만 베이징어 자체가 표준어의 전부는 아니며, 단지 음의 경우는 베이징어가 가진 어음을, 어휘의 경우는 보편적인 백화체의 어휘를 취하므로, 베이징어가 지니고 있는 방언方言적 요소는 여기서 제외되고 있다.

- 중국어의 일반적 특징

음운학적으로 보아 중국어는 단음절어單音節語에 속한다. 한 글자에 한 음과 하나의 뜻을 나타내는 어소語素(문법적인 최소 기본단위이자 최소의 의미단위)가 기본단위이고 이런 어소를 기본으로 하여 보다 많은 어휘의 이해가 가능하다. 이를테면, '배우다'는 의미의 어소 '학學'이 만들 수 있는 어휘는 學校·學生·學院·哲學·數學·美學…… 등 얼마든지 있을 수 있는 것이다.

문법적으로 보아 중국어는 고립어孤立語로서, 굴절어屈折語(어미의 변화에 의하여 성性·수數·격格 등의 문법적 기능을 나타내는 언어)인 영어·불어·독어 그리고 교착어膠着語(어떤 말에 독립성이 없는 조사나 접사 따위를 붙여 그 기능에 의하여 문법적 관계를 나타내는 언어)인 한국어·일본어·터키어와는 명백한 차이를 드러내고 있다. 고립어란 한 낱말이 하나의 의미를 가지며, 낱말 자체는 아무런 변화가 없이 낱말의 위치(어순)에 따라 문법 관계가 결정되는 언어를 말한다. 아래에서 중국어의 고립어적인 특징을 열거해 보면 다음과 같다.

첫째, 중국어는 명사가 단·복수에 따라 변하지 않는다.

둘째, 중국어는 동사 역시 단·복수의 영향을 받지 않는다.

셋째, 중국어는 성별性別의 변화가 없다. 즉 남성·여성명사 등의 구별이 없다.

넷째, 중국어는 대명사에도 격의 변화가 없다. 즉 주격이니 소유격이니 하는 구별이 없다.

다섯째, 중국어는 조동사의 종류나 활용이 미미하며 복잡하지 않다.

여섯째, 중국어는 과거·현재·미래 어느 시제나 격의 변화없이 그대로 사용된다.

일곱째, 중국어는 관사가 없다.

여덟째, 중국어는 단어의 형태 변화가 거의 없다.

어음학적 특징으로 중국어는 다른 언어의 음운체계와는 달리 각 글자마다 사성四聲의 성조聲調가 있다. 이 성조 때문에 중국어는 음악적인 리듬감을 지니고 있다. 여기서 성조에 관한 예를 들어보자. 'ma'라는 음을 보면, 제1성의 ma는 媽, 제2성의 ma는 麻·痲……, 제3성의 ma는 馬·碼·瑪·螞……, 제4성의 ma는 罵…… 등이 있다. 이처럼 같은 음이라고 할지라도 성조가 달라지면 완전히 다른 의미를 띄게 된다. 또 한 가지 예를 들면, 'wen'이라는 음에 제1성으로는 溫(따뜻하다), 제2성에는 文(글), 제3성으로는 吻(입술, 입맞추다) 그리고 제4성으로는 問(묻다)이 있다. 만약 "我要問你(당신에게 물어보겠습니다)"라는 말을 하려고 했는데, 'wen'을 4성으로 하지 않고 3성으로 한다면 "我要吻你(나는 당신에게 키스를 하고 싶어요)"라는 의미로

되어버린다. 그러므로 중국어를 공부할 때, 성조는 다른 어떤 요소보다 의사소통에 있어서 중요한 요소라고 할 수 있다.

중국어의 또 하나의 특징은 사물의 개수를 세거나 동작의 횟수를 셀 때 그것에 어울리는 다양한 양사量詞를 사용한다는 것이다. 예를 들면, 사물의 개수를 세는 양사로는 個·條·隻·本…… 등이 있으며, 동작의 횟수를 세는 양사로는 次·回·遍…… 등이 있다.

또한 중국어에는 우리말이나 일본어에서 많이 발달되어 있는 존대말이 거의 없다는 것도 하나의 특징으로 꼽을 수 있다.

- 중국어의 기타 특징

중국어는 방대한 영토 위에서 수천 년의 역사를 거쳐 형성된 언어이다. 중국어는 이렇듯 오랜 세월 동안 변천 과정을 거쳐 형성된 언어이기 때문에 지방에 따른 차이 뿐만 아니라 서면어와 구두어에도 큰 차이가 있다. 서면어와 구두어의 차이는 오랫동안 지속되었는데, 당·송唐·宋시기에 이르러서야 구두어에 가까운 서면어 즉 백화문이 나오게 되었다. 송·원宋·元시기의 화본소설話本小說을 비롯하여 이후에 나온 여러 장편소설과 기타 형식의 문학작품들이 거의 북방방언의 백화문으로 쓰여져 전국 각지로 널리 전파됨에 따라 북방방언의 보급을 촉진시켰고, 또 금·원金·元 이후 8백여 년간 베이징이 중국의 정치·경제·문화의 중심지가 되었으므로 베이징어가 관화官話(관청의 통용어)로서 전국 각지에 전파되었다. 이리하여 베이징어가 점차 여러 방언 가운데 공용어로 쓰이게 된 것이다. 특히 5·4 운동 이후 '백화문 운동'이 일어나 그 동안 지식층이 사용해 온 문언문의 지위가 크게 흔들리면서 베이징어가 표준어의 위치에 놓이게 된 것이다. 그후 중국 대륙에서는 그것을 보통화普通話라고 했으며, 타이완에서는 국어國語라고 불렀다.

중국의 방언은 조사된 큰 분류의 것만 해도 약 70여 종에 달한다. 이들 70여 종의 방언은 다시 언어학적인 측면에서 크게 일곱 갈래로 나누어 볼 수 있다. 즉, 북방방언(관화)·오吳방언(상하이방언이 그 대표)·월粤방언(광둥어)·객가客家방언(객가인들이 사용하는 언어, 객가인이란 원래 황허 유역에 살던 한족의 일부가 집단으로 이동하여 남쪽 여러 지역으로 흩어져 살고 있는 사람을 가리키는데, 주된 분포지역은 광둥·푸젠·장시·쓰촨·타이완 등 각 성과 동남아시아의 화교들 중에도 있음)·민閩방언(푸젠어·타이완어가 그 대표)·상湘방언(후난어)·감贛방언〔장시성 난창南昌어가 그 대표〕이 그것이다.

그런데 이들 방언은 서로 많은 차이를 보여 표준어를 할 줄 모르고 방언만을 구사할 줄 아는 두 중국인이 만나 각기 자신들의 방언으로 이야기한다면 의사소통이 거의 불가능하다. 특히 표준어인 베이징어(위에서도 언급했듯이 이 역시 넓은 의미에서 방언에 속함)와 일부 방언과는 현격한 차이가 난다. 이를테면 장개석蔣介石을 읽을 때 많은 경우에 '쟝카이섹'이라고 하는데, 표준어 발음으로는 마땅히 '장제스'라고 읽어야 할 것이다. 그러나 그는 저장성 사람이라 그쪽 방언의 발음이 그대로 전해져 '장카이섹'으로 굳어지게 됐던 것이다. 또한 홍콩을 중국어로는 '香港'이라고 하는데, 왜 '샹강'이라고 하지 않고 '홍콩Hong Kong'이라고 하는 것일까? 그것은 광둥어의 발음이 '횡꽁'으로, 영국인들이 원음과 유사하게 영문 표기를 그렇게 했던 것이다. 북경(베이징Beijing)을 어떤 곳에서는 영문으로 'Peking'으로 표기하고 있는데, 이것도 홍콩과 같은 경우이다.

중국어로 외국어를 어떻게 표기할까? 중국어는 표의문자인 관계로 외국어를 발음대로 표기하기에는 어려운 점이 있다. 이 점을 극복하기 위해서 중국어는 표의문자의 장점을 최대한 살려 외래어를 의역意譯하기도 하며 또한 음역音譯하기도 하여 사용하고 있다. 아래에서 그 예들을 보기로 하자.

巴士 : 버스의 음역

的士 : 택시의 음역

可口可樂 : 코카 콜라의 음역. 단, 의미상에서 글자를 고려하여 음역하였음.

百事可樂 : 펩시 콜라의 음역. 단, 의미상에서 글자를 고려하여 음역하였음.

熱狗 : 핫도그의 의역

電腦 : 컴퓨터의 의역

傳眞 : 팩시밀리의 의역

愛國者飛彈 : 패트리어트 미사일의 의역

電子郵件 : 이메일의 의역

網民 또는 網友 : 네티즌의 의역

智能手機 : 스마트폰의 의역

迷你裙 : 미니스커트의 반음반의역

桑那浴 : 사우나의 반음반의역(의역하여 '蒸氣浴'이라고 함. 타이완에서는 '三溫暖'이라고 음역하였음)

因特網 : 인터넷의 반음반의역. 인터넷을 또한 國際(網際)網絡라고 의역하기도 한다.

- 중국어의 신조어와 유행어

모든 언어는 사회의 발전에 따라 변화하기 마련이다. 영국의 Samuel Johnson(1709-1784)은 그의 사전의 서문에서 그 사전 편찬의 목적이 변하는 말을 더 이상 변하지 못하게 고정시킴에 있다고 장담했으나, 그 사전이 널리 보급되었음에도 불구하고 단어의 발음과 뜻은 계속해서 변하고 있다. 모든 언어는 사회와 마찬가지로 역사를 지니고 있다. 역사의 가장 두드러진 특성의 하나가 변화이다. 따라서 역사 속에서 움직이는 언어는 부단한 변화의 과정 속에 놓여져 있다. 이렇듯 언어는 변화의 과정 속에서 새로운 뜻新義과 새로운 어휘新語를 끊임없이 생산하고 있다. '신조어'는 기존의 어느 한 낱말이 다른 새로운 뜻을 파생시켰거나 이전에는 없었던 어휘가 새로 나타난 경우를 모두 두고 한 말이다.

중국어의 신조어는 다른 언어와 마찬가지로 시기에 관계없이 끊임없이 생산되었으며, 지금도 계속해서 나타나고 있다고 할 수 있다. 정치의 격동기에는 그 정치적 사건과 연관된 신조어들이 생산되었으며, 특정의 이데올로기가 강조될 때에는 그것의 선전을 위해 또 많은 신조어를 등장시켰다. 최근 개혁·개방 이후에는 변화된 중국 사회를 여실히 반영(긍정적인 면과 부정적인 면을 모두 포함)하고 있는 신조어들이 대량으로 나타나고 있는데, 우리는 이들 신조어를 통해 현재 중국이 안고 있는 여러 방면의 문제들을 직·간접적으로 이해할 수도 있다.

여기서 현대 중국어 중의 신조어의 내용을 크게 아홉 가지로 분류하여 알아보기로 하자.

첫째, 정치와 경제의 체제 개혁 및 새로운 정책을 반영한 신조어로, 예를 들면 承包制(국영기업을 계약에 따른 책임 경영제로 바꾼 것을 가리킴)·個體戶(자영업자)·經濟特區(경제특구)·諸侯經濟(개혁·개방 이후 점차 커지고 있는 지방경제 및 개인재벌경제 등을 일컬음)·鄕鎭企業(우리의 새마을 공장과 비슷한 말)·透明度(공개화의 정도)·西氣東輸(서쪽의 가스를 동쪽으로 보냄)·西電東送(서쪽의 전기를 동쪽으로 보냄)〔이상 '서기동수'와 '서전동송'은 2001년부터 실시한 경제개발 10차 5개년 계획의 중요 정책 목표인 '서부대개발西部大開發'의 가장 중심이 되는 계획임. 중국의 서부는 북쪽의 네이멍구자치구로부터 산시陝西성·닝샤후이족자치구·쓰촨성·충칭시·간쑤성·광시좡족자치구·윈난성·칭하이성·신장웨이우얼자치구 등 12개 성·시를 말하는데, 이들 서부지역과 상하이 등 연해지역의 소득격차는 5~10배 수준으로, 서부대개발 계획은 이 같은 지역간 격차를 줄이고 소수민족들의 분리독립 움직임을 근원적으로 차단하려는 정치·경제 계획인 셈〕·南水北調(베이징시·톈진시 등 북부지역 200여 도시 3억여 주민의 물 부족 문제를 해결하기 위해 양쯔揚子강의 물을 황허 이북으로 끌어들이는 대수로 공사를 가리킴. 이 공사는 2002년에 착공하였음) 등등이 여기에 속한다.

둘째, 개혁·개방 이후 변화된 사회현상·생활상황 및 의식을 반영한 신조어로, 下海(아래 참조)·儒商(형편없는 월급을 견디다 못해 비즈니스 일선에 나선 학자를 일컬음)·創收〔업무 외의 돈을 번다 또는 벌어들인 업무 외의 수입이란 뜻. '창조創造'와 '수입收入의 합성어'〕·體腦倒掛(아래 참조)·第二職業(부업, 즉 정당한 직업이 있는 사람이 휴일이나 밤의 빈 시간을 이용하여 아르바이트하는 것을 가리킴)·隔代家庭(맞벌이 부부가 출근한 뒤 조부나 조모가 손자들을 돌보는 가정)·三無人員(합법적인 신분증명서·고정된 거처·직업이 없는 사람을 가리킴)·小皇帝〔중국 정부의 한 가구 한 자녀 정책인 인구계획생육人口計劃生育 (산아제한)으로 요즘의 중국사회에서 독생자녀獨生子女들은 부모들의 맹목적인 자녀사랑에 따라 집집마다 하나의 작은 황제로 군림하고 있음〕·大哥大〔휴대폰을 가리키는 말로, 휴대폰 상품명(TAKOTA사의 제품)이 일반화되면서 음역하여 사용한 것임. 휴대폰이 제일 처음 중국에 알려진 것은 개혁·개방 후 홍콩과 타이완의 영화와 드라마를 통해서인데, 그 안의 재벌총수나 암흑가의 우두머리들은 거의 휴대폰으로 지휘하고 있었음. 암흑가의 우두머리를 '大哥(다거)'라고 부르므로, '大哥大'는 곧 '돈이 많거나 권력이 많은 사람'을 가리키기도 함. 이 말로부터 '大姐大'라는 신조어도 만들어졌는데, '우먼파워女强人'라는 뜻임〕 등등이 여기에 속한다.

셋째, 새로운 과학기술과 사물을 나타낸 신조어로, 國際(網際)網絡·電腦·微軟(마이크로소프트)·集裝箱(컨테이너, 타이완에서는 '貨櫃'라고 함)·空調(에어컨, 타이완에서는 '冷氣機'라고 함)·手提電話(휴대폰, 타이완에서는 '行動電話'·'大哥大'라고도 함)·'傳呼機'(호출기, B.P.機·'傳呼電話'라고도 함) 등등이 여기에 속한다.

넷째, 생활 중의 잘못된 관념이나 풍기風氣 및 부패현상을 반영한 신조어로, 小金庫(공금을 유용해서 만든, 자신들 단체나 부서만이 쓰는 감추어 놓은 돈이나 이면장부를 말함)·銷金窩(호화판 오락장소를 가리킴)·關係戶(경제 유통이나 기타 교역 중에 발생하는 관계로부터 상호간에 어떤 이익이나 편리함을 얻는 부서나 개인을 가리킴)·走後門(뇌물이나 관계를 이용하여 모종의 목적에 도달하는 것을 가리킴)·三陪('세 가지 유형의 파트너 서비스'라는 뜻으로, 중국의 가라오케·술집 등에서 여자 종업원이 남자 손님과 함께 술을 마시고, 함께 노래 부르고, 함께 춤을 추어주는 서비스를 제공하는 것을 말함)·傍大款(돈 많은 사람을 좋아하는 아가씨를 가리킴)·跳板結婚('도판'은 널판뛰기라는 뜻의 말로, 도시호적을 얻기 어려운 농촌 여성이 도시 남성과 결혼하여 도시호적에 올리고 적당한 시기에 이혼하는 것을 가리킴)·黑孩子(검은 아이라고 직역할 수 있는데, 곧 계획생육 정책으로 호적에 올리지 못하여 합법적 지위가 없는 아이를 일컬음. 본장 '중국의 인구' 부분을 참고하기 바람) 등등이 여기에 속한다.

다섯째, 환경 보호 및 환경 오염과 관련된 신조어로, 三廢〔세 가지 폐기물, 즉 공업생산과정 중에서 배출되는 매연 및 폐가스廢氣·폐수廢水·고체폐기물廢渣·白色汚染(농촌에서의 토지에 대한 비닐 오염을 가리킴)·空中死神(산성비를 가리킴)·環境汚染(환경오염)·環保環境保護(환경보호)·排汚(오염물질의 배출) 등등이 여기에 속한다.

여섯째, 상업 광고와 관련된 신조어로, 立等可取(안경점·명함가게 등에서 쓰이는 광고어로, 선 채로 기다려 즉 즉석에서 물건을 취할 수 있다는 의미)·揮淚大甩賣(눈물을 흘리며 즉 손해를 보면서 판매한다는 뜻) 등등이 여기에 속한다.

일곱째, 특정 정치사건 및 정치현실과 관련된 신조어로, 紅衛兵(문화대혁명 때의 홍위병)·老九〔문화대혁명 때 사용 : 지주·부농·반혁명·악질분자·우파·반도叛徒·특무特務·자본주의 노선을 걷는 당권파 다음 아홉 번째가 지식분자로, 이 말은 곧 지식분자를 가리킴〕·一國兩制(하나의 국가 내에 사회주의와 자본주의 제도를 함께 실시하는 것으로, 중국은 타이완에 대해 이 정책을 고수하고 있음)·一國兩府(한 개의 국가 내에 두 개의 대등한 정부를 인정하자는 중국에 대한 타이완의 주장)·一邊一國〔2002년 타이완 천수이볜陳水扁 총통이 "타이완은 독립주권국가이며 타이완과 대안對岸(중국)은 각각 한 개의 국가"라며 타이완의 장래를 결정할 국민투표를 제안함. 당시 천 총통은 중국과 미국의 강력한 반대로 이를 철회했으나, 제4원자력발전소 건설과 WHO 가입을 명분으로 국민투표를 실시함으로써 궁극적으로 타이완 독립을 위한 민의 결정 수단을 확보하려는 저의가 깔린 것으로 중국은 보았음. 타이완이 당장 독립을 선언하는 것은 중국은 물론 국제사회의 지지를 얻기 어려운 만큼, 일변일국론에 의한 국민여론 환기→타이완 표기 여권 채택→지속적인 유엔 가입 신청→일반 공공문제에 대한 국민투표 실시 등을 통해 점진적인 타이완 독립을 꾀하였다고 볼 수 있음. 그러나 천총통은 2008년에 실시된 총통선거에서 국민당 후보인 마잉주馬英九에게 패해 실각失脚하고 말았음.〕·海峽兩岸(중국과 타이완을 함께 지칭할 때 쓰는 말) 등등이 여기에 속한다.

여덟째, 정치적인 구호 및 운동과 관련된 신조어로, 四個現代化(농업·공업·국방·과학기술의 현대화)·三鐵打破運動〔'삼철'은 쇠밥그릇鐵飯碗·쇠의자鐵椅子·쇠임금鐵工資를 가리키는 말로, 즉 일을 하지 않고 밥을 먹을 수 있으며 직위를 유지할 수 있으며 또 임금까지 타가는 그릇된 행위를 타파하자는 운동〕·五不准〔중국 공산당 중앙기율위원회中央紀律委員會가 발표한 공무원의 다섯 가지 금기사항을 가리킴. 즉 비즈니스에 간여하지 말 것, 겸직을 하지 말 것, 주식을 사고 팔지 말 것, 돈을 받지 말 것, 공금으로 향락을 즐기지 말 것으로, 부정부패를 막으려는 정책〕 등등이 여기에 속한다.

아홉째, 새로운 풍조나 유행과 관련된 신조어로, 網蟲(인터넷에 빠진 사람을 가리킴)·韓流(한국 대중문화의 유행 현상을 일컬음. '한류'현상에 대해서는 제7장을 참고하기 바람)·哈韓族(한국 연예인들의 복장과 머리 모양을 흉내내고 한글까지 배워가며 노래를 따라 부르는 중국의 젊은이들을 가리킴)·酷!(영어 'cool'에서 온 말로, 이 자의 중국어 발음인 'ku'와 유사함. 멋지고 아름다운 연예인이나 사람을 보았을 때 쓰는 말로, 주로 젊은 이들 사이에서 사용되고 있음)등등이 여기에 속한다.

이밖에 새로운 정보가 갈수록 늘어남에 따라 여러 방면에서 다양한 어휘들이 필요하게 되었다. 그래서 외국어의 의역 혹은 음역에 의한 방법이나 기존의 두 단어를 합하는 방법으로 신조어를 만들어 사용하기도 하였다. 전자의 예는 앞에서 이미 들었다. 후자의 예를 들면, 調控〔조절調節과 공제控制(제어하다)의 합칭〕·調試〔조정調整과 시험試驗의 합칭〕·組建〔조직組織과 건립建立의 합칭〕 등등이 바로 그것이다. 또 언어 운용의 편리함을 위해 축약된 어휘를 사용하는 경우도 있는데, 이를테면 全人大(全國人民代表大會 : 전국인민대표대회)·政協(政治協商會議 : 정치협상회의)·家電(家用電器 : 가전용품)·節能(節約能源 : 에너지 절약)·環保(環境保護)·挖潛(挖掘潛力 : 잠재능력의 발굴)·扶貧(扶助貧困 : 농촌의 빈곤한 가정을 돕는다)·參賽(參加比賽 : 경기에 참가하다) 등등이 이에 속한다. 현대 중국어 신조어의 또 다른 현상으로 기존의 어휘에 새로운 뜻을 첨가하여 다른 의미로 사용하거나 다른 말로 대체하여 사용하는 경우도 있다. 예를 들면, '愛人'이란 말은 원래 연애 상대자를 의미하였는데 현대 중국사회가 남녀평등을 강조하여 부녀자의 지위가 향상됨으로써 남자는 다시금 자신의 아내를 '賤內'·'家裏的'라고 부르지 않고 '我愛人'이라고 부르게 되었으며, 부녀자들도 더 이상 남편을 '夫君'·'當家的'라고 부르지 않고 '我愛人'이라고 부르게 되었다. 이렇게 되자 연애 대상자에 대한 호칭은 '朋友'라는 단어로 대체될 수밖에 없었다. 즉 '女朋友'·'男朋友'로 각각 그 상대를 지칭하게 되었다. 또 '同志'라는 호칭은 중화인민공화국 성립 이후에는 '先生'·'太太'·'小姐'라는 호칭을 대신하여 사용하였고, 외국 손님 혹은 귀국한 해외 거주자들에게만 '先生'·'太太'·'小姐'를 사용하였다. 문화대혁명文化大革命을 거치자 '師傅'라는 호칭이 공장에서 사회로 확대 사용되었으며 개혁·개방으로 온 사회가 들끓고 있는 오늘날 '先生'·'太太'·'小姐'가 사교의 경우에 빈번히 쓰이고 있다. 그런데 한 가지 흥미로운 것은 최근 '同志'라는 호칭을 다시 쓰자는 주장이 대두되고 있다는 사실이다. 중국 인민해방군人民解放軍 기관지인 《해방군보解放軍報》는 1997년 1월 27일자에 <'同志'라는 호칭을 쓰자>라는 제목으로 논평을 발표하였는데, 이러한 주장은 최근에 일어나고 있는 중국의 사회적 변화와 정치적 상황(사상의 재무장)과 분명히 관련되어 있다고 볼 수 있다. 기존의 어휘에 새로운 의미가 첨가되어 신조어로 등장한 예는 매우 많다. 예를 들면, '眞空'이라는 단어는 원래 공기가 없거나 극히 적은 상태를 나타내는 말인데, 후에 '모순·투쟁이 없는 환경'이라는 새로운 뜻이 첨가되어 하나의 신조어로 사용되었다. 심지어 '爭取'라는 말은 '쟁취하다'라는 원래의 뜻에다 '어떤 사람을 정신적 내지 사상적으로 바꾸어 놓는다(개조한다)'는 새로운 의미가 첨가되어 하나의 신조어로 쓰이고 있기도 하다.

이상에서 보듯이 현대 중국어 중의 신조어는 다양한 내용들을 포괄하고 있어, 이들을 통해 현재 중국의 정치·경제·사회·문화 등의 변화와 흐름을 얼마간 파악할 수 있을 뿐만 아니라, 특히 1978년 말에 시작된 개혁·개방정책 이래 중국사회의 변화 상황 및 중국인들의 변화된 의식구조도 얼마간 이해할 수 있다. 또한 정치 상황의 전개에 따라 요구되는 이데올로기 및 사회 상황의 변화 등에 의해서도 어휘의 의미가 변하거나 신조어가 등장한다는 사실도 알 수 있다.

최근 중국에는 적지 않은 신조어 사전들이 출간되었는데, 이 사실 한 가지만을 두고 보더라도 현대 중국어에서 신조어가 얼마나 많이 출현하고 있는지를 짐작할 수 있다. 1990년에 출판된 《현대한어신사신어신의사전現代漢語新詞新語新義詞典》에는 신조어 6,400여 개를 표제어로 수록하고 있으며, 그 중에서 한 어휘가 새로운 의미를 첨가하여 또 다른 신조어가

된 경우는 600여 개가 있다. 한국에서 2009년에 출간된 《최신중한신조어사전(最新中韓新造語辭典)》에도 중국어 신조어 9,000여 개를 표제어로 수록하고 있다.

그리고 중국어에는 다른 언어와 마찬가지로 유행어가 많이 출현하고 있는데, 당시 세태의 반영이 유행어의 속성인 것에 비추어 보면 중국어 중의 유행어도 현재 중국인의 심리적 욕구와 불만 등 개혁·개방 이후의 세태를 분명히 보여주고 있다. 물론 신조어와 유행어를 각각 독립된 개념으로 이해하기보다는 서로 상호적인 개념으로 보는 것이 낫다. 즉 신조어가 곧 유행어가 될 수 있으며 유행어 중에도 신조어가 있을 수 있다. 여기서 몇 가지 예를 들어보기로 하자.

三下 : "마오쩌둥 시대는 하방下放, 덩샤오핑 시대는 하해下海, 장쩌민江澤民 시대는 하강下崗"이 바로 그것이다. 이것은 중국인들이 국유기업 개혁으로 인한 실업사태를 풍자해서 한 말이다. 하방은 지식인을 농촌에 내려보내 농민들의 재교육을 받게 하는 것이다. 하해는 개혁·개방 이후에 가장 많이 쓰이는 신조어 중의 하나로, 원래는 바다에 뛰어든다는 뜻이었으나, 현재는 학교의 교원·공무원 등이 자신들의 쇠밥그릇을 버리고 보수가 더 나은 외국기업·중외합작기업에 가거나 장사를 하는 것을 가리킨다. 하강은 일하던 자리에서 내려온다는 뜻으로, 장쩌민에 의한 국유기업 개혁으로 직장을 떠나는 것을 나타내는 말이다. 그러나 '하강'이란 결코 '정리해고'가 아니라 자신이 일하던 일자리에서 잠시 내려온다는 말로, '정리휴직'이라는 말이 더 정확한데, 정부 차원에서는 기본급도 계속 지급해야 하며, 일자리도 알아봐 줘야 한다.

手術刀不如剃頭刀 : 수술칼(의사)은 정신노동자를, 머리 깎는 칼(이발사)은 육체노동자를 나타내는데, 육체노동자에 비해 정신노동자가 오히려 수입이 못함을 빗대어 나타낸 말이다. 지식분자들이 수입이 일개 소상인보다

못한 현실에 대해 원망하는 말이다. 위에서 소개한 '體腦倒掛'라는 신조어와 같은 의미에 속하는 유행어로, 같은 의미의 '斯文不如掃地(고아한 일을 하는 것이 하찮은 일을 하는 것보다 못하다)'라는 말도 있다.

一切向錢看 : 정부의 개혁·개방정책에 맞춰 미래를 향해 앞만 보고 나아가자는 뜻의 '一切向前看'이란 구호에서 나온 말로, 돈이라는 뜻의 '錢'과 앞이라는 뜻의 '前'의 중국어 발음이 똑같이 '쳰'인 점에서 비롯된 말이다.

偏心 : '다른 곳에 가 있는 마음'이란 뜻으로, 인플레와 높아진 소비수준 등으로 월급만으로 살기 힘들어진 도시인들 중 본래의 직장에는 형식적인 근무만 하고 제2직업에 더 열중하는 것을 빗댄 말이다. 교수·의사·변호사·교사·공무원 등 대졸 이상 고학력자들 중에 이런 사람들이 많아지고 있다.

五十年代愛英雄, 六十年代愛貧農, 七十年代愛文憑, 八十年代愛洋人, 九十年代愛商人 : "50년대는 영웅을 좋아했고, 60년대는 빈농을 좋아했고, 70년대는 졸업장을 좋아했고, 80년대는 서양 사람을 좋아했고, 90년대는 상인을 좋아한다"는 뜻으로, 최근 중국 청년들의 유행어이다. 시대별로 추구하는 대상의 변화를 잘 나타낸 말로, 돈벌이에 혈안이 되고 있는 중국인들의 요즘 세태를 엿볼 수 있는 말이기도 하다.

六十年代人幫人, 七十年代人整人, 八十年代顧個人, 九十年代認錢不認人 : "60년대는 서로 도우고, 70년대는 서로 괴롭히고, 80년대는 자신만을 돌보고, 90년대는 돈만을 알고 다른 사람은 염두에 두지 않는다"는 뜻으로, 이 말 역시 중국 청년들의 유행어이다. 시대별로 변하는 중국인의 인정세태를 잘 나타낸 말이다.

人比人得死, 貨比貨得扔 ; 人比人得活着, 貨比貨得留着 : "사람과 사람을 비교하면 마땅히 죽어야만 하고, 물건과 물건을 비교하면 마땅히 버려야만 한다. 그래도 살아야만 하고, 남겨두어야만 한다"는 뜻으로, 최근 베이징 택시 운전사들의 유행어이다. 경제가 급격히 발전하고 있는 중국에서 날이 갈수록 벌어지기만 하는 빈부의 격차를 한탄하는 말이다.

三大件 : 중국인들이 추구했거나 혹은 추구하려는 목표 중의 세 가지 물건을 가리키는데, 다음과 같이 시대별로 바뀌고 있음을 알 수 있다. 즉 '구삼대건舊三大件〔노삼대건老三大件이라고도 함〕'은 재봉틀·손목시계·자전거이며, '제이대삼대건第二代三大件'은 T.V.(혹은 선풍기)·냉장고·세탁기이며, '제삼대삼대건第三代三大件'은 비디오·오토바이·에어컨이며, 현재의 삼대건은 자동차·주택·컴퓨터이다. 〔미국 시사경제지 《포천》은 2003년 8월호에서 중국 소비자들이 이동의 자유가 확대되고 소득수준이 크게 높아지면서 이제는 휴대전화와 자동차에 열광하고 있다고 전했다〕

在網上沒有人知道你是一條狗: "인터넷상에서는 당신이 한 마리의 개라는 사실을 아무도 모른다."라고 직역할 수 있는데, 이는 인터넷상의 정보 진위에 대한 판별의 어려움과 네티즌 신분 파악의 힘듦을 나타내는 유행어이다.

富二代: 한국의 유행어인 '금수저'와 비슷한 뜻의 유행어이다.

貧二代: 한국의 유행어인 '흙수저'와 비슷한 뜻의 유행어이다.

중국의 인구와 민족

중국의 인구

중국은 세계 최대 인구를 가진 나라로, 현재 13억이 훨씬 넘는 인구를 보유하면서 세계 인구의 21%를 점유하고 있다. 중국이 세계적 강대국으로 군림할 수 있는 이유도 바로 이 거대한 인구가 한몫을 하고 있기 때문이다. 그러나 다른 한편으로는 이러한 거대한 인구가 중국의 사회복지와 향후의 경제발전에 커다란 부담으로 작용하고 있는 것도 부정할 수 없는 사실이다.

중국의 인구(타이완·홍콩·마카오 포함)는 2000년 말에 12억9,533만 명이 되어, 10년 전에 비해 1억3,220만 명(11.7%)이 늘어났으며, 연간 인구증가율은 1.07%였다. 이후 2005년에 중국인구는 13억 명을 돌파했는데, 11·5계획 중 중국정부의 인구 목표치는 13억 6천만 명 선이라고 한다. 한때 5년에 1억 명 정도씩 폭발적으로 늘어났던 인구는 중국 정부가 한 가구 한 자녀 정책을 시행하면서 5년에 7천만~8천만 명 증가로 인구증가율을 낮췄고, 21세기에는 10년에 1억 명 정도로 증가폭을 줄여갈 계획으로 있다. 중국은 2010년까지 총 인구를 14억명 미만으로 유지한다는 목표를 세웠는데, 실제로 2010년의 공식적인 인구를 보면 13억 4천만 명이었다. 그리고 2017년 말 현재 중국 인구는 13억 9,008만 명에 달한다.

중국 정부의 산아제한 정책인 인구계획생육人口計劃生育, 즉 한 가정 한 자녀 정책은 56개 민족으로 구성돼 있는 중국 총인구의 93% 정도를 차지하는 한족에게만 해당되는 정책이었다. 한족의 경우 도시에서는 아들·딸 불문하고 한 명의 자녀만 둘 수 있었다. 그러나 전체 인구의 70% 이상이 사는 농촌지역의 경우는 예외 규정을 두었다. 첫아이가 아들이면 그것으로 단산을 해야 하고, 첫아이가 딸인 부부는 일정한 터울을 두고 둘째 아이를 낳을 수 있도록 허용되었다. 농사지을 일손 확보라는 차원과 함께 도시근로자와 달리 농민은 도시인의 퇴직연금 같은 혜택이 없으므로 농촌 주민들의 노후생활 안정을 배려해 한번의 출산 기회를 더 준 것이었다. 정부 당국의 허락 아래 낳은 둘째가 또 딸인 경우엔 더 이상의 출산이 허용되지 않았다. 그리고 소수민족은 전체 인구에서 차지하는 비중이 약 7% 정도로 낮은 데다, 티베트·신장위구르 자치구의 독립운동 등 예민한 소수민족 분리독립 문제를 사전에 막기 위한 유화정책의 하나로서 산아제한 정책을 어느 정도 완화시켜 주었던 것이다.

중국사회는 이 정책 덕택으로 일단 인구 억제라는 목표에는 성공을 거두었다. 20세기에 13억 명을 넘지 않는다는 목표를 이미 달성하였다. 그리고 상하이의 인구성장률은 이미 마이너스로 돌아섰다. 그렇지만 전통적인 남아선호사상으로 인한 여아 살해·잦은 임신중절·성비性比 불균형 등 예기치 못했던 부작용이 곳곳에서 환부를 드러내자 의식 있는 중국인들은 이에 대해 깊은 우려를 금치 못하였다. 특히 둘째 아이를 낳고도 출생신고를 하지 않는 사례(이른바 黑孩子)가 많아 이를 감안하면 실제 인구는 심지어 16억 명에 이를 것이라는 주장도 나왔었다. 2002년에 중국 정부는 인구계획생육법人口計劃生育法을 제정해 시행하였다. 이전에는 정부 지침이나 지방행정조례를 통해 한 자녀 갖기 운동을 벌여 왔는데, 처음으로 이를 국가 법률로 제정한 것이다. 새 법률은 한족의 경우 종전처럼 한 자녀만 갖도록 의무화했으며, 소수민족은 해당 성이나 자치구·직할시에서 정하도록 하였다. 이와 함께 여아에 대한 학대나 유기를 금지하고 성별 감정을 할 수 없도록 했으며 출생증명서를 허위로 꾸미지 못하도록 했다. 또 아내가 남편의 동의 없이 유산을 하지 못하도록 했다. 이 법을 위반할 경우 개인 월소득이 인민폐人民幣 1만 위안 이상인 사람은 소득의 2~6배에 해당하는 벌금을, 1만 위안 이하인 사람은 1만~3만 위안의 벌금을, 위반 사실이 엄중할 경우에는 형사처벌을 하도록 했다. 그리고 2015년 10월 공산당 제18기 중앙위원회 제5차 전체회의에서 한 자녀 정책을 공식 폐기하고 전면적 한 가구 두 자녀 정책을 도입하였다. 하지만 문제는 두 자녀 정책에도 불구하고 중국의 출산율이 좀처럼 증가하지 않고 있다는 점이다. 중국의 출산율은 2000년 5차 인구조사 때 1.22명에서 2010년 6차 조사 때에는 1.18명으로 감소했다. 2015년 두 자녀 정책이 도입된 이듬해인 2016년에는 출생인구가 1,786만 명으로 1.295% 늘어난 것으로 나타났지만, 2017년에는 출생인구가 1,723만 명으로 다시 감소해 1.243% 증가에 그쳤다. 중국 정부는 저출산을 개선하고 인구의 고령화를 늦추며 출산 제한에 대한 인권 침해 논란을 해소하기 위해, 1978년 중국공산당 제11기 중앙위원회 제3차 전체회의에서 공식적인 국책으로 채택한 산아제한 정책을 2020년부터 40여 년 만에 폐지할 것으로 보인다.

중국의 소수민족과 화교

현재 중국은 한족 이외에 총 55개의 소수민족으로 구성돼 있다. 소수민족의 인구는 1990년 9,120만 명에서 2010년 1억 643만 명으로 늘어났다. 중국 전체 인구의 8.5%에 해당한다. 소수민족 중 인구 1백만 명 이상의 민족은 18개이며, 1만 명 이하의 민족도 7개나 된다. 그 중 좡壯족이 1,600만 여명으로 최대이고, 차오셴朝鮮족으로 불리는 우리 동포도 약 200만 명으로 소수민족 전체에서 13위를 차지하고 있다. 이들은 대부분 자신의 언어를 사용하고 있으나, 언어와 함께 자신의 문자도 보유하고 있는 민족은 차오셴족을 포함하여 21개에 불과하다.

이들의 분포지역을 보면 전국토의 64%에 걸쳐 있으며, 행정단위로 보면 주로 5개 자치구와 30개 자치주 그리고 124개 자치현에 거주하고 있다. 소수민족이 가장 많은 성은 윈난성으로 26개의 민족이 살고 있다. 그 외에는 주로 네이멍구·신장·시짱·광시·닝샤 지구 및 헤이룽장·지린·랴오닝·간쑤·칭하이·쓰촨·윈난·구이저우·광둥·허난·허베이·후베이·푸젠·타이완·하이난 등의 성에 분포돼 있다. 각 소수민족지구는 모두 일정 수의 한족이 거주하고 있기도 하며, 설령 소수민족 자치구라 하더라도 한족이 더 많이 살고 있다. 그러나 각 소수민족도 자신들만의 집거지역集居地域을 갖고 있는데, 어떤 곳은 비교적 크고 또 어떤 곳은 좀 작으며, 어떤 민족은 몇 개의 집거지구를 가지고 있어 각 지역에 분산되어 있는가 하면, 일부분만이 집거하고 나머지는 기타 민족 사이에서 나뉘어져 거주하는 민족도 있어 일종의 대집거·소집거와 각 민족이 뒤섞인 거주형태를 나타내고 있다. 또한 이들 소수민족이 거주하고 있는 지역은 자원이 풍부할 뿐만 아니라 주로 변방에 위치하고 있어 중국의 경제와 외교상에 있어서도 중요한 의미를 지니고 있다.

이들 소수민족 외에도 해외에 이주하여 살고 있는 화교華僑 역시 중국인이다. 제2차 세계대전 이전에 해외에 거주하던 화교들은 대부분 중국 연안 지방에 거주하던 농민과 어민이었다. 그들은 국내에서 열심히 일했지만 수입이 적어 겨우 생계를 유지하는 사람들이 대부분이었다. 그들의 대부분은 생존의 목적으로 해외 여러 나라로 '이주'했으며, 이는 현대적 의미의 '이민'과는 상당한 거리가 있었다.

화교들은 전 세계에 골고루 광범위하게 분포되어 있는데, 전 세계 현존 화교 인구는 2014년 현재 약 4천만 명으로 집계되었다. 이 중 동남아시아에만 3천만 명 이상이 거주 중이며 동남아시아 경제에 강한 영향력을 행사하고 있다. 현재 전 세계 화교(홍콩·마카오 포함)의 자본 규모는 일본 국민총생산(GDP)의 5분의 1 정도에 달한다. 동남아시아 지역 화교의 총자산은 전 세계 화교 자산의 3분의 2 정도를 차지하며, 현지 민족자본의 중요한 역할을 담당하고 있다. 경제학계의 추산에 따르면 동남아시아 산업의 50~80%와 대외무역의 40%정도를 화교들이 장악하고 있다고 한다.

그리고 10만 명에 가깝던 한국 화교는 대한민국 정부 수립 초기부터 70년대까지 화교 경제 진출을 막기 위해 각종 제한조치를 시행하였다. 이 때문에 타이완·미국 등으로 이주해 한때 2만 명까지 줄었다가 1990-2000년대 이후 다시 돌아오고 있어 2010년대 귀화자를 포함한 화교 인구는 5만 명 정도이다. 현재 화교 3세 이상을 합산하면 5~7만 명가량이다. 한·중 수교 이후에 들어온 중국인들이나 조선족이 주류인 중국인들은 한국 화교에 포함하지 않는 편이다. 다만 중국에서 들어온 한족들을 화교에 포함시킨다면 화교들의 숫자가 크게 불어나는 중이기는 하다. 2017년 현재 한국 내 거주 중국인은 110~120만 명인데 이 중 조선족이 60~70만 명이다.

2000년 인구조사지표

순위	소수민족	인구 수(명) (2010년 통계)	주요 분포지역
1	좡족	16,926,381	광시, 윈난, 광둥
2	후이족	10,586,087	닝샤, 간쑤, 허난
3	만(만주)족	10,387,958	랴오닝, 헤이룽, 지린
4	웨이우얼(위구르)족	10,069,346	신장, 후난, 허난
5	먀오족	9,426,007	구이저우, 윈난, 후난
6	이족	8,714,393	윈난, 쓰촨, 구이저우
7	투쟈족	8,353,912	후베이, 후난, 충칭
8	짱(티베트)족	6,282,187	시짱, 쓰촨, 칭하이
9	멍구족	5,981,840	네이멍, 랴오닝, 신장
10	통족	2,879,974	구이저우, 후난, 광시, 후베이, 광둥
11	부이족	2,870,034	구이저우, 윈난, 쓰촨
12	야오족	2,796,003	광시, 후난, 광둥
13	바이족	1,933,510	윈난, 후난, 구이저우, 쓰촨
14	차오시엔(조선)족	1,830,929	지린 등 동북3성

◀ 나시納西족

▼ 나시족이 지금도 사용하고 있는 자신들의 문자 : 세계 유일의 살아 있는 상형문자

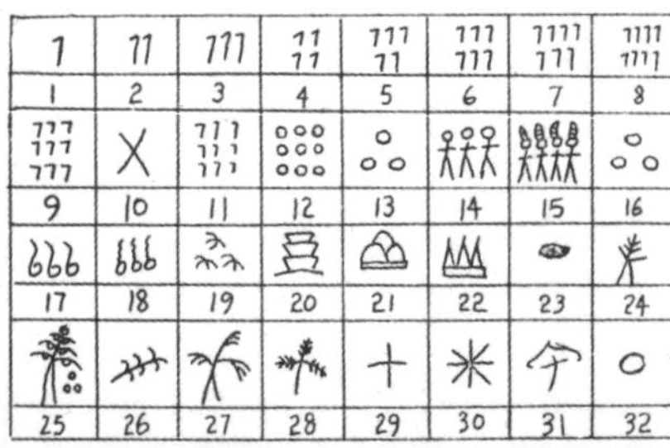

▲ 짱藏족

▼ 먀오苗족

▲ 둥侗족

▲ 만滿족

소수민족 정책

중국은 이처럼 한족을 비롯한 55개의 소수민족이 함께 살고 있는 국가로, 흔히 '통일적 다민족국가統一的多民族國家'로 불린다. 이러한 중국의 민족구성은 오랜 역사속에서 다양한 주변민족과의 부단한 교류와 문화공유를 바탕으로 형성된 것이다. 중국의 역사를 살펴보면, 어떤 민족이 지배계급으로 등장하더라도 가장 큰 정치적 과제는 이민족을 효과적으로 지배하고 흡수통합하는 일이었다. 이 같은 중국의 전통적 소수민족 정책은 신중국新中國이 수립된 후에도 그대로 계승되었다.

중국의 소수민족에 대한 정책은 우선 민족구역 자치정책으로 특징지을 수 있다.(소수민족의 자치행정단위에 대해서는 앞에서 이미 언급하였음) 이른바 민족구역 자치란 바로 국가의 통일된 지도 하에 소수민족의 집거지구를 기초로 지방자치정부를 설치하여, 소수민족 자신이 본 민족 내부의 지방 사무를 관리하도록 하는 것이다. 민족구역 자치정책의 핵심은 어떻게 하면 소수민족의 정치적 지지를 획득하고, 중앙의 정책이 소수민족에게도 원만히 적용되게 하여 정치적 통합을 이루느냐의 문제이다. 중국은 이러한 정책적 목표를 고려하여 소수민족 출신 간부의 배양과 활용에 많은 정책적 배려를 아끼지 않고 있다. 이를테면 전국 각지에 12곳의 민족대학을 설립하여 소수민족의 언어·풍속·습관 등등을 연구하고 소수민족에 대한 정책을 세우기도 하였으며, 일부 성과 자치구는 또 소수민족 간부학교 혹은 소수민족 간부훈련반을 개설하기도 하였다. 근 몇 년간 소수민족 간부는 매년 1만 명 이상씩 증가하고 있다고 한다.

중국 정부는 민족의 대소에 관계없이 반드시 일률적으로 평등해야 한다고 일관되게 주장해 왔으며, 이러한 주장에 근거하여 민족평등과 관련된 일련의 정책과 법령 등을 제정하였다. 이를테면 전국인민대표대회 및 지방 각급 인민대표대회에서의 소수민족대표 인수人數를 규정하고 있다.

이 밖에도 소수민족에 대한 우대정책을 보면, 입학과 취업 등 분야에서 가산점을 부여하고 있으며, 또한 헌법은 각 소수민족 자신들의 민족언어와 문자 사용의 자유 뿐만 아니라 그들 자신들만의 풍속·습관을 유지할 자유를 규정하고 있다.

이러한 우대정책에도 불구하고 소수민족들의 입장에서는 오히려 잃은 것이 너무 많다고 생각한다. 전통적 생활 방식을 잃었고 고유의 언어도 사라지고 있으며, 자신들이 원하는 종교 활동도 마음대로 하지 못한다고 한다. 말로는 '자치구'라고 하나 실질적 자치권이 없는 까닭에 지역에서 벌어지는 일들 가운데 자율적으로 할 수 있는 것이 하나도 없다는 것이다. 그리고 그 지역에서 창출된 부富의 대부분이 한족 거주민에게 돌아가고 있다. 그래서 최근 중국의 일부 소수민족지역(시짱·신장·네이멍구자치구 등)에서는 민족주의 사상이 고양되는 추세를 보이고 있다. 중국 정부와 소수민족 간의 갈등이 심각한 수준에 이르고 있는데, 유혈 폭력사태를 비롯하여 분신자살 사건이 적지 않게 일어나고 있으며, 심지어 '민족독립'을 주장하는 사람도 있다. 물론 중국 정부의 입장에서는 이러한 '불만분자'들을 '테러리스트'나 '분리(또는 분열)주의자'로 낙인을 찍어 색출한 뒤 온갖 고문을 하고 투옥시킨다.

중국 정부가 추진하는 정책이 소수민족을 더욱 억압하고 한족 중심주의를 강화하는 한편 소수민족의 언어·습관·종교·생활양식의 유지 및 보존을 저해하는 것으로 비쳐진다면, 중국의 민족 문제 해결은 더욱 어려워질 것이다.

중국인의 민족성

민족성이란 한 민족의 특유한 성질이나 기질을 일컫는다. 그것은 인종·역사·사상·사회제도·생활습관 등에 의해 영향을 받는다. 또한 민족성은 오랜 세월을 거치면서 그들만의 특성이 모여 형성된 것으로 항상 보편성을 전제로 한다. 따라서 여기서는 한족을 중심으로 중국인의 보편적인 민족성을 알아본다.

- 우월감

중국인들은 광활한 영토·유구한 역사·우수한 문화를 가지고 있어서 자존심이 강한 민족이다. 옛날부터 중국인은 문화민족임을 자처하고 주변의 민족을 오랑캐로 경시하였다. 이것은 곧 자민족·자문화 중심주의의 중화사상을 그 기저로 하고 있다.

예전, 세계 제일의 우수한 중화의 땅에 천자天子에게 충성을 표하기 위하여 주위의 야만국들이 조공朝貢하러 왔던 역사적 사실에서, 중국인들은 그 야만인들이 중국의 예禮를 배우고 이에 감화되어 중국의 일부가 된다고 여겼다. 중국을 지배했던 원나라의 몽고족도, 청나라의 만주족도 결국 중국에 흡수되고 말았다. 중화사상의 현저한 특징의 하나는 바로 '자고자대自高自大'의 의식이다. 중국은 절대적인 '천조상국天朝上國'이므로 중국에서 생산되는 만물은 다 우수하고 뛰어나다고 자부해 왔다. 또 중국인들은 팽창된 자국 우월 의식과 현실 세계의 발전과는 크나큰 차이가 있는 줄 알면서도 외국을 경시하면서 대국의 체면을 고수하려고 한다. 근·현대이래 중국이 서구에 뒤지고 경제적으로 낙후한 실정을 알게 되었으나, 심정적으로는 그들을 부러워하지 않는다. 근·현대이래 역사적 굴욕 속에서도 중화민족에 대한 자부심이 여전히 강하게 작용하고 있다고 하겠다. 지금 중국인들은 비록 서구보다 경제력이 떨어지지만, 그들 스스로 강대국으로 느끼고 있고, 또 외국인들도 중국을 강대국으로 여기고 있다는 것을 잘 알고 있다.

중국은 뛰어난 자신감과 우월감을 바탕으로 벌써 초강대국으로 성장했으며, 또한 미국을 비롯한 주변국가들은 중국의 팽창을 두려워 할 수밖에 없는 실정이다.

- **포용성**

중국인들은 이민족과 외래문화에 대해 무조건 배척하지 않고 그것을 중국적으로 동화시키려고 하는 포용성을 지니고 있다. 역사적으로 볼 때 이민족이 중국을 침입했고 또 어떤 때에는 중국을 점령·지배한 적도 있었지만, 그들 이민족과 문화는 모두 중화문화에 흡수되었다. 인도의 불교도 중국에 수입된 이후 완전히 중국불교화하여 새롭게 태어났던 것이다.(선종은 중국화된 불교라 하겠다) 중국은 주변국가에 대해 강제적으로 중국의 질서 속에 편입시키려고 한 적이 없다. 항상 주변국가들이 스스로 중화문화에 감화되어 편입되기를 원했던 것이다. 그래서 지금의 중국은 한족뿐만 아니라 55개의 소수민족이 나름대로의 독특한 문화를 지닌 채 중국이라는 울타리 안에 어울려 13억이 넘는 인구가 살고 있는 것이다.

- **인내성**

중국인들은 어려움 속에서도 참고 견디는 인내력이 아주 뛰어나다. 중국인들이 이렇게 인내력이 강한 이유는 중원지방을 제패하기 위해 전쟁과 혼란 그리고 정치적 변혁으로 점철되어 온 중국의 역사에 적응한 결과인 것 같다. 이런 혼란과 변혁 속에 자기자신을 보호하기 위하여 중국인들은 어쩔 수 없이 참고 견디는 능력을 가지게 되었을 것이다. 또한 중국인들은 수천 년간 기후와 지리적 악조건을 극복하기 위하여 많은 인내력이 필요하였을 뿐만 아니라 전제적 통치와 종법제도라는 특수한 사회환경 속에서 자연 그러한 인내심이 배양되었을 것이다. 아울러 농경문화의 자연관 역시 중국인들의 인내심을 기르기에 충분하였다. 결국 자연에 대해 사람의 힘으로는 어떻게 할 수 없다는 현실적 인식에서 '천하대세天下大勢'와 '자연의 지배'에 대해 유순한 태도를 보이며, 자연환경에 순응하고 살아온 데서 이러한 인내심이 비롯되었던 것이다.

이러한 인내심은 쉽게 체념하고 반항하지 않는 경향으로 이어지기도 하며 자신들의 본심을 잘 드러내지 않는 성향으로 나타나기도 한다.

- **보수성**

중국은 수천 년의 농업 전통 국가로서 전통적인 경험과 조상들의 문화가 권위성을 발휘하면서 그것을 답습하게끔 되어 있다. 이 무겁디무거운 전통사회는 변화가 지극히 느리고 급진적인 변혁은 사실상 불가능하다. 농사를 보더라도 예전의 경작 경험이 시간이 꽤 지난 다음에도 여전히 답습된다. 이처럼 앞 세대의 경험과 전통이 권위가 되어 거의 부동의 태세를 유지하고 있다. 중국인들의 대부분은 농업에 종사해 왔기 때문에 언제나 계절에 따라 비슷한 생활을 하였으며, 조상 대대로 살아오던 땅에 그대로 정착하여 살아왔다. 따라서 중국인들은 변화와 혼란을 두려워하고 평화를 애호하는 성향을 보여왔다. 어떤 학자들은 중국의 전통문화를 '노인문화'라고 일컫는다. 중국 전통의식 속에는 늙은 것, 오래된 것이면 모두 강렬한 숭배의 대상이 되며, 늙은 것이나 오래된 것은 예외 없이 좋다는 사고가 들어 있다.

- **현실성**

중국인들의 사고방식은 대단히 현실적이고 실제적이다. 중국인들은 옛날부터 비현실적인 사후세계인 내세를 중시하지 않고 현실의 삶을 중시하였으며, 내세에서의 영생보다는 현실에서의 불로장생不老長生과 무병장수無病長壽를 추구하여 왔다. 중국은 인본주의人本主義와 윤리가 철학의 주류이며, 중국전통사상의 주류를 이루고 있는 유가儒家도 내세보다는 현실문제를 강조했다. 또한 전설 속에 나오는 요堯와 순舜임금도 백성을 잘 다스렸기 때문에 중국인들에게 존경을 받은 것이다. 중국의 토속적인 종교인 도교道教에는 기복祈福신앙적인 요소가 강하고 내세관이 희박하다. 회교·불교·기독교와는 달리 현세 중심적인 종교이다. 중국의 도교신자들은 돈을 많이 벌고 장수하며 자식을 많이 낳고 그 자식이 잘되고 번영하기만을 빌었다.

중국인들은 이처럼 현실적 풍요와 즐거움을 중시하였기 때문에 음식문화와 오락문화를 발달시켰다.(뒤의 내용 참조) 또한 현실에서의 불로장생을 위한 많은 식이요법과 의약학을 발달시켰을 뿐만 아니라 음양교접陰陽交接의 기술인 방중술房中術도 발전시켰다. 아무튼 중국인들은 현실 속에서의 행위와 결과를 중시하는 다양한 처세술에 밝은 편이라 할 수 있을 것이다.

- **낙천성**

중국인들의 낙천성은 위에서 언급한 현실성과 관련이 있다. 즉 그것은 현실적 풍요와 즐거움에 대한 중시로부터 비롯된다. 그리고 그것은 현세를 즐겨보자는 풍류적 향락주의로 발전하기도 한다. 중국인의 낙천적인 일면은 못 먹는 것이 없을 정도로 다양한 요리를 개발하여 먹고 즐기는 점에서나, 또 술이나 차 등 기호식품과 도박이 보편화되어 있다는 점에서도 찾을 수가 있다.

- **무관심**

중국의 많은 역사적인 사건들을 통해 볼 때, 중국인들은 당시의 뜨거운 정치문제에 참여하게 되면 자신의 목숨·재산·가족을 전부 희생하거나 자신의 당파를 모두 몰락시키는 등의 어려움을 보거나 겪었기 때문에 속으로 관심이 있어도 표면적으로 무관심한 것처럼 태도를 취하지 않을 수 없었던 것이다. 이런 태도에 대해 소위 '명철보신明哲保身'이라는 말로 비판하기도 한다. 이 특성은 곧 사리사욕私利私慾의 사심병私心病과 직접적으로 연결된다. 중국의 저명한 문화학자인 량쑤밍梁漱溟은《중국문화요의中國文化要義》라는 책에서 중국 민족의 10대 특징을 꼽으면서 이 자사자리의 사심병을 첫 번째로 들었다. 그는 "자사자리란, 자기의 몸과 집만을 중히 여기고 공중도덕을 무시하는, 흩어진 모래알 같은 상황을 가리킨다. 즉 서로 협조할 줄 모르고, 조직하는 능력이 결핍되어 있으며, 국가나 공공단체에 대한 책임감이 없고, 오로지 사심만을 채우고 공덕을 파괴하며 지극히 탐욕스러운 것 등이 그 예이다"라고 하였다.

다른 사람의 일에 대해 무관심한 중국인들의 성격은 현대중국이 사회주의국가로 변모하고 문화대혁명을 겪으면서 더욱 심화되었다. 문화대혁명 당시, 이웃과 직장동료들의 말 한마디만으로도 자칫하면 온갖 수모를 겪거나 감옥행을 당했다. 때로는 목숨까지 잃어야 했던 그 살벌했던 시절, 무조건 바보처럼 고개를 숙이고 자신을 철저히 보호하는 것만이 살아남는 길인 것으로 생각하였다. 어떤 상황에 처하든, 누가 어떻게 되든, 입을 다물고 자신의 존재가 드러나지 않도록 숨기는 것이 결과적으로 상책이라고 여기게 되었으며, 자신의 존재가 튀게 보이지 않도록 조심해야 한다는 동물적 자기보호 본능이 의식 깊숙이 박히게 되었다. 그래서 남이 자기에게 뭐라고 하지 않는 한 다른 사람들이 무슨 짓을 하든 상관 않겠다는 의미의 "너는 너대로 대로大路를 가라. 나는 나대로 외나무다리를 건너겠다"는 식의 자기 본위의 사고방식이 팽배해 있다. 중국에는 세 가지 '불不' 이 있는데, 즉 '나와는 상관없다不關'·'나는 모른다不知道'·'절대 안 된다不可以'가 바로 그것이다. 이러한 말 속에 중국인들의 자기 본위의식이 가장 집약적으로 반영되어 있는 것 같아 무척 흥미롭다.

중국의 정부당국에서도 이러한 체질화된 무관심에 대해 점차 문제의식을 갖기 시작했다. 문화대혁명 이후 타인에 대해 철저히 무관심하면서도 자신의 이익에는 무서울 정도로 집착하는 변질된 국민성을 개선하기 위해 많은 고민을 하고 있다. 가끔씩, 몇 명 안 되는 헌혈자들을 매스컴을 통해 대대적으로 선전하는 등 더불어 사는 사회를 향한 의식구조 개선을 위해 힘쓰고 있지만, 워낙 일반국민들의 뇌리 속에 피해의식과 자기보호의식의 뿌리가 깊은 탓인지 아직 타인들을 향해 가슴을 여는 모습은 그다지 두드러지게 나타나지 않고 있는 실정이다.

중국인의 생활기질

여기서는 중국인의 민족성과 관련지어 중국인들의 일반적인 생활기질을 파악해 보는 동시에 현대에 와서 변화된 기질과 실제 생활에서 나타나고 있는 비교적 두드러진 특성에 대해서도 알아본다.

- '만만디慢慢地'

우리는 중국인들을 얘기하면서 '만만디'라는 말로 중국인들의 특성을 개괄하는 경우가 자주 있다. 이 말은 직역하면 '천천히'라는 뜻으로, 중국인들은 모든 일에 느릿느릿하다 또는 서두르지 않는다는 뜻으로 쓰이는 것 같다. 우리의 '빨리빨리'의 병폐와 대조되는 특성이라고 할 수 있다. 그리고 어떤 경우에는 중국인들에 대해 비하하는 뜻(게으르다, 일 처리에 있어 효율적이지 못하다, 답답하다)으로 쓰이기도 한다. 여기서 이 '만만디'와 관련하여 중국의 옛이야기 하나를 소개하기로 한다. 바로 '우공이산愚公移山'(우공이 산을 옮긴다)이란 이야기로, 그 내용은 대략 다음과 같다.

옛날 우공이라 불리는 90세가 다 되어 가는 노인 한 사람이 있었는데, 그의 집 앞에는 큰 산 두 개가 가로막고 있어 어디로 일하러 나가자면 그 산을 둘러가야 하므로 여간 불편하지 않았다. 우공은 화가 나서 두 산을 파버리기로 결심하고, 온 집안 식구를 모아놓고 "이 두 산은 우리가 다니는 길을 막고 있으니 우리 모두 힘을 합해서 그걸 파버리고 직통하는 길을 내는 게 어떻겠는가?"라고 말했다. 이튿날부터 우공은 집안 식솔을 다 데리고 산을 파기 시작했다. 1년 내내 집에도 돌아가지 않고 열심히 팠다. 당시에 너무 똑똑해서 마을 사람들이 지수智叟라고 부르는 한 늙은이가 우공의 이러한 행동을 보고 코웃음을 치며 그에게 "이 사람아, 정신이 나갔나? 그 나이에 며칠을 더 살겠나? 당신 힘으로는 산에 난 풀 한 포기도 파기 어렵겠는데, 이렇게 큰 산을 어찌 다 파낸단 말이야?"라고 했다. 이 말을 듣고 우공은 어이없다는 듯이 한숨을 쉬며 "이 사람아, 제 딴엔 아주 총명한 체해도 사실은 그렇지가 못하네 그려! 내가 늙어서 몇 년 살지 못하리란 건 더 이를 데 없지. 하지만 내가 죽으면 아들이 있고, 아들이 죽으면 손자가 있고, 손자가 죽으면 또 그 아들이 있지 않는가. 이렇게 대대손손 끝이 없는데, 어째서 파 없앨 수 없단 말인가!"라고 대답했다. 이렇게 말하자 언제나 총명하다고 자부하던 지수 영감도 그만 말문이 막히고 말았다. 어떤 산신이 이 일을 알고 우공이 쉼 없이 파내는 것이 걱정되어 하느님께 아뢰었다. 그러자 늙은 우공의 기백에 감동이 된 하느님은 힘 센 두 신을 내려보내어 이 두 산을 등에 져 옮기게 하였다.

이 이야기는 자연에 대한 인간의 무한한 능력을 말해 주는 것이기도 하지만, 아울러 끈기와 성실이라는 중국인들의 덕목 바로 '만만디' 정신을 이야기하고 있다. 중국 어린이들의 교과서나 동화책에는 반드시 이 이야기가 수록되어 있고, 외국인들에게 중국어를 가르치는 교재에도 이 이야기가 실려 있는 경우가 많다. 이러한 사실로 보아, 이 이야기가 상징하는 중국인들의 기질에 대해서는 중국인들 스스로가 인정하고 또 자랑스럽게 생각하고 있는 것 같다. 그들이 자랑하고 있는 이 '만만디' 정신은 곧 세상만사 모든 일이 서두르거나 조급하다고 해서 되는 것이 아니라는 뜻이다. 물론 여기에는 우리와 다른 엄청난 시공간의 개념 차이가 있다. 중국인들이 자랑하는 유구한 역사가 때로는 그들을 과거라는 시간의 깊은 함정에 빠뜨려 버리기도 하지만, 이 긴 역사성이 그들의 의식 속에 깊이 자리잡고 있다. 공간개념도 마찬가지이다. 중국인에게 고향을 물어본 뒤 베이징에서 어느 정도 되느냐고 다시 물었을 때 상당히 가깝다고 말하는 곳이 최소한 기차로 10시간 이상 정도는 달려야 하는 곳이다. 이렇듯 우리와는 시공간 개념상에서 많은 차이가 있다. 이러한 시간성과 공간성에 익숙해진 중국인은 자연스럽게 '기다리고'·'인내하고'·'조급해 하지말고'·'천천히 해야 한다'는 특성과 기질이 형성되었을 것이다.

그러나 이러한 '만만디'의 기질은 요즘에 와서 많이 변화되고 있다. 짧은 시일 내에 세계 최대의 통일 사회주의 국가를 건설했다는 엄청난 성공으로 인하여 그리고 경제적으로 서구의 자본주의 국가에 뒤떨어졌다는 현실 속에서 조바심이 생긴 나머지, 초스피드의 '콰이콰이디快快地(빨리빨리)'의 기질로 바뀌어 가고 있다. "영국과 미국을 재빨리 초월하자는" 대약진운동大躍進運動이 시작되고, 드디어 "분초를 다투어야 한다"는 마오쩌둥의 사상 아래 문화대혁명이 발발한 것이다. 그러다가 중국은 30여 년의 폐쇄에서 벗어나 마침내 덩샤오핑에 의해 개혁·개방이 시작되었다. 1992년 초, 덩샤오핑이 남방 순시 때 담화(이것을 중국어로 '南巡講話'라 함)를 발표하자, 중국에는 제2차 개혁·개방의 붐이 일어났다. 그가 말한 "대담하게! 빨리! 따라잡자!敢! 快! 趕!"라는 세 개의 단어는 중국인들의 새로운 의식구조를 그대로 보여준다. 여기서 '빨리'는 시간을 다투어 유리한 기회를 잡아 발전속도를 가속화하자는 것이다. 그 후 1992년 10월에 열린 14차 당대표대회黨代表大會에서의 장쩌민의 보고에는 40여 번이나 '쟈콰이加快(더 빨리)'라는 말이 등장하는데, 앞으로 1백 년 동안에 서방국가가 3백 년 이상 걸려 도달한 경제발전 수준에 이르자는 거창한 목표를 제출하였다.

이러한 서구 따라잡기식의 정책이 은연중에 중국인들의 의식구조를 '만만디'에서 '콰이콰이디'로 바꾸고 있는 것이다. 심지어 중국의 비교문화 학자인 진원쉐金文學 교수는 《반문화지향의 중국인》이라는 책에서 "지금 '만만디' 중국인은 한 사람도 없다"고 단언하기까지 하였다.

- **불결함**

우리가 중국인을 거론하면서 떠올리는 또 하나의 기질은 바로 불결함 즉 '중국인은 더럽다'이다. 실제로 중국에 가보면 중국 사람들이 대체로 위생관념이 부족하다는 사실을 알 수 있다. 우리로서는 도저히 생각할 수 없을 정도의 불결함에 당황하지 않을 수 없다. 중국인들이 청결함을 중시하지 않은 원인을 몇 가지 들면 다음과 같다. 첫째, 오랜 세월 황허 주변의 황토고원지대에서 불어오는 거친 황토바람(황사)과 사막지대의 모래바람, 물이 귀한 환경 등 척박한 환경조건에 적응하다 보니 지금처럼 위생에 둔감하게 된 것 같다. 그리고 이런 환경 속에서 수천 년을 살아온 중국인들은 어쩔 수 없이 청결함을 중시하지 않게 되었을 것이다. 둘째, 중국인들의 불결함은 그들의 음식문화와 깊은 관련성이 있다. 육식을 하고 또 모든 요리를 기름에 볶거나 튀겨먹는 중국인들은 청결하려고 해도 할 수가 없다. 중국 요리에 기름이 가미되지 않는 요리는 거의 없을 정도이다. 셋째,

외형보다 내실을 중시하는 중국인들의 기본적 성격이 외모를 꾸미거나 외부적인 청결함을 중시하게 하지 않았을 것이다.

게다가 오랫동안 가난에 시달린 데다 태풍처럼 휩쓸었던 10년간의 문화대혁명이 중국인들의 위생관념을 급속도로 변질시켰다고 한다. 사실 문혁 당시에는 청결과 위생은 반反프롤레타리아적·우파적·자본주의적인 것으로 여겨졌다. 외모를 깨끗이 하고 옷차림을 깨끗이 한 사람들이나 위생을 강조하는 사람들은 자칫 주자파走資派로 몰려 박해를 받기가 십상이었다. 반면 땀과 먼지로 얼룩진 얼굴, 아무렇게나 입은 노동자풍의 모습은 충실한 사회주의자의 이미지로 긍정적으로 인식되었다. 살얼음판 같은 문혁기간 동안 중국인들은 더러움과 추함을 자신들을 지켜주는 보호막으로 인식했고, 그 속에서 오히려 편안함을 느끼는데 길들여졌다. 그렇게 변질된 인식, 청결함에 대한 피해의식과 두려움은 지금까지도 중국인들의 잠재의식 속에 깊게 남아 있다. 이는 그들이 더러운 외양에 대해 그다지 부끄러워하지 않는 한 이유이기도 하다.

생활 전반에 걸친 중국인들의 청결의식 결핍증은 그들 스스로도 문맹文盲·색맹色盲이라는 말처럼 '위생맹衛生盲'이라 부르고 있는데, 정부 당국도 이 문제 때문에 골머리를 앓고 있다. 거리 곳곳의 벽엔 빨간색의 커다란 글씨로 씌어진 '선진국민이 되려면 위생적인 생활을 해야 한다'는 내용의 구호가 늘 붙어 있지만 아직 크게 두드러진 효과는 없는 것 같다. 그러나 의식 있는 중국인들은 앞으로 중국이 부강해지면 지금의 불결한 모습은 급속히 사라지고 깨끗한 민족으로 탈바꿈하게 될 것으로 보고 있지만, 자연환경과 중국인들의 의식자체가 크게 달라지지 않고서는 결코 낙관적인 일이 아닌 것 같다.

베이징시가 2008년 하계 올림픽 개최를 계기로 악습 근절 캠페인에 나선 바 있는데, 악습의 근절 대상은 침 뱉기·욕설·싸움·새치기·밀치기·사과 안 하기·무뚝뚝한 표정 등으로, 그 중에서도 최우선 근절 대상이 길거리나 공공장소에서 가래침을 함부로 뱉는 일이다. 사실 중국은 공산화 이전부터 침 뱉기 근절 운동을 벌였다. 당시 장제스蔣介石 국민당 정부는 군대를 동원해 침 뱉기 근절을 시도했다. 그리고 80년대 초에는 덩샤오핑鄧小平이 베이징 시내에 20만 명의 보건요원을 배치, 침 뱉기 등 불건전한 습관에 대해 벌금을 부과하는 등 대대적인 악습 타파운동을 했지만 여간해서 사라지지 않고 있다. 그런데 2003년에 발생한 급성호흡기증후군SARS이라는 괴질은 중국인들에게 위생관념에 대해 새롭게 인식하는 계기가 되었다. 이 전염병이 주는 두려움은 중국인의 위생관념을 180도로 바꾸어 놓았다.

- 배금주의

중국의 학자 류란쑤劉蘭蘇는 제목이《눈이 빨개진 중국인紅了眼的中國人》이라는 책에서 지금의 중국 세태를 "전국민이 돈벌이에 나섰다全民下海"라고 꼬집었다. 그의 책제목처럼 지금 중국인들은 돈벌이에 혈안이 되어 있다고 해도 과언이 아닐 정도로, 돈에 집착하고 있다. 마오쩌둥 시대 중국에는 금전만능주의와 실리주의를 비판하고 실리 추구와 물욕을 부르주아적인 부패한 의식으로 적대시하였다. 그 결과로 생산성을 부정하고 생산력의 발전을 억압하는 폐단이 생겼으며 실제 생활은 빈곤하기 짝이 없었다. 그러던 것이 개혁·개방정책으로 자본주의 경쟁체제와 시장경제의 도입으로 경제가 나아지면서 실리 중심과 배금주의의 가치관이 고개를 들기 시작한 것이다. "고개 숙여 돈을 바라보고, 고개 들어 돈을 바라보라. 오로지 돈을 바라보아야만, 돈을 벌 수 있다"는 유행어까지 나돌 정도이다. (유행어 중에는 배금주의와 관련된 것이 많은데, 앞에서도 일부 언급됨)

어느 민족이든 돈을 싫어하는 민족은 없지만 특히 중국인은 돈에 대한 애착이 대단한 민족으로 알려져 있다. 이처럼 돈을 좋아하는 민족이 사회주의 혁명의 소용돌이 속에서 어쩔 수 없이 억눌려져 있었던 재물에 대한 욕구가 개혁·개방의 바람을 타고 다시 불이 붙은 것이다. 사회주의 이념에 따라 모든 것이 원칙적으로 국가 소유인 사회에서 억제되어 왔던 소유욕이 개혁·개방으로 되살아나면서 '믿을 것은 오직 돈뿐'이라는 금전만능주의가 만연하게 된 것이다.

이러한 배금주의로 인해 지금 중국에서는 자본주의 사회에서나 일어남직한 온갖 범죄와 부정이 사회 전반에서 일어나고 있어 심각한 사회문제가 되고 있다. 인성의 몰락은 말할 것도 없거니와 돈을 위하여 아무 일이나 할 수 있고 무엇이든 포기할 수 있다는 사고방식이 팽배해지고 있다. 이 같은 중국인들의 배금주의에 대해 양식 있는 중국인들은 원래 중국인들은 못사는 것 자체는 두려워하지 않으나 남보다 못사는 것은 두려워하므로 시장경제가 도입된 요즘 남보다 못살게 될까 두려워서 돈 버는 일에 전적으로 관심을 기울이게 된 것 같다고 풀이하기도 한다. 경제개방으로 빈부의 격차가 엄청나게 커져버린 지금보다 차라리 모두가 다같이 가난했던 지난날이 더 마음 편했다고 하는 중국인들도 적지 않다.

- 체면 중시

중국인들은 체면을 중시한다. 체면은 중국어로 몐쯔面子(얼굴)로 표현되는데, 중국인이 체면의 손상을 두려워하는 가장 근본적인 원인은 내재하고 있는 도덕의식 때문이다. 그리고 원래 중국인이 자존심이 강한 민족이기 때문이기도 하다. 따라서 그들과 상대할 때 체면을 손상시키지 않고 세워주는 것은 중요한 일이다. 하지만 체면과 현실이 상충될 때 중국인들은 현실을 선택하는 경우가 더 많다.

여기서 체면과 관련된 중국의 '二桃殺三士'〔복숭아 두 개로 세 무사武士

를 죽임)라는 이야기를 소개하고자 한다.

춘추시대春秋時代 명재상名宰相인 안자晏子〔즉 안영晏嬰〕는 비록 5척 단구短軀에 외모는 보잘것 없었지만 달변에다 임기응변에 뛰어나 숱한 이야기를 만들어 낸 주인공이기도 하다. 그가 제齊의 경공景公을 섬길 때였다. 경공에게는 공손접公孫接·전개강田開疆·고야자古冶子라고 하는 뛰어난 무사 세 사람이 있었는데, 경공의 총애를 업고 걸핏하면 월권을 일삼았으며 심지어는 재상인 자신조차 안중에도 없는 듯 행동하였다. 안자의 눈에는 그들이 사직社稷을 위태롭게 할 인물로 비쳐졌다. 그래서 하루는 경공에게 말했다. "세 무사를 제거해야만 합니다." "어떻게?" "그야 간단하지요." 안자는 복숭아 2개를 주면서 말했다. "그들에게 이것을 주십시오. 그러면서 제나라의 사직에 가장 공이 많다고 자부하는 자가 가지라고 하십시오." 과연 경공이 복숭아를 주자 무사들은 서로 가지기 위해 다투었다. 그러나 얼마 뒤 갑자기 한 무사의 안색이 바뀌더니 칼을 꺼내 자신의 목을 찔러 자결하고 말았다. 남은 두 무사 역시 같은 생각이었다. "아! 무사의 체면을 더렵혔구나……." 결국 모두 차례로 자결하고 말았다.

체면을 정적政敵제거에 역이용한 기상천외한 방법이라 할 수 있다. 중국 사람들의 체면과 관련하여 자주 인용되는 이야기이다. 중국 사람들의 체면 중시는 그들의 문화에서도 쉽게 발견된다. 옛날 형벌에 묵형墨刑이란 것이 있는데, 지금 우리도 종종 말하고 있는 "경을 칠 놈"의 黥(경)이라는 형벌을 말함이다. 이마에다 먹을 치는 것으로 그야말로 체면에 흠집을 가하는 것이다. 경을 받은 사람은 평생 얼굴을 들지 못하고 살아야 했다. 아예 체면이 없어졌기 때문이다. 체면을 형벌에까지 이용했던 중국의 특이한 경우라고 하겠다.

- **연고주의**

중국어 중의 '關係(관시)'라는 말은 물론 우리말의 '관계'와 같은 의미로 쓰이지만, 어떤 경우에는 특별히 '인간관계'라는 의미로 지칭되기도 한다.(앞의 '關係戶'라는 신조어를 참조) 중국 사람들은 어떤 일을 하든지 이 '관시'(인간 관계) 즉 연고주의를 매우 중시한다. 중국에서의 이러한 '관시'는 타인에게 무제한적인 요구나 부탁을 할 수도 있는 특별한 사이를 의미하고 있기도 하다. 그것은 일의 성패를 가늠하는 중요한 열쇠가 되기도 한다.

중국인들의 이 '관시'는 단순한 상호간의 이해관계만을 가지고 형성할 수 있는 것은 아니다. 그것을 형성하는 가장 기본적인 단위는 신뢰할 수 있는 인간관계로부터 출발하고 있기 때문이다. 그래서 우리는 이 중국인들의 '관시'를 단순히 부패구조 또는 뇌물수수 관계 정도로 해석해서는 안 된다. 그 저변에는 '정情'·의리·신뢰 등과 같은 긍정적인 요소가 지탱하고 있다는 점을 알아야 한다. 문제는 이러한 긍정적인 요소들로 결속되어진 '관시'가 때로는 공적인 문제가 사적으로 처리되고, 사적인 인간관계가 공적인 관계를 대신한다는 데에 있다. '관시'가 우선하는 인치주의人治主義적 속성과 '관시'에 따라 정실에 치우친 일처리는 부정부패가 만연하는 사회문제를 야기하기도 한다.

중국인의 생활문화

중국인의 명절문화

여기서는 중국 민족이 지내고 있는 명절과 그것이 지니는 의미와 특색을 통해 중국 풍속의 일부이기도 한 명절문화에 대해 살펴보기로 한다.

- **춘절**春節

음력 정월 초하루를 가리킨다. 반면 중국에서는 양력 1월 1일을 '원단元旦'이라고 한다. 춘절은 중국 최대 명절로 원래 3일간을 법정공휴일로 지정하고 있지만, 보통 7일 간의 연휴로 되어 있다. 귀향인파에 전 중국의 교통이 몸살을 앓기도 한다. 중국인들에게 춘절은 우리와 마찬가지로 생활전선에 나가 있는 온 가족이 재회하는 날이며, 한 가족이라는 연대감을 확인하면서 한 해 동안 가족 구성원 모두의 안위와 발전을 기원하는 날이기도 하다. 또한 춘절은 겨울이 곧 지나가고 봄이 도래할 것임을 예시하는 의미도 지니고 있다. 새로운 봄이 시작될 무렵 사람들은 천지의 귀신과 조상에게 제사지내고 오곡풍수五穀風水와 모든 일이 뜻대로 되기를 기원한다.

춘절에 폭죽을 터뜨리며 온 가족이 새해를 맞이하는 그림

춘절에 중국 사람들은 연화年畵라고 하는 그림을 붙이고 집을 깨끗이 청소하고 장식하는 것을 즐겨한다. 연화는 각양각색으로 과거에는 대부분이 아이가 잉어를 안고 있거나 용머리로 장식되어 있는 배로 경주하는 모습 등의 그림이었지만, 요즘은 영화배우 및 풍경화 등 다양해졌다. 또 문 위에는 대련對聯〔춘련春聯이라고도 함〕·문신상門神像과 '福'자 등을 붙이는데, 대련은 붉은 종이에 붓으로 쓰며 행복한 생활에 대한 희망 등 길상吉祥의 내용으로 되어 있다. 문신상의 역할은 잡귀를 쫓는 것이다. '福'자는 거꾸로 붙이기도 한다. '거꾸로'는 중국어로 '倒'라고 하는데, '도착하다·오다'의 '到'와 발음이나 성조가 같으므로 '福'자를 거꾸로 붙이면 '복이 온다'는 뜻이 된다. 이러한 풍속은 오래 전부터 전해 내려온 것이다.

춘절의 전날 즉 섣달 그믐날을 '제석除夕'이라고 한다. 이날 밤 12시가 되면 모든 가정에서는 폭죽爆竹을 터뜨리는데, 이것은 묵은해에 작별을 고하고 새로운 봄을 맞는다는 것을 상징하는데, 이때 춘절의 분위기는 최고조에 달한다. 이날 밤의 폭죽소리는 마치 전쟁터의 포탄소리와 총소리를 연상케 한다. 전설에 의하면 고대의 사람들은 산귀신이 돌림병을 퍼뜨리는 것이라 여겨 대나무에 불을 붙여 산귀신을 쫓았는데, 대나무는 가열되면 폭발하여 소리를 내기 때문에 '폭죽'이라 부르게 되었다고 한다. 중국인들은 춘절 뿐만 아니라 결혼식·개업식 등 무엇인가를 축하하는 행사에 반드시 폭죽을 터뜨린다. 그러나 중국 정부는 1992년 연말에 '전국 주요 대도시에서 폭죽 금지 조치'를 취하였다. 이유는 해마다 폭죽으로 인한 부상자나 사망자가 적지 않기 때문이다.

초하루 아침 북방 사람들은 집집마다 '나이 먹는 만두'라 불리는 교자餃子를 먹는다. 남방 사람들은 설떡年糕과 탕원湯圓(둥근 새알심을 넣은 탕)을 먹는데, 이는 '해마다 좋아지고('年糕'의 중국어 발음이 '해마다 높아진다'의 의미인 '年高'와 같기 때문)', '온 가족이 둥글게 모인다'는 것을 상징한다.

그리고 춘절이 되면 중국인들은 홍바오紅包〔(붉은 봉투) : 압세전壓歲錢이라고도 하는데, 섣달 그믐날 밤에 제야음식年夜飯을 먹은 후 윗사람이 아랫사람에게 주는 돈을 가리킨다. 옛날 중국 사람들은 붉은 실로 엽전(동전)을 꿰어 어린아이 가슴에 걸고서 사악한 귀신을 물리칠 수 있다고 생각하였는데, '누르다'라는 의미를 지닌 '압'자를 쓴 것은 이 때문이다. 이것이 지금의 홍바오 주는 풍속으로 변하였음〕를 사서 그 속에 돈을 넣어 준비해 두었다가 친지나 자신이 자주 가는 식당 종업원 또는 친구의 아들·딸 등에게 하나씩 준다. 우리의 세뱃돈에 해당된다고 할 수 있다.

우리 나라 사람들은 새해가 되면 주로 "새해 복 많이 받으십시오"라고 새해인사를 주고 받는데, 중국 사람들은 주로 "공시파차이恭禧發財!('새해를 축하드리며, 돈 많이 버십시오'라는 뜻임)"라는 말을 주고 받는다. 이 인사말은 연하장에도 가장 흔하게 등장하는 말이다. 또 "녠녠둬위年年多餘('해마다 더 여유롭게 되십시오'라는 뜻임)"라는 말도 쓰는데, 이 인사말 역시 연하장에서 많이 보인다. 대개 '녠녠뒤위'라는 말이 적혀 있는 연하장에는 금빛 물고기가 그려진 경우가 많은데, 물고기 '魚'의 중국어 발음이 '여유 있다'·'풍족하다'는 뜻의 '餘'와 같기 때문이다. 이밖에도 "완스루이萬事如意('모든 일이 뜻대로 되소서'라는 뜻임) 등등 여러 인사말이 있다.

- **원소절**元宵節

음력 정월 보름날이다. 상원절上元節·원석절元夕節 또는 등절燈節이라고도 하며, 약칭하여 원소·원야元夜·원석이라 한다. 한漢나라 때 권력을 찬탈하였던 여후呂后가 죽고 난 뒤, 주발周勃과 진평陳平 등이 여러 여씨를 몰아내고 유항劉恒을 내세워 천자로 삼았는데, 그가 곧 문제文帝이다. 문제가 여씨를 몰아낸 이날이 정월 보름이었기 때문에 이날 밤 변복을 하고 궁을 나서 백성들과 함께 즐기면서 이날을 기념하였다고 한다. 당대唐代 이후부터는 조정에서 매년 이날 등불을 켜고 국태민안國泰民安을 기원했는데, 이것이 민간으로 전해져 지금까지 이날 밤에는 등불놀이를 하고 있다. 등의 종류도 다양해서 각종 재료·모양·장식이 동원되는데, 모두 지역적 특색을 담고 있다. 각지에서 열리는 등회燈會에서는 수수께끼를 색등에 걸어 그것을 푸는 놀이를 진행하기도 한다. 이밖에 대나무와 천으로 용 모양을 만들어 사람이 속에 들어가 추는 용등무龍燈舞와 사자복을 뒤집어쓰고 사자의 용감한 자태를 춤으로 표현하는 사자춤 등의 놀이도 한다.

이날은 또 '원소元宵'라고 하는 탕을 먹는데, '탕원湯圓'·'탕단湯團'·'원자圓子'·'부원자浮圓子' 등의 별칭이 있다. 이것을 먹는 이유는 '온 가족이 모여 화목하게 지낸다'는 상징성이 있다.

- **한식절**寒食節**과 청명절**清明節

동지冬至 후 105일째 되는 날이 한식절이며 청명절은 한식절의 하루 전날이거나 같은 날일 수도 있다. 이 두 명절은 춘추시대 진晉나라 문공文公인 중이重耳가 개자추介子推를 애도한 데서 비롯되었다. 기원전 655년, 중이가 왕위에 오르기 전 계모의 음모를 피하기 위해 개자추 등의 대신들과 함께 다른 나라에서 떠돌이 생활을 하면서 고생을 하다 굶주려 쓰러지자, 개자추는 자신의 허벅다리 살을 베어내 삶아주었다. 19년 뒤, 중이는 자기 나라로 돌아와 왕위에 올라 공신들에게 상을 내렸지만, 개자추만은 잊어버리고 상을 내리지 못했다. 개자추는 공을 다투기가 싫어 어머니와 함께 면산綿山에 은거해 버렸다. 진문공이 나중에 그 사실을 알고 친히 면산으로 가서 그를 찾아보았지만 찾을 수가 없었다. 진문공은 개자추가 효자라는 것을 알고서 산에 불을 지르면 그가 자기 어머니를 위해서라도 산에서 내려올 것이라 생각하고 산에 불을 질렀지만, 결국 개자추 모자는 큰 버드나무를 껴안고 불에 타 죽었다. 나무의 구멍 속엔 정치를 청명清明하게 해달라는 의미의 '清明'이라는 글씨를 혈서로 옷깃에다 적어놓은 것이 있었다. 진문공은 이를 추모하기 위하여 이날을 한식절로 정하고 이날만은 불을 지피지 말고 찬밥을 먹게 하였으며, 이틀 뒤를 청명절로 정하였다. 대략 당唐·송대宋代 이후부터 사람들은 한식절과 청명절 사이인 3일 동안 성묘를 하고 조상을 기리는 풍속이 생겨났다. 요즘 중국인들은 톈안먼天安門광장의 인민영웅기념비를 비롯한 혁명열사의 기념비나 묘를 찾아 헌화하고 그 뜻을 기리기도 한다.

이때는 또 봄놀이春遊를 가기도 하고, 연날리기도 한다.

- **단오절**端午節

음력 5월 5일로, 중오절重五節·단양절端陽節이라고도 한다. 단오절은 원래 고대 중국민족의 전설상의 조상으로 여겨왔던 용에게 제사지내는 용자절龍子節이었는데, 후대 사람들은 중국의 위대한 시인이자 초楚나라 충신인 굴원屈原이 조국을 위해 충성을 다했지만 끝내 비방과 참소를 받고 귀향을 가 한을 품은 채 멱라강汨羅江에 몸을 던져 죽은 것을 기념하는 날로 삼았다. 굴원이 멱라강에 자살했을 때, 그 지역 사람들은 그 소식을 듣자마자 물고기들이 그의 시체를 뜯어먹을까 걱정하여 찹쌀을 대나무 잎에 세모나게 싸서 찐 쭝쯔粽子라는 것을 먹이로 던지면서 북과 꽹가리를 치면서 시신을 찾았다는 것이다. 후세에 와서도 이러한 풍습을 이어받아 단오절이 되면 쭝쯔를 제물로 강에 던지거나 용선龍船경기를 한다.

요즘 쭝쯔는 이미 전통식품이 되었으며, 매년 단오절 즈음이 되면 집집마다 쭝쯔를 싸고 길거리에는 쭝쯔를 파는 상인들이 매우 많이 등장한다. 쭝쯔의 맛과 모양도 지역마다 다르다. 용선경기는 뱃머리를 용 모양으로 만들어 장식한 배를 타고 여러 척의 배가 노젓기 시합을 벌이는 풍습이다. 각 팀을 대표하는 선수들이 각기 독특한 옷을 입고 참가하는데, 북소리와 구령에 맞추어 노를 젓는다.

- **칠석**七夕

음력 7월 7일을 가리키는데, 걸교절乞巧節·여절女節·소녀절少女節·소아절小兒節·쌍칠절雙七節·향교회香橋會·교절회巧節會라고도 한다. 견우牽牛와 직녀織女의 전설에서 비롯된 명절이다. 이날은 견우성과 직녀성이 은하수에서 서로 만나는 밤으로, 걸교乞巧(베를 짜는 직녀의 전설에서 비롯된 것으로, 직녀에게 '솜씨를 구한다'는 뜻) 풍습이 행해진다. 걸교에는 솜씨 점치기卜巧(자신의 손솜씨가 있는가를 점치는 풍습)·손재주 겨루기賽巧(이날 저녁 부녀자들끼리 누가 빨리 바늘에 실을 꿰는지 시합을 벌여 손재주를 뽐내는 풍습)·떡 만들어 먹기吃巧食(찹쌀가루에 설탕을 섞거나 혹은 설탕·돼지고기·참깨 등을 섞어 기름에 튀겨서 만든

길다란 모양의 단 떡餅을 먹는 풍습으로, 저장성 남부 지방에서 유행함) 등이 있다.

또 이 시기는 우기雨期이어서 비가 많이 오는데, 사람들은 바로 견우와 직녀가 만나서 흘리는 눈물이라고 여기기도 한다.

- **중추절**中秋節·仲秋節

음력 8월 보름날을 가리키는데, 추절秋節·단원절團圓節·팔월절八月節이라고도 한다. 우리 나라의 추석처럼 그렇게 큰 명절은 아니다. 단지 특이한 것이 있다면 우리가 송편을 먹듯이 중국 사람들은 월병月餅을 먹는다. 중추절을 전후한 중국의 도시에는 온통 선물용 월병으로 가득하다. 그것의 제조법이나 종류는 지방마다 매우 다양하다. 월병은 중국인들이 가장 보편적으로 주고받는 중추절 선물이다. 그것은 달처럼 둥글다. 가까운 가족과 친지들이 둥글게 둘러앉아 달디단 월병을 먹는다. 월병은 당대 혹은 송대에도 있었으나 명절음식으로 발전한 것은 원대元代이다. 당시 몽고족의 통치하에서 기의군起義軍의 비밀서신 등을 전달하는 방법으로 월병에 편지를 넣어 전하던 일에서 비롯되어 월병을 함께 먹고 선물로 보내는 풍습이 생겼다.

중국 사람들도 우리와 같이 중추절의 달을 보며 평안을 기원하고 풍년을 감사하기도 한다.

- **중양절**重陽節

음력 9월 9일을 가리키는데, '九'는 양陽의 숫자로 양이 중복되었다고 중양절이라 했다. 등고절登高節·중구절重九節·구월구九月九·수유절茱萸節·국화절菊花節이라고도 한다. 이는 한漢나라 때 생긴 명절로, 동한東漢의 환경桓景이라는 사람이 비장방費長房을 좇아 학문을 배웠는데, 하루는 비장방이 그에게 9월 9일 불길한 징조가 보이니 고향집에 연락하여 온 식구에게 빨간 부대에 수유를 담아서 팔뚝에 걸고 산에 올라 국화주를 마시게 하면 화를 면할 수 있다고 했다. 과연 당일 온 식구가 산에서 내려와 보니 집안에서 기르던 가축들이 모두 죽어 있었다는 것이다. 이로부터 사람들은 9월 9일이면 수유를 머리에 꽂고 산에 올라 국화주를 마시는 풍습이 생겼다고 한다.

또한 중양절에는 중양고重陽糕라는 떡을 먹기도 한다. 명대明代의 베이징에서는 중양절을 여아절女兒節이라고 하여 시집간 딸을 친정으로 불러 꽃떡花糕을 먹이는 풍습이 있었다고 한다.

- **동지절**冬至節

양력 12월 22일 전후로, 동절冬節·교동交冬·장지절長至節·아세亞歲·하동절賀冬節·일양절一陽節이라고 한다. 옛날 북방지방의 사람들은 이날 양을 잡고 만두를 먹으며 탄갱신炭坑神에게 제사지내는 풍습이 있었다. 바로 탄갱신이 인간에게 추위를 몰아내기 위하여 석탄을 가져다준다는 것이다. 남방에서는 찹쌀가루로 만든 새알심을 넣은 탕圓子(앞의 내용 참조)으로 신이나 조상에게 제사지내고 온 가족이 모여 그것을 먹는 풍습이 있다.

중국의 법정공휴일은 다음과 같다.

1. 원단元旦 : 1월 1일 휴일
2. 춘절 : 3일 간 휴일
3. 청명절 : 1일 간 휴일
4. 노동절 : 5월 1일 휴일
5. 단오절 : 1일 간 휴일
6. 중추절 : 1일 간 휴일
7. 국경절國慶節 : 10월 1일~3일 휴일

중국의 법정공휴일은 이상과 같이 총 11일이지만, 실제로는 토요일 및 일요일 대체 근무 등을 활용하여 더 많은 날을 쉬고 있다. 이를테면 춘절과 국경절은 보통 7일 간의 휴가를 주고 있으며, 원단이나 청명절은 경우에 따라 3일 간을 쉬기도 한다.

중국인의 결혼문화

중국의 결혼풍습은 옛날부터 많은 변화를 겪어왔고 또 한족과 소수민족 간에도 많은 차이가 있다. 전통혼례는 그 절차가 매우 복잡한데, 모두 여섯 단계로 나누어져 있다. 이것을 육례六禮라고 한다. 즉 납채納采(남자 집에서 중매인을 통해 예물을 보내며 청혼하는 것. 여자 집은 청혼을 수락하면 예물을 받음)·문명問名〔청혼이 받아들여지면 남자 집에서는 홍첩紅帖을 써서 예물과 함께 중매인을 시켜 여자 집에 보내고 여자의 성명과 사주를 받아옴〕·납길納吉(여자의 성명과 사주를 가지고 점을 친 다음, 그 결과를 중매인을 시켜 여자 집에 통보함)·납징納徵(점을 친 결과가 길하면 남자 집에서는 보다 좋은 예물을 준비해 정식으로 정혼을 구함. 여자 집에서 예물을 받으면 수락한 것으로 봄)·청기請期(정혼한 이후 남자 집에서 길일을 택하여 중매인을 통해 여자 집에 알림. 여자 집에서 받아들이지 않으면 날을 다시 정함)·친영親迎(결혼 당일 신랑이 친히 중매인과 함께 예물을 가지고 신부집을 방문하여 신부를 맞이함)이라는 절차를 따라 진행한다. 고대 봉건시대의 결혼에 있어 중요한 것은 부모의 명命과 중매인의 말이었다. 본인의 감정이나 의지보다는 부모가 알아서 결정하는 경우가 대부분이었다. 결혼 상대를 고르는 데에 있어서도 집안간의 수준을 매우 따졌다.

그러나 이러한 전통적인 결혼풍습은 현대 중국에서는 거의 사라졌다. 더욱이 중국 정부는 1950년 혼인법을 제정하여 분에 넘치는 사치와 형식으로 흘렀던 구식 결혼문화를 반드시 타파해야 할 봉건적 잔재로 규정, 결혼식 자체를 검소하게 바꿀 것을 명령했다. 그리고 반봉건 의식혁명의 주요한 사업으로 일부 지역에서 여전히 행해지고 있던 매매혼을 근절하고 이 부분에 대한 집중적인 단속과 교육을 병행했다. 게다가 '옛 것을 몽땅 없애버리자'라는 기치를 내건 문화대혁명의 태풍은 전통 결혼풍속의 많은 부분들을 일시에 쓸어가 버렸다. 당시는 관혼상제冠婚喪祭 등 생활의 모든 의식절차를 지극히 간소화하는 것을 미덕으로 삼았으므로 결혼식도 예외일 수가 없었다. 개혁·개방 이후 지금의 중국에도 특별히 결혼의식이라 할 만한 형식이 없다. 우리와 같은 예식장은 아예 없다. 지식계층일수록 혼인등기소에 가서 혼인신고 절차를 끝내는 것으로 결혼식을 대신하는 경우가 많다. 아니면 집이나 직장 또는 식당에서 가까운 친지나 친구 등을 초청해서 예식을 올리기도 한다. 과거에는 결혼풍속도가 이렇듯 소박하기 이를 데 없지만 자본주의 바람 속에 큰 부자들이 속출하는 요즘은 결혼문화가 많이 달라졌다. 자녀의 결혼식을 큰 호텔에서 많은 하객들을 초대, 풍성한 음식을 들며 화려한 결혼식을 과시하는 부류들이 많아졌다.

과거 중국인들의 결혼 절차에서 이색적인 것은 예비 신랑신부가 각자 자신의 소속 직장 책임자의 허가를 받아야 하는 점이다. 이 결혼허가서가

구식 결혼식

현재의 결혼식 풍경

있어야만 혼인신고가 가능하기 때문이다. 개혁·개방 이전에는 결혼 당사자의 사상과 그에 근거한 활동 등이 결혼의 가장 중요한 요건으로 간주되었다. 당시에는 중국공산당이 인민들의 생활을 많은 부분 간섭하던 때여서 특히 공산당원인 경우 반드시 당의 허가를 받아야만 결혼 할 수 있었다. 때로는 출신성분에 맞춰 당에서 배우자를 선택해 주기도 했는데, 이 경우 상대방에 대한 선택의 여지란 없었다. 또 공산당이 아닌 사람들이라도 자신들의 소속 직장 책임자의 허락을 받아야만 했다는 점이다. 주로 사상적 배경·성분 등의 심사를 통해 결혼허가 여부가 결정되었다. 과거에는 아무리 두 사람이 사랑하는 사이라 하더라도 직장 책임자가 허가하지 않으면 결혼할 수가 없었다. 부모의 허락도 소용없었다.

1990년의 전국인구조사통계에 따르면 중국여성의 평균적인 결혼적령기는 20~25세이며, 25세된 여자의 기혼률은 92%에 가깝다. 농촌여성들의 결혼연령은 20~25세, 중소도시여성들은 21~25세, 도시여성들은 22~26세로 나타나고 있다. 농촌으로 갈수록 여자들이 어린 나이에 결혼하고 대도시일수록 결혼연령이 높아지는 현상을 보인다. 또 학력수준이 낮을수록 일찍 결혼하는 경향이다. 문맹 또는 반문맹 여성들의 평균적인 결혼연령은 19~24세, 초등학교를 졸업한 여성은 20~24세, 중학 졸업 여성은 21~25세, 고교 졸업 여성은 22~26세, 대졸 이상 여성은 24~30세 등으로 학력이 높을수록 결혼연령이 높아지는 상관관계를 보이고 있다. 이밖에도 여성의 경제력이 점차 커짐에 따라 고학력 독신여성의 수가 점차 늘어나고 있으며, 국제결혼 건수도 부단히 증가하고 있다.

그러나 요즘 중국은 이혼문제로 골치를 앓고 있다. 사회가 다양화되고 경제가 발전하면 자연 이혼율도 높아지기 마련이다. 개혁·개방 이후 경제력 향상과 더불어 자본주의적 자유로움을 조금씩 맛보게 된 중국도 예외는 아니다. 전통 중국사회는 물론이거니와 공산화 이후 지금까지 중국의 가정은 구조적으로 볼 때 서구사회에 비해 매우 안정적이었다고 할 수 있다. 이혼 등으로 가정이 파괴되는 비율이 극히 낮았다. 그러나 중국의 경제력이 눈에 띄게 성장하면서 이혼율이 빠른 속도로 늘어나고 있다. 예전에는 길에서 아는 사람과 마주쳤을 때 흔히 "밥먹었느냐?吃飯了嗎?"라고 인사했지만, 요즘은 "이혼했느냐?離了嗎?로 인사말이 바뀌었다는 우스갯소리가 있을 만큼 이혼하는 부부가 부쩍 많아졌다는 것이다. 2012년 한 해에만 무려 280만 쌍 정도가 이혼한 것으로 확인되고 있다. 2002년 117만 쌍이 이혼한 것에 비하면 두 배 이상이나 늘어난 수치이다.

결혼 건수 대비 이혼 건수는 더욱 경악스럽다. 2017년 말의 통계를 보면 결혼 건수가 1,036만1,000건인데 비해 이혼 건수는 무려 437만4,000건을 기록하였다. 이혼 건수가 결혼 건수의 42% 전후에 이르렀다. 현 상황이 얼마나 심각한지는 1990년과 비교하면 알 수 있다. 당시는 결혼 건수가 951만1,000건이었으나 이혼 건수는 80만 건에 불과하였다. 결혼 대비 이혼율이 10%에도 이르지 못했다. 결혼은 1.1배 늘어난 데 비해 이혼이 5.5배 늘어난 것이다. 2003년에 제정된 혼인등기조례는 이혼률 상승의 한 원인으로 작용하였다. 이 조례에 의하면 이제 결혼과 이혼을 할 때 정부나 직장의 비준 등이 전혀 필요하지 않게 된 것이다. 아울러 도시와 농촌간의 차이는 있지만 이혼 신청자의 70% 이상이 아내들일 정도로 여성 쪽의 이혼신청이 급증하고 있어 변화하는 세태를 보여준다. 그만큼 여성들의 의식이 큰 폭으로 바뀌고 있음을 입증하는 현상이라 하겠다.

결혼과 이혼은 전적으로 개인의 선택 문제라고 할 수 있지만 국가적 차원에서 보면 이혼율 급증은 상당히 심각한 사회문제라고 할 수 있다. 결혼 및 출산 기피와 함께 인구 절벽을 가져오는 '3대 악폐'이기 때문이다. 중국 정부는 이 같은 사실을 인식, 이혼율을 떨어뜨리기 위한 노력을 기울이고 있다. 그 대표적인 노력이 1개월 동안의 이혼숙려제이다. 하지만 당국의 노력에도 불구하고 중국의 이혼율은 지속적으로 오를 가능성이 더 많다. 개인주의적인 성향이 강한 젊은 세대들이 이혼을 너무 쉽게 생각하는 경향이 갈수록 농후해지는 탓이다. 중국에서의 이혼 문제 해결은 요원할 수도 있다.

중국인의 음식문화

- 요리문화

중국인들에게는 죽을 때까지 다 해볼 수 없는 네 가지가 있다고 한다. 중국음식을 다 못 먹어보고(너무 종류가 많아서), 중국 땅을 다 못 가보고(하도 넓어서), 중국말을 다 못 해보고(방언이 너무 많아서), 중국글자를 다 못 써보고(한자수가 워낙 많아서) 죽는다는 것이다. 중국인들은 세계 어느 민족보다 음식문화를 중요시하는 민족이다. "모든 음식이 중국에 있다"는 말도 있으며, 중국 속담에는 "수중手中에 양식이 있으면 마음이 불안하지 않다"라는 말도 있다. 먹는다는 것은 중국인들에게 대단히 중요하다. 우스갯소리로 남성의 5대 행복은 미국 집에 살고, 독일제 자동차를 몰며, 일본인 아내를 두고, 프랑스 정부情婦를 거느리며, 중국요리를 먹으며 사는 것이라고 했다.

중국인들은 먹는 것에 관한 한 타의 추종을 불허한다. 그들은 다리가 네 개인 것은 탁자 외에 다 먹고, 날아다니는 것은 비행기 외에 다 먹을 수 있다는 농담이 있을 정도로 중국에서 요리의 재료가 되지 않는 것은 별로 없다. 유명한 수필가인 린위탕林語堂은 일찍이 "중국인은 우주를 먹는다"고까지 말한 적이 있다. 광활한 땅에서 나는 온갖 곡식·야채·동물·곤충 등등 음식의 재료로 쓰이는 것은 이루 헤아릴 수가 없다. 이를테면 청淸나라

만한전석

때 개발된 요리상으로 만한전석滿漢全席이라는 것이 있다. 만주족식과 한족식 요리로 가득 채운 자리라는 뜻을 갖고 있는데, 자꾸 더 맛있는 요리를 찾는 황제에게 요리를 담당한 신하들이 한족 요리의 최고 정수와 만주족 요리의 최고 정수를 결합해 만들어 올린 가장 호화롭고 가장 다채로운 요리상으로, 돼지를 통째로 구운 것·양을 통째로 구운 것·제비집·상어 지느러미·곰 발바닥·낙타 등살·원숭이 머리처럼 생긴 버섯·사슴의 꼬리·사슴의 뒷다리 발꿈치 근육 등등이 바로 그것이다.

요즘 중국인들 사이에서 인기 높은 별미 요리로 꼽히는 것도 다름 아닌 곤충요리다. 예를 들어 매미·전갈·누에·개미·벌 등 온갖 곤충을 기름에 튀겨내기도 하고 쌀과 함께 죽으로 끓여 먹기도 한다. 곤충요리는 구수한 맛도 일품이지만 각종 영양분이 풍부하다고 한다. 곤충요리는 북방사람들보다는 특히 미각에 관한 한 별난 요리가 많은 광둥 등 남부지역 사람들이 즐겨 먹는다. 또한 최근 들어 호사가들 사이에선 꽃을 이용한 요리도 인기가 있는데, 장미·국화·연꽃·계화桂花 등을 재료로 독특한 정취와 미각의 요리를 만들어 먹는다.

이처럼 중국에서 요리가 발달한 이유는 크게 세 가지로 꼽을 수 있다. 첫째, 중국은 땅이 광활하고 온갖 산물이 풍부하여 각 지방마다 갖가지 요리가 발달할 수밖에 없었다. 둘째, 앞에서도 언급했듯이 중국인들은 옛날부터 현실을 중시하여 현실적 향락주의 문화가 매우 발달하였는데, 이것이 요리문화를 발달하게 만들었다. 셋째, 중국의 요리문화가 인간의 장수와 관련되어 발달한 것도 하나의 요인이 된다. 중국인들의 불로장수사상과 관련되어 오랜 기간 동안에 걸쳐 발달하여 온 것이 바로 이 요리문화인 것이다.

중국요리는 일반적으로 창장長江을 중심으로 남방요리와 북방요리로 나눈다. 각 지방 요리의 특징을 중국 사람들은 "동부는 시고, 서부는 매우며, 남부는 담백하고, 북부는 짜다"라는 말로 요약하고 있다. 주로 사용하는 재료 또한 달라서 북방에는 소·돼지·양·오리 등 육류와 콩·수수·옥수수·밀 등이다. 반면 남방은 많은 강과 비옥한 평야 때문에 쌀과 생선이 풍부하여 쌀과 생선을 주로 많이 사용한다. 다시 지방에 따라 요리계통을 나누면 산둥요리魯菜·쓰촨요리川菜·광둥요리粵菜·화이양요리淮揚菜(장쑤·저장성)(이상 4대 요리)·베이징요리京菜(이상 5대 요리)가 있다.

어느 지역을 막론하고 중국요리의 공통된 특징은 앞에서도 언급했듯이 재료의 선택이 자유롭고 다양하다는 점이다. 그리고 중국인들은 요리의 3대 요소인 색·향·맛의 조화를 추구하는데, 그 중에서도 특히 색과 향신료를 많이 사용한다. 또 조리기구가 비교적 간단하다는 점이다. 후라이팬과 칼 정도면 대부분의 중국요리가 만들어진다고 보아도 무방할 것이다. 반면 조리법과 그 과정은 매우 다양하다. 이를테면 재료의 특징과 모양 및 종류에 따라 불의 온도를 각기 달리하여 조리한다. 익히는 방법도 다양한데, 크게 나누면 볶음炒·구이烤·튀긴 후 조리기燒·튀김炸·찜蒸·지짐煎·볶다가 전분가루를 섞어 살짝 끓이기燴·약한 불에 고는 것燉·삶기煮·뜸들이기燜 등이 있다.

최근 중국에는 공직자가 공금으로 요리를 접대하는 풍조가 만연하여 사회문제화되고 있다. 그래서 지난 1993년부터 공금으로 먹고 마시는 것을 줄이자는 사회운동을 벌이기 시작했다. 이 운동은 언론으로부터 시작됐다. 신문마다 공금으로 먹고 마시는 풍조가 망국병이라며 이를 시정하자고 외치기 시작한 것이다. 당중앙기율위원회와 국무원國務院의 감찰기구 등이 잇달아 이의 시정을 위해 각급 당과 정부조직·국영기업 등 모든 기관이 자율적으로 동참해 줄 것을 지시했다. 그러나 그다지 큰 효과를 거두지 못하고 있는 것 같다. 어느 나라고 공금접대는 있을 수 있다. 그러나 나라 전체가 이처럼 먹고 마시는 문제 때문에 골치를 썩는 나라는 중국밖에 없을 것이다.

- **차茶문화**

중국은 차의 나라다. 중국은 세계에서 가장 먼저 차를 생산한 나라이기도 하다. 차 생산량과 소비량도 세계 제일임은 물론이다. 780년에 당나라 육우陸羽가 쓴 《다경茶經》은 세계에서 가장 먼저 나온 차에 관한 전문서적이다. 중국의 전국 어느 곳을 가더라도 차를 내놓지 않은 곳이 없다. 중국인들의 음식문화 중에서 차에 관한 특별한 애호는 식생활의 일부분일 뿐만 아니라 오랜 역사를 거치면서 중국문화의 일부분을 차지하고 있다.

중국인들은 수시로 차를 마시지만 주로 식사 후와 한담을 나눌 때 많이 마신다. 특히 사람들과 이야기를 나누면서 한 잔 두 잔 계속하여 마시며 즐긴다. 습관상 뜨거운 차를 즐겨 마시며, 차가운 차를 잘 마시지 않는다.

중국의 차문화

차를 마시면서 해바라기씨나 호박씨를 입으로 까서 먹기도 한다. 어느 지역을 막론하고 중국인들에게는 이미 일상생활의 일부분이 되어 있는 차 문화 때문에 집을 나서는 사람들 중에는 가방에 찻잔을 대용할 수 있는 병과 자신이 애호하는 찻잎을 휴대하는 사람들이 매우 많다. 버스나 택시를 모는 운전기사·물건을 파는 점원·회의 참석자·강의를 하는 교수 등등, 차를 마시는 중국 사람들의 모습은 중국 어느 곳에서나 볼 수 있다.

중국요리에 기름기가 아주 많음에도 불구하고 중국 사람들 중에 비만인 사람이 의외로 적은 것은 차를 많이 마시기 때문이라고 한다. 차 속에는 단백질과 지방을 감소시키는 성분이 있다고 하는데 고기를 먹은 후 차를 마시면 고기의 지방성분이 차를 통해서 몸밖으로 배출되어 살이 찌지 않는다고 한다.

중국의 차는 그 종류가 워낙 많고, 품질의 격차 또한 커서 그 종류를 판별하기가 쉽지 않다. 그러나 대체로 홍차紅茶·녹차綠茶·오룡차烏龍茶·백차白茶·화차花茶·긴압차緊壓茶의 6대 종류로 분류한다. 더 크게는 녹차와 화차로 분류하기도 한다. 지역적으로 북방지역이 주로 화차를 마시고, 남방지역은 녹차를 즐겨 마신다. 차를 마시는 방식 역시 차이가 난다. 북방에서는 대체적으로 큰 찻잔에다 마시고, 남방에서는 주로 작은 찻잔에다 마시는데, 그 이유는 수질이 좋지 않은 북방에서는 커다란 잔에서 찻잎이 물을 머금고 가라앉는 것을 볼 수 있는 침전효과를 생각했을 것이며, 남방은 물이 좋기 때문에 차를 다리기에 알맞은 물을 가지고서 차의 맛을 품평하는 미각적 측면을 고려했기 때문일 것이다.

그런데 최근 중국의 차문화는 미국 상업주의 문화가 전 세계에 퍼뜨린 콜라나 사이다 등의 탄산음료로 말미암아 위협을 받고 있는 실정이다. 많은 중국인들이 즐겨 찾는 음료는 맥주·콜라·사이다·과일즙·생수 등으로 오히려 전통음료인 차가 점점 더 밀리는 상황이다. 더구나 미국의 맥도날드 햄버거가 1990년대 초 중국에 상륙한 이후 무서운 판매신장을 보이며 햄버거 선풍을 일으키고 있는데, 여기에 콜라나 사이다가 곁들여지는 것은 당연하다고 하겠다. 이러한 상황에서 차 시장은 점점 줄어들어 중국인들의 일인당 1년 차 소비량이 300g에도 미치지 못하고 있고, 각지의 차가 남아돌고 있는 실정이다. 1990년대 이후 국제시장에서도 중국은 국제잎차무역량 14%에 그쳤을 뿐이다. 차의 종주국이라는 중국이 콜라나 커피에 밀리고 있는 것이다.

중국인의 여가 및 오락문화

중국인들의 오락문화 중에서 대표적인 것으로 마작을 들 수 있는데, 이 마작이 한때 사회적으로 도박의 풍기를 야기한다고 하여 정부에서 금지시킨 적도 있지만, 오락문화의 최고봉이라 할 수 있는 이 마작을 무조건 금지시킨다고 해서 해결될 수 있는 것은 아니다. 최근 중국정부는 무조건적인 금지와 통제보다는 마작을 긍정적인 방향으로 유도하는 것이 옳다고 판단한 듯 하다. 그래서 해당기관은 마작의 방식을 주도적으로 선전하면서 도박으로 이어지지 않고 국민들의 건전한 오락문화가 되도록 유도하고 있는 것이다. 많은 중국인들도 도박으로서가 아니라 단순히 즐기는 오락의 일종으로 마작이나 카드놀이를 하는 것 같다. 집이나 기숙사에서 혹은 기차간이나 식당에서 수시로 카드놀이를 즐기는 중국인들을 심심찮게 볼 수 있다. 특히 명절 때면 친지나 집안 사람들이 모여 자주 마작을 한다.

중국인들의 또 하나의 특징적 오락문화인 사교춤은 1920년대 상류층 사회에서 시작되었다. 그 후, 1930·40년대를 거치며 확산되었는데, 중화인민공화국 수립 이후 중국정부는 사교춤의 대중화에 앞장서서, 학교에서 의무적으로 춤을 가르치게 했을 정도였다. 아침, 광장·학교 안의 공터·공원 등에서 음악을 틀어놓고 남녀(주로 중년층)가 사교춤을 추고 있는 장면을 보는 것은 아주 흔한 일이다. 이들은 건전한 여가활동으로, 신체단련으로, 사교적인 목적으로 춤을 추는데, 춤을 추면서 어색해 하거나 쑥스러워 하는 사람은 아무도 없다. 이러한 춤 열기에 편승하여 무수한 무도장이 생겨나고 있는데, 원래의 사교춤의 건전한 의식이 퇴색되고 퇴폐적으로 변모하는 경향이 짙어지고 있다.

중국정부가 1995년부터 전 직장이 일주일에 5일을 근무하는 이른바 5일공작제五天工作制(주 40시간 노동제)를 실시한 후, 중국인들의 여가시간이 더 많아지게 되었다. 그러나 일반 서민들의 수입으로 여가를 즐기기에는 비교적 어려운 일이다. 그러나 중산층을 중심으로 국내여행을 하는 사람들이 갈수록 많아지고 있으며, 심지어 해외여행을 즐기는 사람들도 점점 늘어나는 추세이다.

노년층은 중국적이고 전통적인 여가생활을 주로 보내는 편이다. 아침시간대 교정이나 공원 등을 중심으로 펼쳐지는 이들의 여가활동은 대부분 건강과 장수 혹은 취미와 직결되는 것으로, 애완동물(주로 새) 기르기·장기나 바둑·게이트 볼 경기·태극권·기공氣功체조 등이 바로 그것들이다. 새벽에 노인들이 모여 느린 동작으로 태극권이나 기공체조를 하는 모습은 중국에서 일상적으로 볼 수 있는 것이다. 중국인들의 건강에 대한 관심은 각별하다. 기氣의 올바른 순환이 병을 치유하고 장수하게 한다고 믿어 이러한 태극권이나 기공체조로 기의 올바른 순환을 도모하는 것이다. 법륜공法輪功도 주로 아침시간대에 태극권이나 기공체조와 마찬가지로 건강을 위해 하던 기공체조의 일종이었는데, 정치적 세력화의 염려 때문에 중국정부에서 금지시켰던 것이다. 또한 요즘 중국 사람들은 에어로빅

같은 서양식 건강체조도 즐긴다. 이 에어로빅도 남녀가 함께 하는데, 아침이면 도처에서 볼 수 있다.

그렇다면 중국의 대학생들은 어떻게 여가생활을 할까? 중국의 대학생들은 기본적으로 기숙사 생활을 하는데, 기숙사 생활조건은 비교적 열악하여 한 방에 기본 4명 또는 6명이 거주한다. 하지만 중국학생들은 그러한 환경 속에서 자신들의 미래를 꾸려나간다. 도서관과 교실에서 늦게까지 불이 켜져 있는 것도 그런 까닭이다. 그러나 11시가 되면 외국인 기숙사를 제외한 대부분의 공간들은 일률적으로 소등하게 되어 있다. 중국의 미래를 느끼게 하는 것은 바로 새벽이다. 새벽 일찍 운동장에 나가 조깅이나 태극권·체조를 하는 학생들, 큰 소리로 영어를 연습하는 학생들, 책을 보는 학생들 등등 이렇게 새벽을 여는 많은 대학생들이 중국에 있다. 그들의 여가 및 오락문화는 우리나라 대학생들처럼 그렇게 다양하지 못하다. M.T나 미팅 같은 개념은 아예 없다. 남학생들이 가장 손쉽게 접할 수 있는 놀이는 카드놀이 및 농구 등 스포츠 활동 등이 고작이다. 거의 주말마다 열리는 무도회는 남녀가 모이는 유일한 기회로, 학교 식당이나 강당 등에 모여 남녀 학생들이 사교춤이나 디스코를 춘다. 이 외에 주로 주말이나 휴일이면 대학 강당 등에서 영화를 방영하기도 하는데, 많은 대학생들은 이 싼값의 영화를 관람하기도 한다.

한국과 중국 통계자료를 기준으로 살펴보면 일반국민과 대학생 모두 한국은 중국보다 여가시간이 40-50분 정도 길다. 양국 대학생들의 여가유형은 대체로 비슷하지만 다소 차이점도 있다. 한국 대학생의 경우 TV 보기가 많은 것이 특징이다. 중국은 자습활동이 대학생 여가활동의 주요 부문을 차지한다. 그리고 어떤 조사를 보면, 한국 대학생은 중국 대학생에 비해 친구만남, 음주와 목욕, 노래 등의 비중이 많고, 중국대학생은 영화 보기와 책 읽기의 내용이 중요하게 나타났다.

금기禁忌를 통해 본 생활문화

앞에서도 언급했듯이, 중국인들은 매사에 철저하게 현실적이다. 특히 공산주의 정권이 들어선 이후, 물질이 모든 정신과 사상의 근원이라고 믿는 유물론적 사고의 중국인들은 종교니 사후 세계니 하는 것은 뜬구름 잡는 허황한 것, 사람을 미혹하는 것쯤으로 부정적으로 치부한다. 그들은 다만 눈에 보이는 현실, 물질적인 것만을 중요시한다. 공산정권이 들어선 이후에는 수천 년 동안 이어져 온 가정의 제사마저도 미신을 조장하는 것이라는 이유로 철폐해 버렸다. 그런 중국사회에 요즘 들어 미신 열풍이 일어나고 있다. 공산화 이전의 중국은 각종 미신이 난무했으나 문화대혁명 때 미신적인 풍속이 뿌리째 뽑혔다. 그러다 개혁·개방 이후 중국인들의 핏속에 흐르던 샤마니즘이 부활했고, 돈벌이에 혈안이 된 일부 중국인들에 의해 천태만상으로 나타나기 시작한 것이다.

중국인들의 일상에서 나타나는 이른바 금기사항 역시 그들만의 독특한 사고방식을 보여준다. 금기란 인류가 보편적으로 가지고 있는 문화현상인데, 학술적으로는 이러한 문화현상을 가리켜 타부Taboo라고 한다. 일반적으로 금기는 풍속이나 관습에 속하는 관념으로, 특히 민간에서의 금기는 한 집단사회에 공통된 문화현상을 가리킨다. 이러한 관점에서 본다면 중국인들의 금기문화는 매우 독특할 뿐만 아니라 재미있기도 하다. 이를테면 중국인들은 생선의 윗부분을 다 먹은 후 아래 부분을 먹을 때 대체로

선호하는 차번호

뒤집어서 먹지 않는다. 생선 뒤집는 것과 고깃배 뒤집히는 것, 즉 사고·죽음 등을 연관시키는 사고방식에서 비롯된 것이다. 또 빈 그릇에 젓가락을 걸치면 거지의 행위로 인식됐고, 식탁 위에 밥그릇을 엎어두는 것은 환자의 약그릇을 엎어두는 것과 같다 하여 금기시되며, 다른 사람의 그릇 위에 자기 그릇을 엎어두면 상대방을 저주하는 것으로 여긴다. 이런 유의 금기사항은 이것 외에도 대단히 많다.

중국인들의 숫자에 대한 길흉의식도 유별나다. 9는 '오랜'이라는 뜻의 '久'와 발음이 같고, 황제들의 지존의 지위를 표시하는 숫자가 9라는 점에서 중국인들이 가장 선호하는 숫자이다. 중국인들이 황제의 상징으로서 신성시하는 용龍의 경우 베이징의 자금성紫禁城이나 고도古都 뤄양洛陽 등에 남아 있는 용이 새겨진 벽을 보면 항상 그 숫자가 아홉이다. 자금성은 또 황제의 상징으로 방이 9천9백99개 반半으로 되어 있다. 제주도 관광협회가 중국 관광객 유치 차원에서 중국인 남녀 99쌍을 대상으로 1999년 9월 9일 오전 9시 9분 9초에 제주에서 대규모 합동 결혼식을 거행했는데, 이 역시 9라는 숫자에 대한 중국인들의 무조건적인 선호도를 반영하는 하나의 예일 것이다. 8역시 '돈을 벌다'라는 뜻의 '發財' 또는 '발전한다'라는 뜻의 '發展'의 첫 글자와 발음이 비슷하여 9와 함께 가장 좋아하는 숫자이다.(2008올림픽은 8월 8일에 개최됨) 반면 죽을 '死'자와 숫자 4는 발음상 똑같은데, 이런 까닭으로 4는 대체로 꺼리는 기피 숫자이다. 또한 9는 예외이긴 하지만 대체로 홀수는 나쁜 것·부정적인 것, 짝수는 좋은 것·긍정적인 것으로 이미지가 굳어져 있다. 이 때문에 결혼식 축의금 등도 되도록 짝수로 주는 것이 좋다. 하지만 4자가 든 액수는 짝수라도 환영을 받지 못한다.

색깔에 있어서는 붉은색과 황색이 전통적으로 상서롭고 경사스러움을 상징한다 하여 중국인들이 가장 좋아하는 색깔이다. 붉은색이라도 선명한 빨강이 아니라 약간 어둡고 무거운 느낌의 붉은색, 자줏빛이 섞인 퇴색한 듯한 붉은색이다. 이 붉은색은 중국인들에게 있어 '흉한 것을 피하고 길한 쪽으로 향하다'라는 의미를 지니고 있어, 나쁜 일을 막고 좋은 일만이 생기기를 바라는 마음에서 붉은색을 좋아한다. 중국의 고궁을 가보면 예외 없이 도처에 붉은색 천지이다. 경사스러운 일에는 무조건 붉은색이다. 혼례식 때 신부 얼굴을 가린 천·신부의 옷·축의금 봉투·식당의 등 모두 붉은색이다. 붉은색과 함께 중국인들이 가장 좋아하는 또 하나의 색깔은 황색이다. 예로부터 황제의 색깔로 여겨온 황색은 봉건시대에는 일반 백성들이 감히 쓸 수 없었던, 존귀함을 상징하는 색깔이었다. 붉은 기둥들이 떠받치고 있는 자금성의 지붕이 황색 기와인 점을 봐도 황색이 지닌 귀족적 이미지를 짐작할 수 있다. 반면 우리나라 사람들이 전통적으로 가장 좋아하는 색깔의 하나인 흰색은 중국인들이 가장 꺼려하는 색 중의 하나이다. 중국인들에게 흰색은 죽음·악惡 등 부정적인 이미지를 지니고 있다.

그리고 결혼에 관한 금기도 적지 않는데, 이를테면 입춘立春이 없는 해에는 결혼을 하지 않는다. 입춘이 없는 해를 '과년寡年'이라고 하는데, 이때의 '과'가 '과부'를 연상시키기 때문이다. 그래서 입춘이 없는 해를 '과부년寡婦年'이라고도 한다. 또 '입춘'의 '춘'은 '춘심春心'·'회춘回春'에서의 '춘'이 갖는 의미와 마찬가지로 후대가 없다는 의미를 갖기 때문이기도 하다. 택일을 함에 있어서도 일반적인 풍속 상 홀수의 날을 택하지 않는다. 결혼이라는 것이 남녀 둘이 하나로 이루어지는 날이므로 홀수의 날은 불길하다고 여기기 때문이다.

제2장

현대중국의 역사

중국의 근·현대사

우리나라에도 널리 알려진 중국의 역사소설《삼국지연의三國志演義》의 첫머리에 다음과 같은 구절이 있다.

> 천하의 큰 흐름을 이야기해본다면, 천하가 나누어지면 반드시 합쳐지고,
> 천하가 합쳐지면 반드시 나누어 지는 법이다. 주나라 말엽,
> 일곱나라가 나누어져서 다투더니 결국 진나라로 통일되었다.
> (話說天下大勢, 分久必合, 合久必分. 周末七國分爭, 並入於秦.)

"나누어지면 반드시 합쳐지고, 합쳐지면 반드시 나누어진다"는 구절은 결국 삼천 년이 넘는 중국고대의 봉건역사를 아주 함축성 있게 개괄한 말이라고 할 수 있다. 분열→통일→재분열→재통일의 끊임없는 반복이 중국의 봉건왕조사인 것이다. 예를 들어본다면 춘추전국시대의 혼란은 진秦에 의해 통일되었고, 진은 초楚와 한漢으로 분열되었으며 초와 한은 한나라로 통일되었고 한나라는 삼국시대〔위魏·촉蜀·오吳〕로 분열되며 삼국은 진晉으로 통일되었다가 남북조南北朝로 나누어지며 남북조는 수隋

로 통일되고……. 그런데 놀랍게도 한무제漢武帝때, 동중서董仲舒의 건의로 유가이념儒家理念을 통치이념으로 삼는 봉건중앙집권제도가 확립된 후[1], 이천여 년 동안 왕조의 교체와는 상관없이 유교적 봉건주의 통치체제가 유지되었다. 이처럼 유가이념을 그 내용으로 하는 봉건윤리는 봉건왕조를 이천여 년 동안 유지시킨 동력이면서 또한 새로운 사상과 진보를 가로막는 구사상의 역할도 하였다. 고대중국인들은 중국을 천하라고 불렀으며 또 중화中華라고도 하였는데 이는 중국을 세계의 중심으로, 변방의 이민족을 그저 중심에 속하는 조공국 내지 속국으로 인식했기 때문이었다. 길고 긴 봉건왕조의 역사에서 이민족으로 중국인을 완전히 지배한 나라는 그저 원·청元·清의 두 나라에 불과했으므로 우리가 세계의 중심이라는 중국인의 자부심은 대단한 것이었다. 따라서 청나라가 최고로 융성했던 건륭제乾隆帝 재위시, 영국이 중국과의 무역을 위해 매카트니Macartney 백작을 외교사절로 파견하자(1793년), 중국은 조공은 허락할 수 있으나 대등한 국가관계인 무역은 거절한다는 입장을 취하였다.[2] 이처럼 중국과 서양 최초의 접촉은 중국이 천하의 중앙이라는 자부심이 유지된 채로 끝났으나 이러한 힘의 균형은 불과 50년도 지나지 않아 깨어지게 되는데 그 계기가 된 사건은 유명한 아편전쟁阿片戰爭·鴉片戰爭이다.

---

1 한대 초기에 이르기까지 유학이념은 봉건통치계급의 통치이념이 되지 못했으나 한무제 때 동중서(기원전179-104)가 이른바 천인삼책(天人三策)을 올리면서 제자백가(諸子百家)를 물리치고 유가이념을 국가의 통치사상으로 삼을 것을 주장하였는데, 무제는 그의 건의를 수용하여 유가이념을 통치사상으로 하는 강력한 봉건중앙집권체제를 확립하였다. 동중서가 주장한 '천인감응(天人感應)'·'군권신수(君權神受)' 등의 주장은 전제군주를 천(天)으로 보는 일종의 봉건윤리체계이므로 역대 군주에게 크게 환영을 받아 청왕조에 이르기까지의 2,000년 동안 유지되었다.

2 매카트니는 영국의 전권사절로 95명의 수행원과 600상자의 예물을 가지고 베이징에 들어왔다고 한다. 이때, 청나라 관리들은 천조(天朝)의 황제를 알현하는 것이므로 신하의 예로 세 번 무릎을 꿇고 머리를 아홉 번 조아리는 예의(三か九叩)를 강요하였다. 물론 매카트니는 이를 거절했는데 건륭제는 너그럽게 이 복잡한 절차를 생략하고 보통의 예절만으로 알현을 허락하였다고 한다. 매카트니는 닝보(寧波)·톈진(天津)에 무역항을 개설해줄 것과 영국상선을 유지 보수할 수 있는 섬을 대여해 줄 것 등의 요구를 하였으나, 건륭제는 천조에는 부족한 것이 없다는 이유로 상호무역을 거절한다.

아편전쟁

중국학계는 일반적으로 중국의 근대사를 1840~1919년의 기간으로 규정하고 있다. 1840년은 아편전쟁이 발발한 해이며, 1919년은 5.4운동이 일어난 해이다. 그러면 중국근대사의 기점이라 할 아편전쟁의 경과는 어떠하였으며 중국사회에 어떤 영향을 주었기에 중국을 근대로 진입시켰는가? 우선 아편무역이 왜 전쟁을 발생시켰는지 그 경과를 알아보자. 18세기 후반이 되자 중국산 차가 영국인의 기호품이 되어 수입이 비약적으로 급증하였으나 이의 구입에 필요한 은은 몹시 부족한 형편이었다. 이를 고민하던 영국상인들은 동인도회사에서 생산하던 아편을 중국에 밀수하기 시작했으며 아편밀수로 인해 중국산 차를 충분히 구입할 수 있었을 뿐 아니라 중국의 은이 아편 구입대금으로 영국에 유출되기 시작했다. 주지하는 바와 같이 아편은 양귀비꽃에서 추출된 액체를 굳힌 것으로 진통제로도 쓰이지만 마취성이 아주 강한 마약이다. 당시 청나라에는 1773년에 약

아편전쟁을 묘사한 판화

1천 상자의 아편이 유입되었는데 차차 그 수량이 증가하여 1821년에는 6천 상자, 1835년에는 3만 상자, 1839년에는 4만 상자로 증가하였다. 아편 1상자라면 1백 명이 1년간 피울 수 있는 분량이라 하므로 4만 상자라면 4백만 명의 아편중독자가 생겼다는 말이 된다. 더욱 문제가 된 것은 중국의 수입상인들이 아편 구입을 위해 대량의 은으로 그 값을 지불하였으므로 중국에는 은값이 폭등하게 되었다. 청나라는 세금을 은으로 거두었으므로 은값이 두 배로 올랐다는 말은 생활이 어려운 농민이나 자영업자들이 두 배 이상의 세금을 내게 되었다는 말과 같았다. 관리들은 막대한 뇌물을 받고 아편 밀수를 허용하여 아편 흡연의 풍조는 위로는 대신·장군들과 아래로는 일반시민·하급병사 등에까지 미쳐서 큰 사회문제로 대두하였다.

아편 금지의 목소리가 높아짐에 따라 도광제道光帝는 후광총독湖廣總督이던 린저쉬林則徐를 흠차대신欽差大臣으로 임명하고 광저우廣州에 파견한 뒤 아편 금지에 대한 전권을 부여하였다. 1839년, 린저쉬는 광저우에서 아편 금지의 포고령을 내리고 실태조사를 끝낸 다음, 그 해 6월 몰수한 22,000상자의 아편을 후먼虎門에서 공개적으로 바다에 뿌리고 석회를 흘려 못쓰도록 하였다. 이에 영국상인들은 불만의 목소리가 높아졌고 무역감독관 차알즈 엘리어트C·Elliot는 이 기회에 정식으로 중국에 개입해야 한다고 본국에 보고하였다. 이에 영국의회에서는 중국에 무력개입을 할 것인가의 문제를 놓고 토론을 벌였는데, 마약인 아편 수출 문제로 중국에 개입함은 수치스럽다는 반대의견이 나왔다. 영국정부는 반대의견을 무시하고 중국에 무력개입을 결정하였으며, 조오지 엘리어트G·Elliot를 총사령관으로 하여 16척의 군함과 4천 명의 해군을 파견하였다. 1840년 6월, 영국해군은 우선 마카오澳門에 도착한 다음 광둥의 하이커우海口를 봉쇄하고 샤먼廈門을 공격하여 저우산舟山을 함락시키고 다시 북상하여 다구大沽에 도착, 바이허白河를 거슬러 올라가 베이징을 공격하고자 했다. 이에 놀란 도광제는 금연禁煙의 강경파인 린저쉬를 파면시키고 타협론자인 치산琦善을 파견하여 광둥에서 영국군과 협상을 하도록 했다. 치산은 광둥에서 영국과 촨비임시조약川鼻草約[3]을 체결했으나 영국군이 일단 광둥으로 내려가자 생각이 달라진 도광제는 치산을 패전책임자로 처벌하고 전쟁 강경론자인 이산奕山을 등용하였다. 이러한 중국의 태도가 불만스러웠던 영국은 1841년 8월에서 1842년 3월에 걸쳐 포틴저H·Potinger를 총사령관으로 하는 새로운 원정군을 조직하여 광둥 연안의 도시를 공격하고 저우산을 함락시켰다. 다시 원정군은 북상하여 먼저 상하이를 점령한 뒤, 양쯔강을 따라 계속 서진하여 난징南京에 이르렀다. 이에 당황한 도광제는 다시 치잉耆英을 전권대신으로 임명하고 영국과 협상하게 하여 난징조약[4]을 맺게 된다.

난징조약의 체결로 대 중국무역이 비약적으로 증가하리라 여겼던 영국은 자연경제에 가까운 중국경제의 조건으로 인해 중국시장이 구매력이 없어 상품시장의 기능을 다 하지 못하자 무력을 통해 새로운 특권들을 얻고자 하였다. 1856년 10월, 애로우호사건[5]이 일어나자 영국과 프랑스는 이 기회를 틈타 제2차 아편전쟁을 일으키고 톈진天津에 이르러 베이징을 위

---

3 촨비임시조약의 주요 내용은 광저우를 개방할 것, 홍콩을 할양할 것, 6백만 원의 전쟁배상금을 지불할 것, 양국이 대등하게 교역을 할 것 등등이다.

4 난징조약의 주요내용은 다음과 같다 : ① 홍콩을 영국에 할양한다 ② 전쟁배상금과 아편보상금을 지불한다(총액은 멕시코 달러 2,100만 달러) ③ 5개 무역항(광저우·샤먼·푸저우·닝보·상하이)을 개방한다 ④ 대등한 무역관계와 무역상의 안전을 보장한다.

5 애로우(Arrow)호 사건이란 영국선적의 기선 애로우호를 중국관리가 검문하여 선원 11명을 체포한 사건인데 현지 영사 파크스(H.Parkes)는 영국 국적의 배가(사실은 선장만 영국인이지만) 공격당했다는 것을 구실로 교섭을 결렬시키고 광둥을 포격하는 한편 대규모의 파견군을 요청하여 다구를 점령하고 톈진으로 군대를 진격시켰는데 이것이 제2차 아편전쟁이다.

협하니 청조정부는 톈진조약[6]을 체결하였다. 그러나 톈진조약의 이행사항이 지지부진하고 외교사절의 행로를 가로막는 일 등의 사건이 발생하자 영·프 연합군은 톈진을 점령하고(1860), 계속해서 베이징 교외의 원명원圓明園(청 황제의 별궁)을 불지르고 약탈하였다. 이에 청나라 문종文宗은 러허熱河로 피신한 후, 공친왕 이신恭親王 奕訢을 전권대표로 삼아 베이징조약[7]을 체결하였다. 두 차례에 걸친 아편전쟁은 중국사회에 어떤 영향을 끼쳤을까? 첫째, 중국은 서구 각국과 수많은 불평등조약을 체결하면서 반식민지국가로 전락하였다. 아편전쟁의 패배는 중국의 취약성을 만천하에 드러냈으며 난징조약·베이징조약 체결 이후, 중국은 계속해서 미국과 왕샤조약望厦條約을, 또 프랑스와 황푸조약黃浦條約 등의 불평등조약을 체결하여 정치와 외교의 자주권을 상실하고 반식민지 상태로 전락하였다. 둘째로 영국 등을 중심으로 하는 자본주의경제의 진출로 인해 중국의 전통봉건경제가 점차 무너지고 산업과 무역 및 운수 등의 경제적 기반을 외국인이 독점하여 중국상인은 외국상인의 하청업체〔이른바 '매판買辦'상인〕로 전락하였다. 셋째, 막대한 전쟁배상금의 부담을 일반민중에게 전가시켰으므로 수탈과 착취를 견디지 못한 민중은 유민流民의 신세가 되고 특히 군대와 관료의 무능으로 인해 큰 피해를 당한 광둥 연안지방의 민중은 정부와 서양인에 대한 적개심이 점점 커져 대규모의 농민봉기를 일으키게 된다. 한편으로 아편전쟁은 전통적인 봉건사상과 제도에 대한 반성

6 톈진조약의 주요 내용은 다음과 같다 : ① 각국의 외교관을 베이징에 주재시킬것 ② 영국과 프랑스의 전쟁배상금을 각각 400만 냥·200만 냥씩 지불할 것 ③ 기독교선교의 자유를 보장할 것 ④ 뉴좡(牛莊)·덩저우(登州)·한커우(漢口)·주장(九江)·전장(鎭江)·타이완(臺灣)·단수이(淡水)·차오저우(潮州 : 汕頭)·충저우(瓊州 : 海南島)등을 개방할 것 ⑤ 아편무역을 공인할 것 등.

7 베이징조약은 톈진조약의 내용에 다음의 내용을 추가한 것이다 : ① 주룽(九龍)반도를 영국에 할양할 것 ② 영·프에 대한 배상금을 각각 8백만 냥으로 증액할 것 ③ 톈진을 개방할 것 ④ 천주교당의 토지 구매 및 건축을 자유롭게 할 것 등.

을 불러 일으켜서 린저쉬·궁쯔전龔自珍·웨이위안魏源[8] 등의 사상가들은 봉건관료제도의 모순을 시정하고 서양의 발달한 기술문명을 도입해야 한다는 주장을 내세웠는데, 이러한 주장은 양무운동洋務運動의 이론적 근거로 점차 발전하게 된다. 요컨대, 아편전쟁은 중국의 전통봉건사회를 점차 해체시키고 각종 불평등조약의 틀 속에서 기형적인 근대자본주의를 중국에 이식하였다.

태평천국太平天國의 난

명明을 대신하여 중국을 지배하게 된 청초淸初의 만주귀족 지배계급은 강희제康熙帝·옹정제雍正帝의 통치를 거쳐 건륭제에 이르자 사회가 안정되고 경제가 충실해지면서 점차 사치한 생활에 빠지게 되었다. 가령 건륭제의 신임을 받아 오랫동안 재상의 지위를 누렸던 허선和珅은 자신의 특권과 황제의 신임을 이용하여 막대한 재산을 긁어모았다.[9] 허선의 부패와 사치한 생활은 특히 두드러진 경우라고 하겠으나, 당시 귀족과 관료의 부

---

8 린저쉬(1785~1850)는 아편금연운동을 주도하면서 서구열강의 침략에 대한 대비책을 세울 것을 주장하여 서구에 대한 부분적 정보를 담은 《사주지(四洲志)》 등을 간행하였다. 궁쯔전(1792~1841)은 저명한 시인 겸 사상가로 봉건전제제도의 문제점을 지적하는 《명량론(明良論)》을 지었으며 또 봉건주의의 문제와 다가올 시대의 운명을 예감하고 있는 《기해잡시(己亥雜詩)》라는 장편 연작시를 지었다. 웨이위안(1794~1857), 역시 시인 겸 사상가로 서구열강의 진출에 즈음하여 경세치용의 학문을 제창하면서 《황조경세문편(皇朝經世文編)》과 《성무기(聖武記)》 등을 편찬하였다. 또 《해국도지(海國圖志)》에서는 서구의 각종 문명이기와 제도를 소개하면서 "오랑캐의 특기를 배워 오랑캐를 제압하고자 (이 책을) 지었다(爲師夷長技以制夷而作)"고 하였다. 린저쉬·궁쯔전·웨이위안 등은 서구열강의 무력시위 앞에 청나라가 맥없이 무너진 것은 봉건제도와 관료제도의 모순에 있다고 보고 부정부패를 뿌리 뽑고 발달한 서구의 일부 문명을 수용해야 국가의 위기를 면할 수 있다고 여겼는데, 이러한 견해는 양무운동의 이론적 근거로 발전하게 된다.

9 건륭제(乾隆帝) 사후, 가경제(嘉慶帝)는 즉위하자마자 허선의 부패죄를 문제삼아 그를 체포하고 재산을 몰수하였다. 이때, 허선의 총재산은 은으로 환산하여 2억 2천만 냥에 달하였다고 하며, 당시 청나라의 연 재정수입이 은 4천만 냥이었으므로, 그는 5년치의 국고총수입에 해당하는 재산을 소유했던 것이다.

패하고 사치한 생활은 보편적인 현상이 되어가고 있었다. 결국 귀족과 관료의 사치한 생활을 유지하기 위한 부담은 농민이나 수공업자 등 하층민중의 몫으로 떨어졌다. 아편전쟁을 전후하여 은값이 폭등하고 패전의 배상금이 농민에게 전가되자 세금의 부담과 관리의 착취를 견디다 못한 농민은 유민流民이 되어 떠돌아 다녔고, 이들이 종교 및 비밀결사와 결합하게 되면 자주 폭동이 일어났다.

바로 이러한 혼란한 시기에 광둥성廣東省 광저우廣州 북쪽의 화현花縣에서 홍슈취안洪秀全(1814~1864)이라는 걸출한 종교지도자가 태어났다. 그의 집안은 객가客家라고 하는 이주민 출신으로 산간의 밭을 일구어 생활을 유지해 나갔다. 그는 어릴 때부터 부친의 농사일을 도왔지만 한편으로 이런 신세를 벗어나기 위하여 과거공부를 하면서 마을 아이들을 가리키기도 하였다. 홍슈취안은 몇 차례의 과거시험을 보았지만 결국 실패하였다고 하며 1837년 과거에 실패했을 때는 심한 열병을 앓으면서 신의 계시를 받았다고 한다.[10] 열병 중에 하느님의 계시를 받은 홍슈취안은 배상제회拜上帝會를 만들고 펑윈산馮雲山·샤오차오구이蕭朝貴·웨이창훼이韋昌輝 등의 초기지도자들과 협력하여 광시성廣西省의 산간지방을 중심으로 교세를 넓혀나갔다. 당시는 아편전쟁의 직후로 날이 갈수록 궁핍하게 된 농민과 빈민들은 관료들의 부패와 착취에 반감과 불만을 느껴 폭발 직전에 있었다.

---

10 홍슈취안은 이 해에 과거에 실패하고 고향에 돌아와서 상심한 나머지 40일을 열병으로 앓았는데 병석에서 상제(上帝 : 하느님)의 계시를 받았다고 한다. 즉, 중병으로 의식을 잃은 그에게 상제가 나타나 보검을 주면서 악마를 물리치고 인류를 구하라는 계시를 주었다고 한다. 그후, 홍슈취안은 선교사로부터 기독교를 선전하는 《권세양언(勸世良言)》이라는 소책자를 얻었는데 이 책에 묘사된 하느님이 그가 꿈 속에서 본 노인이고 그 교리는 꿈 속에서 들은 내용과 일치하였으므로 마침내 자신이 선택된 자라고 생각, 배상제교를 만들었다고 한다. 비록 태평천국이 공자를 반대하고 봉건왕조를 부정하는 격렬한 투쟁을 전개하였지만, 홍슈취안 자신이 과거에 열심히 참가한 전력이 있는 것처럼 그 교리나 정책은 유가사상과 기독교가 혼합된 독특한 것이었다. 따라서 난징을 장악하고 태평천국이 성립한 후에는 초기의 혁명적 성격이 엷어지고 봉건왕조나 다름없는 중앙집권제가 성립되었던 것이다.

1851년, 청의 관리나 지방호족들에게 약자의 편을 드는 배상제회가 점점 더 주목을 받게 되고 탄압의 위기가 닥쳐오자 미리부터 대오를 정비하고 있던 홍슈취안은 2만에 달하는 교도들과 더불어 진톈춘金田村에서 봉기하였다. 홍슈취안이 지휘하는 농민군은 북상을 저지하는 청군의 포위공격 속에서 섬멸의 위기를 겪으면서 몇 번이나 포위망을 뚫고 북상했다. 이윽고 융안永安을 접수하여 반년간 전열을 정비하면서 국호를 태평천국太平天國으로 정하고 홍슈취안은 천왕天王, 기타 지도자들은 동왕東王·서왕西王·남왕南王·북왕北王 등으로 호칭을 정하고 관제를 만들었다. 1852년, 태평천국군은 청군의 포위망을 뚫으면서 구이린桂林과 창사長沙를 공격하였으나 실패하고 펑윈산과 샤오차오궤이 등이 전사하였다. 이에 태평군은 우회하여, 1853년에 우창武昌을 점령하였으며 양쯔강揚子江을 거슬러 올라가 3월에는 난징南京을 점령하고 톈징天京으로 명명한 뒤, 태평천국의 수도로 정하였다.

태평천국군이 불과 2년도 안 되는 짧은 시기에 양쯔강 이남을 장악할 수 있었던 것은 정규군인 팔기군八旗軍과 녹영綠營이 부패하고 전투력이 없었기 때문이었으며, 한편으로 불만을 가지고 있던 광범위한 농민과 빈민이 대오에 가담하여 순식간에 태평군의 세력이 불어났기 때문이었다. 황제 이하 조정의 관료들은 크게 당황하여 지방각지에서 자위부대를 만들어 태평군을 막도록 했는데, 1853년 고향인 후난성 샹샹湖南省 湘鄉으로 내려가 있던 쩡궈판曾國藩(1811~ 1872)도 황제의 명을 받아 고향에서 상군湘軍을 조직하였다. 쩡궈판은 성리학자이면서 관료였는데, 문하생과 친척들을 장군과 장교로 삼고 힘세고 충성스런 농민을 선별하여 사병으로 뽑았으므로 그 군대는 전투력이 강하였다. 이들은 태평군을 막는 청의 주력부대가 되지만(쩡궈판의 문하생들은 각지에서 같은 방식으로 군대를 조직함), 그 지휘자인 한족漢族장군들은 지방과 조정의 실력자로 부상한다. 태평군은 강력한 상군의 등장으로 북진이 저지되자 후베이성湖北省과 장시성江西省 일대로 세력을 넓힌 뒤 양쯔강 이남에서 안정을 확보하여 정권을 유지한다. 처음 태평군은 농민에게 경작지를 주고 공동생산과 공동분배방식의 천조전무제도天朝田畝制度를 실시하면서 관료 및 지주계급을 타파하거나 유교사당을 부수고 그 서적을 불사르는 등, 급진적 혁명정책을 편다. 그러나 후기에 이르면서 봉건왕조나 다름없는 지배체제가 구축되자, 권력을 놓고 여러 왕들의 갈등이 시작되면서 톈징의 변天京之變[11]을 고비로 점차 세력이 약해진다. 홍슈취안은 역량의 공백을 메우기 위해 천위청陳玉成(1837~1862)과 리슈청李秀成(1823~1864) 등의 젊은 지도자를 발탁했는데, 그들은 청군의 반격을 몇 차례나 막아내며 후기의 태평천국을 지탱한다. 그러나 쩡궈판의 상군과 리훙장李鴻章(1823~1901)의 회군淮軍 및 쭤쭝탕左宗棠(1812~1885)의 초군楚軍 등은 사면에서 포위망을 좁혀와 1864년에는 톈징마저 포위 당하게 된다. 1864년 6월, 톈징이 포위된 가운데 홍슈취안은 병사하고 7월에는 마침내 톈징이 함락되면서 태평천국운동은 실패로 끝난다.

태평천국운동은 비록 실패로 끝났지만 청 왕조에 큰 타격을 주었을 뿐 아니라 만주귀족을 중심으로 하는 지배체제가 근본적으로 무너지는 결과를 가져왔다. 태평 농민군을 진압한 상군·회군·초군 등의 지도자들은(주로 한족 사대부) 자신들의 전공戰功에 의해 각성의 총독總督·순무巡撫 등의 지위를 얻어 군사력과 정치력을 겸비한 반독립의 군벌로 성장하며 이들은 청말의 정치를 좌우하는 실권을 가지게 된다. 바로 이들 신흥 관료들은

---

11 태평천국 초기의 2인자였던 동왕 양슈칭(楊秀淸)이 홍슈취안의 권력을 넘보게 되자 홍슈취안은 북왕 웨이창훼이를 톈징으로 불러 동왕을 제거하게 하는데 북왕은 이 기회를 틈타 대립하던 동왕을 살해하는 한편 일족과 그 군대 등 3만 명을 학살한다. 이에 홍슈취안은 다시 부하들을 동원하여 북왕을 살해하고 겨우 사태를 장악한다. 이것을 톈징의 변이라고 하는데, 이러한 내분은 결국 태평천국의 전열을 흩어지게 하고 역량의 쇠퇴를 가져온다.

전쟁을 겪으면서 서양무기의 우수함을 보고 양무운동을 적극 추진하게 된다.

양무운동洋務運動

제2차 아편전쟁을 전후하여 청 조정은 대외적으로는 영·프 연합군의 침입으로 원명원이 불타는 치욕을 겪었고 대내적으로는 양쯔강 이남의 지역을 태평천국군에게 상실하여 왕조의 존립기반이 위태로울 정도였다. 이러한 내우외환의 와중에서 러허熱河로 피신하였던 함풍제咸豐帝가 병사하자 공친왕 이신과 함풍제의 귀비였던 나라씨那拉氏〔곧 나중의 서태후西太后〕가 결탁하여 신유정변辛酉政變[12]을 일으킨다. 신유정변을 계기로 정권을 쥐게 된 공친왕은 군기처대신軍機處大臣 겸 총리아문대신總理衙門大臣이 되어 양무운동을 추진하게 된다. 쩡궈판·리훙장·줘쭝탕 등의 한족관료들은 영국과 프랑스 등 외국군과 연합하여 태평군을 진압하면서 군함·대포·총기 등 우수한 서구열강의 군사력과 접촉하고 이를 중국도 본받아야 한다고 생각하였다. 또, 1864년 톈징의 함락으로 태평군의 주력부대는 소멸했지만 그 잔여부대는 북방의 염군捻軍 및 남방의 소수민족들과 연합하여 크고 작은 반란이 여전히 계속되고 있었으므로 공친왕은 이들 한인관료들의 의견을 수용하여 서구의 군사기술과 공업문명을 수입하

---

12 1861년 8월, 러허의 행궁(行宮)에서 숨을 거둔 함풍제는 나이 6세의 짜이춘〔載淳 : 곧 동치제(同治帝)〕을 황제로 지목하고 재상 쑤순(肅順)과 이친왕(怡親王) 짜이위안(載垣) 및 정친왕(鄭親王) 돤화(端華) 등 8명에게 어린 황제를 보좌하라는 유언을 남겼다. 이에 불만을 품은 공친왕과 서태후는 비밀리에 모의하여 함풍제의 영구가 베이징에 도착하자 쑤순 등 8명의 보좌대신을 체포하여 쑤순은 사형시키고 기타 대신은 유배를 보내는 신유정변을 일으킨다. 이때부터 조정의 실권을 이신과 서태후가 장악하게 되며, 공친왕 이신은 적극적으로 양무운동을 추진하게 된다.

도록 하였다. 그러나 각종 반란이 평정된 후에도 한인관료들은 지방군대를 해산시키지 않고 서구 군사고문의 도움을 받아 신무기로 무장하고 군수공장을 대규모로 설립하였다. 이로 미루어보면 한족관료들의 관심은 부국강병이 아니라 군벌의 지위를 유지하기 위한 군사력 강화에 있었음을 알 수 있다. 양무파의 각종 성과들을 다음에서 간단히 살펴보자.

○ 외국어교육 및 군수공업의 성립

- 1862년, 베이징에 동문관同文館(외국어 통역의 양성기관)을 설립
- 1863년, 상하이에 광방언관廣方言館을, 광저우에 광저우동문관廣州同文館을 설립
- 1865년, 상하이에 강남제조총국江南制造總局을 설립
- (리홍장이 설립한 것으로 총포·탄약·기뢰 등을 생산)
- 1866년, 푸저우에 푸저우선정국福州船政局을 설립

  (쥐쫑탕이 설립한 것으로 최초의 조선소, 여기서 생산된 배가 남양해군의 주력이 됨)
- 1870년, 톈진기기국天津機器局의 확충

  (원래 존재하던 공장을 리홍장이 더욱 확장시킴. 총과 탄약을 생산)

○ 민간공업의 성립(그 출자방식은 여전히 관료 위주이고 일부 재원을 민간에서 조달)

- 1872년, 상하이에 윤선초상국輪船招商局을 설립

  (리홍장이 설립한 기선회사. 양쯔강의 수송업무를 맡음)
- 1878년, 톈진에 카이핑광무국開平礦務局을 설립

  (리홍장이 설립한 철의 생산 및 제련공장)
- 1880년, 톈진에 전보총국電報總局을 설립(리홍장이 설립)
- 1880년, 상하이에 기기직포국機器織布局을 설립(리홍장이 설립)

○ 근대적인 군대건설

- 1863년, 리훙장의 회군이 서양식 총으로 무장
- 1863년, 쭤쭝탕의 초군이 서양식 총으로 무장
- 1880년 이후, 다수의 지방 군벌부대가 총포로 무장
- 1874년, 푸젠수사福建水師 : 南洋海軍 성립
- 1881년, 북양수사北洋水師 : 北洋海軍 성립

이신·원샹文祥·쩡궈판·리훙장·쭤쭝탕 등의 양무파는 '중체서용, 부국강병中體西用, 富國强兵' 등의 슬로건을 내걸고 군수공업과 서구식 군대 건설에서 상당한 성과를 얻었다. 그러나 정치제도와 사회제도에 대한 광범한 개혁이 뒤따르지 않는 군수공업 위주의 양무운동은 곧 한계를 드러내고 만다. 청·프전쟁(1884)과 청·일전쟁(1895)의 패전은 양무운동의 파산을 의미하며, 외국세력과 결탁한 양무관료 중심의 서양 배우기는 국가를 부강하게 만들기보다는 지방군벌의 강화라는 엉뚱한 목표만을 달성시킨 것이다. 물론 양무운동의 추진을 통해 서구열강의 실력을 직접 인식하고 봉건사상의 울타리에서 뛰쳐나와 초보적이나마 민족공업을 일으키려 했다는 것은 나름의 성과였다고 하겠다.

변법유신운동變法維新運動

1883년 이후, 프랑스 세력이 베트남에 진출하자 이를 막고자 하는 청과 프랑스 사이에 전쟁이 일어난다.(1884) 청군은 베트남의 변경지대에서 유격전을 벌여 승리를 거두기도 했으나 프랑스군은 푸젠성에 주둔했던 남양해군을 격파하고 타이완과 펑후도澎湖島를 점령하여 최종 승리를 거둔

다. 1885년, 청은 프랑스와 톈진조약을 체결하고 베트남에 대한 종주권을 포기한다. 이어, 1894년 한국에서 동학혁명이 일어나자 한반도에 영향력 확대를 꾀하던 청과 일본은 동시에 군대를 파견하였다. 마침내 한국 서해의 풍도 島 앞바다에서 일본이 청의 해군을 선제공격하면서 시작된 청·일전쟁(1895)은 그 이듬해 일본이 뤼순항旅順港을 점령하는 등, 북양해군이 궤멸되면서 일본의 승리로 끝난다. 청·프전쟁 및 청·일전쟁의 연속된 패전은 리훙장 등의 양무파가 삼십여 년간 기울여 온 부국강병의 꿈을 물거품으로 만들었다. 특히 같은 아시아의 섬나라 일본에게 청군이 대패한 것은 청의 조정과 재야에 대단한 충격을 주었다.

1895년, 과거에 응시차 북경에 상경하였던 청말의 대학자 캉유웨이康有爲(1858~1927)는 패전과 조약체결의 소식을 듣고 과거에 응시하려고 상경한 1,300여 명의 거인擧人과 더불어 황제에게 연명連名의 상서上書를 올렸다.[13] '공거상서公車上書'의 제출을 시작으로 캉유웨이는 활발한 정치활동을 폈는데 우선 강학회强學會 등의 정치적 단체를 설립하고, 제자인 량치차오梁啓超(1873~1929) 등에게 《시무보時務報》 등의 신문을 발행하게 하여 서구식의 개혁, 특히 입헌군주제에 토대를 둔 변법유신운동을 선전하도록 하였다. 당시 황제인 광서제光緖帝는 캉유웨이 등을 접견하고 변법유신의 주장에 공감을 표시하면서 이 기회에 수렴청정을 하고 있던 서태후의 영향력을 벗어나고자 하였다. 캉유웨이는 일본이 메이지유신明治維新을 통해 서구의 정치사회제도를 받아들여 입헌군주국이 되면서부터 아시아의 강국이 되었음을 예로 들고, 중국도 군제軍制·관제官制·학제學制 등을 서구식으로 개혁하고 입헌군주제를 실행하여 부국강병을 이루어야

---

13 이것을 '공거상서'라고 하는데, 불평등조약을 맺은 일본과 결사항전하여 치욕을 씻고 서구열강의 침략에 대비하며 내정의 개혁을 꾀할 것 등의 주장을 담고 있다. '공거상서'는 조야에 큰 영향을 주어서 변법유신을 주장하는 캉유웨이와 그 제자 량치차오 등은 정계의 신진세력으로 등장하게 되었다.

한다고 강조하였다. 광서제는 캉유웨이의 건의를 받아들이고 1898년 6월 조서'明定國是'를 내려 변법유신의 추진을 지시한다.[14] 당시 실질적으로 정권을 장악하고 있던 서태후는 사태의 추이를 지켜보다가 룽루榮祿·위안스카이袁世凱 등과 결탁하여 광서제를 유폐시킨 다음, 탄쓰퉁譚嗣同 등의 변법유신파 6명을 체포하여 사형시킨다.(1898년 9월) 이로써 시행 백일百日만에 변법유신운동은 실패로 끝나고 캉유웨이와 량치아오는 일본으로 망명한다. 일본에 망명한 캉유웨이와 량치차오 등은 여전히 변법유신의 꿈을 버리지 않고 신문과 잡지 등을 발행하여 군주입헌제를 선전하는 한편,[15] 국내의 입헌파와 은밀히 연락을 취하며 재기를 도모하였다. 무술년戊戌年에 일어난 변법유신운동은 비록 실패하였으나 민족의 위기를 느끼고 중국의 미래를 진지하게 고민하는 지식인의 큰 호응을 얻었을 뿐 아니라, 각 성의 총독이나 순무 등이 신식교육과 신식군대를 양성하고 신문과 잡지를 발행하는 등, 그 영향이 대단히 컸다.

신해혁명辛亥革命

1900년, 부청멸양扶淸滅洋을 슬로건으로 하는 의화단義和團의 무리가 톈진과 베이징에 진출하여 서구열강의 공사관을 포위하는 상황이 발생하

14 변법유신을 통해 시행하려던 정책은 다음과 같다 : ①정치개혁 첨사부나 통정사등 불필요한 관직과 직급을 축소하거나 폐지. 녹영군을 폐지하고 신식군대를 설치. 노광총국(路礦總局)이나 농공총상국(農工總商局)을 설치하여 공·상업 장려 ②교육개혁 과거제를 폐지. 각성의 서원(書院)을 철폐하고 신식학교로 전환. 베이징에 경사대학당(京師大學堂 : 서구식의 대학교) 설치.

15 량치차오는 캉유웨이의 변법유신 사상을 적극 선전하기 위하여 《청의보(淸議報)》(1898)·《신민총보(新民叢報)》(1902) 등의 신문을 발행하고 문학잡지 《신소설(新小說)》(1902)을 창간하는 등, 청말의 학술과 문화발전에 대한 공이 적지 않다. 이들 입헌파는 공화혁명을 주장하던 쑨원(孫文) 등의 혁명파와 대립하여 1905~1907년 사이에는 서로의 기관지를 통해 입헌군주제와 민주공화제에 대한 대논쟁을 벌이기도 하였다.

자, 8개국 연합군은 공동으로 군대를 보내어 의화단의 포위를 뚫었고 계속해서 그 해 8월 15일에는 연합군이 베이징을 점령하여 서태후와 광서제가 시안西安으로 도피하는 상황이 일어난다. 1901년, 청조는 결국 굴복하여 서구열강과 신축조약辛丑條約[16]을 체결하였는데, 이는 청·일전쟁 이후 서서히 진행되던 반식민지화를 더욱 가속화시켰다. 1905년, 동북지방의 지배권을 놓고 러·일전쟁이 벌어지고 일본이 승리하자 일본은 동북지방에 세력을 공고히 하였으며 한국을 합병하여 대륙침략의 교두보로 삼는 형편이었다. 이러한 내외의 정세는 중국인들에게 민족멸망의 위기가 임박했다는 위기의식을 불러 일으켰고 일부 중국인들은 혁명이 일어나지 않으면 중국을 구원할 수 없다고 여기게 되었다.

중국혁명의 아버지로 불리는 쑨원(1866~1925)은 유년시절에 미국에서 교육을 받았으며 광둥에서 병원을 개업하기도 하였는데, 청일전쟁 이후 흥중회興中會를 조직하여 광둥에서 1차 무장봉기를 꾀한다.(1895) 1차 봉기의 실패로 쑨원은 영국으로 망명하였으며 1897년에 일본으로 가서 혁명운동을 전개한다. 이 당시 일본에는 중국유학생들이 많이 있었는데, 그들은 공화혁명의 주장에 공감을 느끼고 적극적으로 혁명활동에 참가하였다. 한편, 당시 장빙린章炳麟(1868~ 1936)이 발간하던 《소보蘇報》에 저우룽鄒容(1885~1905)의 《혁명군革命軍》이 발표되었는데, 이 글은 당시의 청년들에게 큰 반향을 일으켰다.(청 조정은 잡지를 정간시키고, 장빙린과 저우룽을 투옥시킨다) 이처럼 혁명의 열기가 점점 고조되는 가운데 쑨원은 일본에서 여러 혁명단체를 통합한 중국동맹회中國同盟會를 결성한다.(1905) 쑨원은 혁명의 목표를 '이민족을 몰아내고, 중국을 회복하며, 중화민국을 세우고, 토지

16 신축조약의 내용은 다음과 같다 : ① 단군왕(端郡王) 등 전쟁을 주장한 대신들의 처벌 ② 전쟁배상금 4억 5천만 냥을 지불할 것 ③ 베이징에 공사관 구역을 설정하고 이 지역을 경비하는 외국군의 주둔 허용 ④ 다구포대(大沽 砲臺) 등 톈진에서 베이징까지의 포대를 철거할 것 ⑤ 외국인을 배척하는 단체를 금지할 것.

에 대한 권리를 균등히 한다驅除韃虜, 恢復中華, 建立民國, 平均地權'는 데에 두었다. 이러한 정책은 삼민주의三民主義 : 民族·民生·民權의 근본적인 토대가 되었다. 혁명파는 계속해서 광둥지역을 중심으로 무장봉기를 일으켰으나 여러 차례 실패하였다. 한편, 청조는 기울어 가는 국가의 역량을 만회해 보고자 1908년에 흠정헌법대강欽定憲法大綱을 반포하고 각 성에 자의국諮議局과 자정원資政院 등을 설치하여 입헌군주제를 실행하고자 한다. 그러나 1911년 헌법에 따라 성립된 내각은 만주귀족이 다수이고 한족이 소수를 차지하였으므로 청조의 속셈이 환하게 드러나게 되었다.

1911년 10월 10일 우창武昌, 혁명파의 거사계획이 폭로되어 지도부가 체포된 상황에서 신군新軍 사병들은 예정대로 일제히 무장봉기를 일으켰다. 놀라운 것은 우창 혁명이 성공하자 한 달도 안 되는 기간에 14개의 성이 일제히 청조로부터의 독립을 선언, 신해혁명은 무혈혁명無血革命으로 대성공을 거두었다. 다급해진 청 정부는 파면했던 위안스카이를 총리대신으로 임명하고 혁명의 진압을 꾀했으나, 위안스카이는 한편으로 무력을 동원 혁명파를 위협하면서 다른 한편으로는 혁명파와 협상을 꾀하였다. 유럽에서 혁명을 추인 받고 급히 귀국한 쑨원은 1912년 1월, 중화민국을 성립시키고 임시대총통이 되었으나 위안스카이가 계속 남하하면 혁명이 무산될 것이므로 협상을 통해 위안스카이가 청의 황제를 퇴위시키면 임시대총통의 지위를 주겠다고 약속하였다. 1912년 2월 12일, 위안스카이의 협박 속에 마지막 황제 선통제 푸이宣統帝 溥儀가 퇴위함으로써 봉건왕조시대는 끝이 나고 새로운 시대가 열렸다. 신해혁명은 이천 년 동안 계속된 전제 봉건주의를 마무리하여 중국인에게 민주와 공화정에 대한 희망을 불어넣어 주었으며 봉건사상과 관습을 타파하는 중요한 계기로 작용하였다.

쑨원과 위안스카이

청일전쟁 이전부터 신식군대인 북양육군北洋陸軍을 건설했던 위안스카이(1859~1916)는 신해혁명이 일어나자 청 정부가 의지할 수 있는 유일한 무력집단이었다. 위안스카이는 청조의 요청으로 내각의 총리가 된 후 북양육군을 남하시켜 한양漢陽을 회복하는 등 무력을 과시한 뒤 진격을 멈추고 협상을 시작했다. 쑨원은 위안스카이의 의도를 알고 새 정부의 수도를 난징南京으로 할 것, 임시약법臨時約法을 준수할 것 등의 조건을 내세우고 청조를 폐지하면 임시대총통의 권한을 이양하겠다고 약속하였다. 1912년 3월, 위안스카이는 임시대총통에 취임했지만 곧바로 혁명파와의 약속을 파기하고 수도를 베이징北京으로 정하는 한편, 참의원參議院조차 베이징으로 옮긴다. 민주제도의 앞날을 염려한 쑹자오런宋教仁이 국민당을 만들고 최초의 참의원 선거에서 압승하자, 위안스카이는 상하이에 암살자를 보내어 쑹자오런을 암살한다. 1913년, 의회를 돈으로 매수하는 한편 지지자로 하여금 의회를 포위하게 한 가운데 총통선거를 벌여 정식으로 대총통이 된 위안스카이는 의회를 해산한 후, 총통의 권한을 크게 강화시켰다. 쑨원은 비로소 위안스카이의 야심을 깨닫고 그의 토벌을 주장하였으며 이에 호응하여 혁명파는 제2혁명을 일으켰으나 막강한 북양육군의 무력에 눌려 실패하였다.

위안스카이는 민의를 조작하는 한편, 어용국민대표를 소집하여 입헌군주제를 추진한다.(1916) 그러나 위안스카이가 황제로 즉위하자 외국은 물론이고 그의 부하들조차 반대하여 불과 83일만에 군주제는 폐지된다. 위안스카이는 돤치루이段祺瑞(1865~1936)를 국무총리에 앉히고 부하들을 달래려 했으나 각 성의 장군들은 모두 독립을 선언, 위안스카이에 대한 반대를 표시한다. 사방의 반대 속에서 위안스카이가 병사하자, 부총통 리위안훙黎元洪(1864~1928)이 대총통을 승계하였으나 실권은 총리인 돤치루이가 행사하였다. 위안스카이가 죽자 북양군벌은 여러 개의 파벌로 나누어졌는데, 돤치루이를 우두머리로 하는 안후이파安徽派와 펑궈장馮國璋(1858~1919)을 수령으로 하는 즈리파直隸派가 최대의 세력이었다. 리위안훙과 돤치루이는 1차대전의 참전문제로 서로 다투다가 리위안훙이 베이징의 혼란을 수습하기 위해 부하인 장쉰張勳(1854~1923)을 베이징으로 불렀다. 베이징에 입성한 장쉰은 뜻밖에 청조를 부활시키는 쿠데타를 단행한다.(復辟) 이에 분노한 돤치루이 등은 토벌군을 일으켜 장쉰을 축출하였으며 스스로 총리가 된 돤치루이는 독일에 선전포고를 하고 1차 대전에 참전한다. 위안스카이가 처음 등장했을 때, 그를 혁명동지로 여겼던 쑨원은 위안스카이가 쑹자오런을 암살하고 국회마저 해산하자 위안스카이의 토벌을 주장한다. 위안스카이 사후, 북방에서 군벌들이 서로 정권을 쟁탈하고자 내전을 일으키자 1917~1923년의 기간에 걸쳐 쑨원은 임시약법의 수호운동護法運動을 벌인다.

ㅇ 쑨원의 호법운동

- 광둥군정부 : 1917~1918. 쑨원·루룽딩·탕지라오 등이 광둥에서 연합, 군정부 수립
- 제2광둥군정부 : 1920~1921. 쑨원과 광둥 군벌의 연합, 군정부 수립
- 광둥군 호법정부 : 1921~1922. 쑨원·광둥 및 윈난 군벌의 연합, 군정부 수립
- 제3광둥군정부 : 1923~1925. 쑨원·윈난군 및 광시군의 연합정권

쑨원이 남방에서 임시약법을 수호하기 위해 끊임없이 군정부를 수립하는 동안 북방에서는 군벌전쟁이 본격적으로 시작되었다. 1920년 7월, 안후이파와 즈리파의 전쟁에서 안후이파가 패배하여 정계에서 몰락하였다. 이어 1922년 4월, 펑톈奉天〔지금의 선양瀋陽〕파와 즈리파의 전쟁에서는

펑톈파가 패배하여 동북지방으로 후퇴한다. 쑨원은 중국의 통일을 위해 호법운동을 전개하면서 북벌을 꾀하였으나 거듭 실패하자 새로운 방향을 모색하게 된다.

1917년, 러시아혁명이 성공을 거두고 또 국내에서는 1919년에 5.4운동이 일어나자 이에 영향을 받은 쑨원은 새로운 정당인 중국국민당을 결성한다.(1919) 1923년, 소련에서 파견된 요페와 회담을 마친 쑨원은 서로의 혁명사업을 돕는다는 공동선언을 발표한다. 1924년, 국민당 제1차 전국대회에서는 공산당과 제휴하여 국민혁명을 완수할 것이라는 결의를 하고 소련고문단의 도움을 받아 황푸군관학교黃浦軍官學校를 세워 혁명군간부를 양성하기로 하였다. 이렇게 하여 제1차 국공합작國共合作이 성립되었는데 장제스蔣介石가 소련에서 교육을 받고 황푸군관학교의 교장이 되었으며 리다자오李大釗·마오쩌둥毛澤東·취추바이瞿秋白 등의 공산당원은 국민당에 입당하였다. 1924년, 펑톈파와 즈리파 간에 2차 내전이 벌어지자 즈리파의 장군 펑위샹馮玉祥이 돌연 쿠데타를 일으켜 베이징에 입성한 뒤, 두안치루이를 집정執政으로 앉히고 펑톈파와 쑨원에게 협상제의를 한다. 위험하니 가지 말라는 만류를 무릅쓰고 베이징으로 가서 시국회의에 참석한 쑨원은 국민회의 개최를 요구하지만 거절당한 상황에서 간장암에 걸려 병사한다.(1925년 3월) 북양군을 배경으로 혁명의 과실을 탈취한 위안스카이를 구사회의 마지막 상징이라고 한다면 평생을 국민혁명의 달성과 민주공화국의 수립을 위해 헌신한 쑨원은 새로운 사회의 상징이라고 하겠다.

신문화운동과 5·4운동

1911년의 신해혁명으로 봉건왕조는 타도되었으나 위안스카이의 등장으로 말미암아 정치·사회의 혼란은 날이 갈수록 더 심해졌다. 자유와 민주 등 신사상을 갈망하는 민중의 욕구는 점점 커졌는데, 이와는 반대로 군벌정부는 시대에 역행하는 봉건사상의 강화에 힘썼다. 당시 일부 신지식인층은 유교적이고 봉건적인 제도와 문화에 반대하여 계몽운동의 성격을 띤 신문화운동을 전개하였다. 베이징대학의 젊은 교수들인 후스胡適(1892~1962)·리다자오(1889~1927)·천두슈陳獨秀(1879~1942)등은《신청년新青年》이라는 잡지를 발간하여 구사상과 구도덕을 반대하고 비판하면서 민주德先生와 과학賽先生을 제창하였다. 후스와 천두슈는 각각 <문학개량추의文學改良芻議>와 <문학혁명론文學革命論>이라는 글을《신청년》에 게재하고 신문학을 제창하여 사회에 큰 영향을 미쳤다. 1918년, 루쉰魯迅(1881~1936)은 문학혁명의 주장에 호응하여《광인일기狂人日記》를 발표하였으며, 계속해서《아큐정전阿Q正傳》등의 소설을 발표하여 사회에 큰 충격을 준다. 신문학혁명의 물결은 삽시간에 문단의 유행이 되어 봉건적인 구문학형식이 점차 몰락하게 된다.

이처럼 과학과 문화를 제창하던 신문화운동이 급속히 전파되던 시기에 반제국주의와 반봉건주의를 주요 내용으로 하는 5·4 학생운동이 일어난다. 5·4라는 것은 1919년 5월 4일을 가리키는 것으로, 바로 이날 베이징의 학생들은 일본의 21개조 요구[17]에 대해 그 부당함을 항의하는 대규모의 시위를 일으킨다. 5월 4일에 시작된 학생시위는 군벌정부의 진압에도 불구하고 점점 규모가 커졌으며 국산품 애용 및 일본상품 배격 등의 민족주의

---

17 제1차 세계대전이 발발하자, 일본은 재빨리 독일에 선전포고를 하고 독일이 차지하고 있던 산둥지역의 이권을 접수하였으며, 한편으로 총통 위안스카이를 강박하여 21개조의 요구를 통과시킨다. 그 주요 내용은 다음과 같다 : ① 산둥성의 독일 권익에 대한 승계 ② 뤼순·다롄 등 항구의 조차(租借) ③ 남만주 및 네이멍구(內蒙古)에서의 우선권 ④ 정치·군사 등 일본인고문의 초빙 ⑤ 한예핑매철공사(漢冶萍煤鐵公司)의 합병 등. 1차대전이 끝난 후, 서구열강은 전후처리를 위한 파리평화회담(1919)에서 일본의 요구를 대부분 수용하는 결정을 내렸다. 이에 격분한 전국의 학생들은 반군벌·반일본·반제국주의를 그 내용으로 하는 전국적 시위를 일으킨다.

운동으로 발전한다. 6월 5일부터는 학생뿐 아니라 시민과 노동자까지 가세하여 대규모 파업이 일어난다. 6월 10일, 돤치루이 군벌정부는 조약에 관여한 대신을 파면하고 산둥성에 대한 조항을 거부하기로 하는 등 대중의 요구에 굴복한다. 5·4운동은 학생과 시민의 시위를 통한 대중운동으로 반제국주의와 반군벌주의 등을 표방하여 중국 민족운동사의 찬란한 한 페이지를 장식하였다.

장제스와 마오쩌둥

쑨원의 사후, 국민당 내부에는 상당한 혼란이 일어나고 새로운 지도자가 부상하게 되는데 그가 곧 장제스(1887~1975)이다. 장제스는 황푸군관학교의 교장을 맡으면서 혁명군의 간부를 양성하였는데 이를 계기로 군부에 상당한 세력을 구축하였다. 1926년, 장제스는 쑨원의 유지를 받들어 군벌을 통일시키려는 북벌군을 편성한 다음, 불과 반년 사이에 우한·난창·항저우·난징·상하이 등을 제압하였다. 북벌이 신속히 이루어지는 동안, 국민당내에서는 좌파와 우파의 대립이 일어났으며 좌파의 국민당간부들은 장제스의 권력을 축소하고자 하였다. 장제스의 북벌군이 상하이에 접근했을 때, 상하이에는 노동자의 총파업이 일어나 군벌들이 무너지고 노동자 임시정부가 성립된다. 이때, 장제스는 공산당의 득세를 꺼리는 외국열강 및 저장재벌 등과 결탁하고 노동자의 정부를 일거에 진압한다.(4·12 쿠데타)

이 사건을 계기로 장제스는 무한의 국민정부에 대항하여 난징에 국민정부를 세우고 국민당내의 공산당을 대대적으로 숙청한 뒤, 1927년 7월에는 국민당과 공산당과의 분리를 선언한다. 이렇게 하여 제1차 국공합작은 붕괴되고 1928년 4월 장제스는 북벌을 재개하여 6월에 베이징에 입성, 동북지역의 장쉐량張學良을 제외한 대부분의 군벌을 통일하게 된다. 북벌을 완수한 장제스는 국민당의 일당지배체제를 강화하면서 국내재벌과 미국의 지원을 받아 자신의 독재권력을 강화한다. 제1차 국공합작이 깨어지면서 중국공산당은 큰 타격을 입고 지하활동과 유격전을 전개하게 된다. 이 당시 중국공산당을 지도하고 있던 인물은 리리싼李立三(1899~1967)·취추바이(1899~ 1935)·저우언라이周恩來(1896~1976)·류사오치劉少奇(1898~ 1969)·마오쩌둥(1893~ 1976)·덩샤오핑鄧小平(1904~1997) 등이었는데, 도시에서의 무장봉기가 실패하자 농촌에 소비에트 근거지를 만들기 시작하였다.

ㅇ 대표적인 소비에트 근거지(해방구)

- 징강산井岡山 근거지 : 1927년 이후 성립. 마오쩌둥·주더朱德 등이 지도
- 샹간湘贛 근거지 : 1928년 이후 성립. 펑더화이彭德懷 등이 지도
- 산베이陝北 근거지 : 1928년 이후 성립. 류쯔단劉志丹 등이 지도

농촌 근거지에 정착한 공산당유격대는 홍군紅軍으로 개편되었고 장시소비에트정권江西蘇維埃政府 등 몇 개의 지역 인민정권으로 발전한다. 장제스는 홍군의 발전에 불안을 느껴 대규모의 포위공격圍剿을 계획한다. 1931년, 만주에서 일본군이 9·18사건[18]을 일으켜 동북지방을 석권하고 화북지방을 노리게 되자 국민당내부에서 항일이냐 반공이냐의 논란이 일어났다. 장제스는 1930년부터 홍군의 근거지를 4차례나 공격했는데 이

---

18 9. 18 만주사변 : 펑텐파의 군벌 장쉐량이 일본의 요구를 물리치고 국민정부의 산하에 동북지방을 편입하자 일본은 항일운동이 고조될 것을 우려하였다. 1931년 9월 18일 펑톈 교외에서 일본군은 철도를 폭파하였다. 그들은 이를 중국군의 소행으로 발표하고 전선을 확대하여 만주전체를 장악하였으며, 마지막 황제 푸이를 옹립하여 괴뢰국 '만주국'을 세운 뒤 화북지방으로 침공하고자 하였다.

를 섬멸시키지 못하자 '먼저 내부를 안정시키고 외적을 물리친다先安內後攘夷'는 방침을 정하여 일본군과 정전협정(1933년 5월)을 체결하고 100만의 정예부대를 동원하여 홍군의 근거지를 공격한다. 마오쩌둥 등의 홍군 지도자들은 전멸의 위기를 피하기 위해 장시소비에트를 포기하고 목숨을 건 후퇴작전이었던 대장정長征에 돌입한다. 홍군은 1934년 장시성江西省 루이진瑞金에서 출발하여 산악지대를 우회하고 1만 2천Km를 행군한 끝에 1935년 10월 산베이陝北의 근거지 옌안延安에 도착하였다. 출발할 때, 총병력 10만의 홍군이 근거지에 도착했을 때는 1만여 명의 병력으로 줄었다고 하며, 장정 도중의 쭌이遵義회의에서 도시중심의 혁명전략이 폐기되고 농촌근거지중심의 혁명전략이 채택되었으며, 아울러 마오쩌둥의 정치 및 군사적 지도권이 확립되었다. 이로부터 마오쩌둥은 중국공산당의 최고지도자가 되어 항일전쟁 및 국공내전을 지휘하게 되었다.

국공합작과 항일전쟁

일본이 계속해서 전선을 대륙으로 확대하고자 하는 때, 장제스는 여전히 공산군을 먼저 공격하고 일본과 맞선다는 계획을 수립, 동북지방을 잃은 장쉐량(1901~2001)의 동북군과 양후청楊虎城(1893 ~1949)의 서북군에게 산베이의 홍군근거지를 공격하도록 했다. 홍군은 항일의지에 불타고 있던 장·양 두 장군에게 내전정지內戰停止·일치항일一致抗日을 호소하는 한편, 비밀리에 정전협정을 체결한다. 장제스는 섬북근거지에 대한 토벌이 지지부진하자 직접 작전을 독려하고자 시안西安으로 갔는데, 장쉐량

장제스와 그의 부인 쑹메이링

과 양후청은 시안사건[19]을 일으켜 장제스를 감금한다. 시안사건이 해결된 후, 장제스는 방침을 바꾸어 공산당과 항일통일전선을 결성하고 1937년 2월 국민당 3중전회에서 정식공표하여 제2차 국공합작이 성립된다.

1937년 7월 7일, 베이징 근처의 루거우차오盧溝橋에서 군사연습을 하던 일본군은 야간에 울린 총성이 중국 측으로부터 발사되었다는 구실을 붙이고 돌연 전쟁을 감행하였다. 일본군은 즉각 관동군과 조선주둔군 및 본토병력의 지원을 받아 베이징과 톈진을 점령하고 계속 남하하여 11월에는 상하이를 점령하였으며, 12월에는 난징을 점령하였다. 난징 점령 후, 일본군은 다음해 1월까지 30만의 중국인을 학살하는 난징대학살을 자행하였다. 장제스는 난징에서 후퇴하여 충칭重慶으로 수도를 옮긴 뒤 결사항전의 태세를 굳혔다. 마오쩌둥 역시 항일민족통일전선을 호소하면서 일본군의 후방에 유격근거지(해방구)를 마련한다는 전략을 세웠다. 홍군은 마오쩌둥의 전략에 따라 산시성山西省과 허베이성河北省 및 네이멍구에 해당하는 지역에 항일근거지를 세우고 일본군의 병참선을 요격하였다. 이에 따라 1940년에는 8로군 40만·신사군新四軍 10만의 병력에 인구 1억을 가진 항일근거지가 형성되었다. 일본군은

19 시안사건 : 1936년 12월 12일, 장쉐량은 일본과의 항전보다 공산당에 대한 우선적인 토벌을 주장하는 장제스를 화칭츠(華淸池)에서 포위 감금한 후, 난징정부의 개조·내전의 중지·쑨원 유촉의 실행 등 8개항을 요구하면서 일본과의 항전을 촉구하였다. 중국공산당은 12월 17일, 저우언라이를 파견하여 장쉐량과 담판을 하게 했으며 국민당도 12월 22일, 쑹쯔원(宋子文)·쑹메이링(宋美齡) 등을 파견하여 협상을 벌인 결과, 12월 24일 평화적으로 사태가 해결되어 장제스가 석방되었다.

전선이 점차 확대되자 보급과 병참기지의 확보에 급급하여 1940년 이후에는 더 이상의 공세를 펴지 못하고 중국군과 대치하는 상태로 돌입하였다. 장제스는 홍군의 세력이 근거지를 중심으로 점차 확대되자 국민군을 동원하여 홍군을 기습하였는데, 그 중 최대의 사건은 샹잉項英이 지휘하는 신사군의 주력을 포위하여 전멸시킨 완난사변 皖南事變이다.(1941) 완난사변의 발생은 사실상 국공합작의 결렬을 의미하며 이때부터 국공의 양측은 항일전쟁을 수행하면서 한편으로는 자기세력의 확대를 서로 꾀하였다.

1941년 12월, 일본군은 미국의 하와이(진주만)를 공격하여 태평양전쟁을 일으키지만 1942년 5월 미드웨이 해전에서 해군이, 1943년 과달카날섬 격전에서 육군이 참패한 후 전쟁의 주도권을 상실한다. 1944년 유황도와 오끼나와를 상실하고 본토마저 폭격당하는 상황이 되자 일본군은 전의를 잃어버렸다. 1945년 7월 원폭이 투하되고 8월에 소련군이 동북에 진주하자, 일본군은 급속도로 붕괴되었고 마침내 8월 14일에는 포츠담선언의 수락을 결정하여 태평양전쟁은 종결되었다.

국공내전과 신중국

1945년 9월 9일, 일본군총사령관 오키무라岡村가 난징에서 국민군사령관 허잉친何應欽과 만나 정식으로 항복문서에 조인함으로써 항일전쟁은 종결되었다. 항일전쟁의 종결과 더불어 소련은 재빨리 동북지방과 한국북부지방에 진출하였고, 이 때문에 화북지방에 있던 홍군은 국민군보다 크게 유리한 입장에 서게 되었다. 전쟁이 종결되었을 때, 국민군은 300만 이상의 육군과 약간의 공군 등 미군의 군수물자를 다수 보유하고 있었으며 이와 반대로 공산군은 100만의 유격군을 보유하고 있었으나 군수물자면에서 열세를 면치 못하였다. 1945년 12월, 미국은 마샬G. Marshall장군을 중국에 특사로 파견하여 국민당을 중심으로 하는 통일정부를 구성하도록 중재를 하였다. 장제스는 한편으로 정치협상을 하면서 우세한 군사력을 배경으로 공산당 통치구역을 무력접수하고자 하였다. 장제스의 의도를 간파하고 있던 마오쩌둥은 해방구에서 실시하던 토지개혁을 확대하여 광범한 농민의 지지를 얻는 한편, 민족통일전선을 제기하였다. 이어 소련군의 도움을 받아 크게 역량을 증가시킨 홍군은 인민해방군으로 그 명칭을 바꾸고 국민당에 대한 대규모의 반격을 개시하였다. 1947년까지 국민당이 우세를 보이던 전선의 상황은 1948년이 되자 완전히 역전되어 랴오선전역遼瀋戰役·화이하이전역淮海戰役·핑진전역平津戰役의 삼대전투에서 국민군이 모두 패배하여 그 주력이 전멸 또는 포로가 되었다. 전세가 결정적으로 불리해지자 1949년 1월 장제스는 공산당군에 평화회담을 제의하는 한편, 미국 등 서방의 원조를 호소하였다. 이러한 제의가 모두 거절당하자 장제스는 부득이 하야를 하고 리쭝런李宗仁을 총통대리로 임명한 뒤 타이완臺灣으로 철수하였다. 1949년 4월, 공산당군은 양쯔강을 도하하여 남부중국을 석권하고 10월 1일 베이징의 톈안먼天安門에서 중화인민공화국의 성립을 선포하였다.

중국의 당대사

신중국의 성립

중국대륙을 놓고 국민당과 공산당이 각축을 벌인 결과, 최후의 승리는 마오쩌둥을 수뇌로 하는 중국공산당에게 돌아갔다. 중국공산당의 승리를 결정지은 요인은 첫째로 국민당 상층부의 부정부패 및 관료주의요인과 둘째로 농민 등 대다수를 차지하는 대중을 무시하면서 무기와 병력 등의 우세를 믿고 전쟁을 강행한 점 등을 들 수가 있다. 1949년 10월 1일, 베이징의 톈안문광장에서 마오쩌둥을 비롯, 공산당지도부가 참석한 가운데 중화인민공화국의 성립이 선포되었다.

마오쩌둥은 각 민족과 계층의 여러 정파들이 연합한 통일전선정권을 출범시켰으나 사실은 정치·군사·경제 등 모든 분야를 공산당이 지도하도록 되어있다. 예를 들면 인민정부 주석인 마오쩌둥은 공산당 최고책임자이면서 군사위원회 주석을 겸하고 있어 당·정·군을 실질적으로 지휘감독할 수 있었다. 또 정부기관은 물론이고 군대 및 국유기업과 모든 사회조직에 공산당의 정치위원 및 서기를 파견하여 공산당은 국가의 실질적인 최고권력기관이 되었다. 한편, 타이완으로 쫓긴 국민당은 새로운 정부를 만들고 원주민의 반란을 진압한 후, 정치와 경제의 재건에 힘을 쏟았다. 중국공산당은 타이완을 계속 공격하여 전토를 통일하고자 했으나 한국전의 발발과 미군의 참전으로 인해 타이완작전을 포기하였다. 이어서 미군함대가 타이완으로 파견되어 타이완해협은 무력대치에 의한 안정이 이루어졌다.

신중국의 초기

1949년 10월, 마오쩌둥을 국가주석으로 하는 인민공화국이 성립하였으나 신중국은 해결해야 할 수많은 과제를 안고 있었다. 당시 공산당을 중심으로 하는 노동자 계급은 소수였고 국민당 출신의 관료나 자본가 또는 지주의 세력이 만만치 않았으며 내전후의 피폐된 경제로 인해 국가재정은 적자를 면치 못하였다. 이러한 상황에서 1950년 6월에 한국전이 발발하자 타이완 해방작전을 준비하고 있던 중국공산당은, 미국의 지상군 파견에 따라 한국전의 전세가 역전되자 타이완 작전을 보류하고 북한군을 지원하는 대규모 군사작전을 벌인다. 펑더화이彭德懷를 총사령관으로

마오쩌둥과 저우언라이의 소련 방문(1950년), 마오쩌둥 옆은 스탈린

하는 중국지원군은 1953년의 휴전협정에 이르기까지 한미연합군과의 전투를 담당한다. 이 전쟁은 신생중국에 과도한 전쟁비용을 치르게 했으나 반면 소련의 각종원조와 국내의 신속한 안정이라는 의외의 결과를 가져왔다. 1951~ 1952년의 기간에 중국은 공산당의 지도체제를 안정시키기 위해 삼반운동三反運動(반부패·반낭비·반관료주의)과 오반운동五反運動(반뇌물·반탈세·반국가재산절취·반산업물자횡령·반경제정보절취)을 전개하여 큰 성과를 거둔다. 또 3억이 넘는 광범한 농민의 지지를 얻기 위해 토지개혁을 실시하여 1952년까지 90퍼센트의 농촌인구가 토지개혁을 완료한다. 아울러 사영기업과 개체기업을 국영기업으로 바꾸거나 국유화하여 초보적인 사회주의화가 달성된다.

1953년, 마오쩌둥은 건국 이후의 경험을 총괄하여 '과도시기의 총노선'이라는 정책을 제시하는데, 3차의 경제개발 5개년 계획(1953~1968)을 통해 농업·공업·상업 등의 분야를 완전히 사회주의식으로 개조한다는 계획이었다. 이리하여 한국전이 휴전으로 끝난 53년도부터 소련의 도움을 받아 제1차 경제개발 5개년 계획을 추진한다. 또, 1954년에는 제1기 전국인민대표회의全國人民代表大會(전국인대)를 정식 출범시켜 중화인민공화국 헌법을 제정한다.

대체로 제1차 경제개발 5개년 계획기간의 중국은 정치의 안정 및 경제건설이라는 성과를 달성할 수 있었다. 타이완에 대한 군사작전은 연기되었으나 자본가와 지주 등을 정리하고 공산당이 정치와 경제의 주도권을 장악하였다. 예를 들면 제트기의 시험제작·최초의 트럭생산·창장대교長江大橋건설·서북변방의 국도건설 등이 이 시기에 이루어졌다. 또 외교에 있어서는 국제적 고립을 피하고자 제3세계에 대한 외교에 주력하였다. 1953년 베이징에서 인도대표단을 접견한 저우언라이가 평화공존 5원칙(상호영토존중·상호불침범·상호내정불간섭·상호평등호혜·평화공존추구)을 발표한 이래 1955년 인도네시아에서 개최된 반둥회의(아시아·아프리카회의)에서 제3세계의 단결과 평화공존을 주장, 많은 호응을 얻었다.

대약진운동 시기

1956년, 소련공산당 제20차 전국대표대회에서 흐루시초프 서기장은 비밀보고를 통해 1952년에 사망한 스탈린의 과오를 비판하면서 스탈린식 경제와 정책의 폐기를 주장하였다. 이러한 소련의 변화와 더불어 폴란드와 헝가리에서 공산당을 반대하는 시위가 일어나자 소련군은 무력으로 시위를 진압한다. 이러한 국제정세를 예의 주시하던 마오쩌둥은 쌍백방침雙百方針[20]을 제기하면서 지식인의 반응을 살폈다. 1957년을 전후하여 지식인들이 공산당을 비판하고 자유화를 주장하는 등 급진적 주장이 나타나자 마오쩌둥은 이들을 우파기회분자로 규정하면서 반우파투쟁反右派鬪爭과 정풍운동整風運動을 전개하였다. 처음에는 겨우 수천 명이 우파분자로 규정되었으나 규모가 점차 확대되면서 55만여 명이 우파분자로 몰려 숙청의 대상이 되었다. 이처럼 사상투쟁을 통해 사회분위기를 정비한 마오쩌둥은 급진적 방법으로 사회주의 건설을 초과달성하고자 하였다. 그 결과, 1958년 5월 중국공산당 제8기 2중전회는 '사회주의건설총노선'의 방침을 확정하고 대약진운동과 인민공사를 제창한다. 총노선·대약진·인민공사의 세가지를 삼면홍기三面紅旗라고 하며, 그 주요 내용은 영·

---

20 쌍백방침이란 문학예술의 백화제방(百花齊放)과 사상학문의 백가쟁명(百家爭鳴) 등의 방침을 말하는 것으로, 예술가는 예술작품의 창작을 통해 또 사상가는 자신의 이론을 통해 자유스럽게 의견을 개진하여 학술 및 예술의 자유로운 발전을 꾀하자는 주장이다. 그러나 지식인들이 공산당의 비판 및 민주화 등의 주장을 제기하자, 마오쩌둥은 이들 지식인을 우파분자(右派分子)로 규정하면서 반우파투쟁(反右派鬪爭)을 전개하고 숙청작업을 벌인다.

미 등 선진국을 10년 이내에 따라잡자고 하는 급진적 경제정책이었다. 이를 위해 강철의 생산 등 중공업의 건설을 독려하는 한편 농업 합작사의 규모를 대규모로 확대하고 공동생산과 공동분배를 원칙으로 하는 인민공사를 전 농촌에 건설하였다. 이리하여 농업·공업·상공업을 사회주의경제로 개조한다는 삼대개조三大改造의 방침이 초과달성 되었으나 현실을 무시한 과도한 경제적 목표와 생산의 초과달성에 집착한 '대약진'은 엄청난 재정낭비를 가져왔고 자연재해마저 겹쳐서 국민경제는 파탄지경에 빠졌다.

1959년, 중국공산당 제8기 8중전회廬山會議에서 펑더화이彭德懷등은 대약진과 인민공사 등의 잘못된 경제정책의 모순을 비판하였는데 마오쩌둥은 펑더화이를 우경기회분자로 비판하며 숙청하였다. 대약진 등 무리한 경제정책은 3년 만에 인민폐 1,200억 원 이상의 손실을 내며 실패하였고 인민공사 등 농업정책의 실패로 인해 1960년 한 해만 1,300만의 인구가 감소하는 재난이 일어나게 된다. 결국은 마오쩌둥도 정책의 실패를 인정하면서 류사오치를 국가주석으로 임명하여 경제의 조정정책을 실행하게 하고 자신은 정치일선에서 물러난다. 류사오치·덩샤오핑 등은 조정·공고·충실·향상調整·鞏固·充實·提高 등의 경제조정정책을 시행하여 피폐된 국민경제를 회복시키고자 노력한다. 이러한 노력은 대체로 성공을 거두고 1964년 이후에는 어느 정도 경제가 회복된다. 그러나 경제정책의 실패로 위신을 잃게 된 마오쩌둥은 국내외의 정치상황을 예의주시하며 대규모의 계급투쟁을 준비한다.

문화대혁명 시기

1956년 이후, 소련과 중국의 관계는 이념과 노선의 차이로 인해 점점

문화대혁명 때의 홍위병

멀어지더니 1960년에는 소련의 기술자와 고문단이 전면 철수하는 상황이 된다. 미·소의 냉전과 소련지원의 중단 등 변화된 국제환경 속에서 마오쩌둥은 4개 현대화(농업·공업·국방·과학기술의 현대화)를 이룩하자고 제창하는 한편, 국내외의 어려운 상황을 타개하고자 이념투쟁에 대해 점차 관심을 보인다. 1964년 8월, 미국이 베트남에 대한 폭격을 확대하자(통킹만사건), 미국과 소련 등 강대국의 포위망에 빠진 마오쩌둥은 사상투쟁을 통해 국내의 자본주의파를 일소하겠다는 계획을 세운다. 이리하여 1962년 이후의 조정을 거쳐 1965년 쯤에 거의 회복되어 가던 중국경제는 미증유의 재난으로 평가되는 문화대혁명(1966-1976)을 만나면서 다시 붕괴의 길로 들어서게 된다. 문화대혁명은 전근대적인 문화와 자본주의를 타파하고 사회주의문화를 새롭게 건설하자는 극좌적 사회주의운동이었다.

1965년 11월, 장칭江靑(1915~1991)의 사주를 받은 야오원위안姚文元이 역사극《해서파관海瑞罷官》의 내용 중에 펑더화이의 명예회복에 대한 음모가 있다고 비판하는 글을《문회보文滙報》에 실으면서 이른바 주자파走資派문인에 대한 비판이 시작된다. 이어 당내의 자본주의를 타도하고 무산계급혁명을 고취하자는 글들이 계속 발표되면서 류사오치·덩샤오핑 등 당내의 경제계획입안자들은 삽시간에 '주자파'로 몰린다. 1966년 마오쩌둥은 국방장관 린뱌오林彪(1907~1971)에게 문화대혁명의 발동을 지시하는 한 장의 편지를 보내는데 그 해 5월 16일 중앙 정치국회의에서 편지의 내용이 정식으로 통과되어 문화대혁명이 시작된다.(5·16지시) 이어 천보다陳伯達·캉성康生·장칭·장춘차오張春橋·야오원위안 등이 문화혁명소조를 만들어 《인민일보》와 《해방보》 등에 이론적인 글을 발표하는 한편, 군중운동을 조직하기 시작한다. 이들 문혁소조가 급조한 혁명군중은 정부조직 및 학교와 각급단체에 파견되어 자본주의파와 반혁명분자를 색출·처리하는 대규모 숙청작업을 벌인다. 1966년 8월, 중국공산당 제8기 11중전회에서 홍위병紅衛兵을 지지하면서 '사령부를 날려 버려라 打司令部'는 마오쩌둥의 대자보大字報가 전달되자 공격의 화살은 류사오치와 덩샤오핑 등 최고 당 지도자들을 겨냥하였고, 이들이 숙청되자 더욱 기세가 불타올랐다. 1967년 청년 홍위병조직들은 다른 군중조직과 공을 다투는 과정에서 무장을 하고 정부기관 및 각급단체를 공격하였으므로 때때로 대규모 충돌이 빚어졌고 문화대혁명은 군대를 제외한 전중국으로 확대된다. 그 해 8월, 베이징의 톈안먼에서 백만 명의 홍위병이 운집하여 문화대혁명을 기념하는 경축행사를 벌이고 마오쩌둥·린뱌오 등이 직접 격려하자 홍위병의 기세는 절정에 달한다. 이들은 구사상·구문화·구풍속·구관습 등을 모조리 타도하자는 슬로건을 내걸고 고전도서와 문물·각종 유적 등을 닥치는 대로 부수고 불태웠으며 당과 정부관료는 물론이고 일반인도 반혁명분자로 서슴없이 숙청하였다.

1969년 4월, 중국공산당 제9기 1중전회에서 마오쩌둥의 후계자로 지목되었던 린뱌오林彪는 제1인자의 자리를 차지하기 위해 마오쩌둥을 제거하려는 음모를 꾸민다. 1971년, 린뱌오는 쿠데타에 실패하고 비행기로 탈출하려다 내몽고에 추락하여 사망하였다. 이로부터 문화대혁명은 약간 성격이 변질되어 비림비공운동批林批孔運動(린뱌오와 공자를 비판함)으로 발전하였고, 마오쩌둥은 저우언라이 총리와 덩샤오핑 부총리의 권한과 직급을 회복시키고 이들이 정치와 경제를 조정하도록 하였다. 문화대혁명

10년의 기간은 사상 그 유례를 찾아볼 수 없는 대규모의 군중운동기간으로 중국경제는 마비되고 당·정·군 등의 국가조직은 일대혼란에 빠졌었다. 그 재산적 피해만도 인민폐 5천억 원에 달할 것으로 추정되며 박해를 받아 사망하거나 큰 부상을 입은 사람은 수백만 명에 달한다고 한다.

화궈펑과 덩샤오핑의 등장

1976년 1월, 문혁의 혼란을 최대한 수습하고 당간부와 문화유적을 적극적으로 보호했던 저우언라이가 지병으로 사망하자, 그해 4월 수많은 군중이 톈안문에 모여 그의 죽음을 애도하였다. 사인방四人幇(장칭江青·야오원위안姚文元·장춘차오張春橋·왕훙원王洪文)은 문혁에 대한 군중의 비판을 두려워하여 마오쩌둥의 동의를 얻은 뒤, 군대와 경찰을 동원 군중을 강제 해산하고 사건의 배후조종자로 덩샤오핑을 지적, 일체의 공직을 박탈하고 은퇴시킨다. 이 해 9월 9일, 1949년 이후 중국을 영도하던 마오쩌둥이 사망하자 4인방은 영도권의 탈취를 계획하나 이를 눈치챈 화궈펑華國鋒·예젠잉葉劍英·리셴녠李先念 등의 당 원로가 단결하여 10월 6일 4인방을 체포하고, 그 잔당들을 숙청함으로써 문화대혁명은 완전히 종결된다.

1976년 10월 이후, 공산당 최고지도자가 된 화궈펑은 '두 개의 진리兩個凡是(마오쩌둥의 지시는 무조건 옳고 그의 지시는 무조건 집행해야 한다)'를 제창하면서 마오쩌둥사상을 국가의 주요정책으로 내세운다. 이러한 구호는 문혁 때 박해를 받은 공산당원로들에게 환영받지 못하였고 일반국민들의 반발을 가져왔다. 1977년 부총리·당중앙군사위 부주석 등의 공직을 회복하며 정계에 복귀한 덩샤오핑鄧小平(1904~1997)은 국내의 분위기를 간파하고 '실천이 곧 진리實事求是'라는 구호를 내놓으며 화궈펑을 비판하였다.

1978년 12월, 마침내 제11기 3중전회에서 '두 개의 진리'라는 원칙이 폐기되고 '실사구시'와 '4개 현대화'에 기반을 두는 국가정책이 결정된다. 이 때부터 사실상 덩샤오핑이 공산당과 국가기관을 실질적으로 지도하는 실권을 가지게 되었다. 1981년 6월, 덩샤오핑은 '건국이래 중국공산당의 약간의 역사문제에 관한 결의'를 통과시키고 마오쩌둥에 대해 '공적도 많으나 과오도 있다'고 평가하였다.

1982년 9월, 중국공산당 제12차 전국대표대회에서 화궈펑이 당주석에서 퇴출되고(1981. 6월 사임) 신설된 당총서기(공산당주석 대신)에 후야오방胡耀邦이 선출되어 사실상 덩샤오핑 시대가 시작되었다. 이 대회에서는 개인숭배의 금지·주석제 폐기(총서기제 신설)·고문위원회(당 원로들을 고문으로 임명)신설 등이 의결되었다. 대체로 말해서 1977년부터 1980년에 이르는 기간은 문혁 기간 중 피폐해진 중국경제를 회복하고 조정하는 시기였으며, 정치적으로는 무산계급 투쟁이라는 극좌노선을 시정하는 시기였다고 할 수 있다. 시대변화의 흐름을 읽지 못하고 마오쩌둥 노선의 현상유지를 꾀했던 화궈펑은 당내에서 고립되었다가 결국 실각하고 말았다.

덩샤오핑과 개혁·개방정책의 시행

문화대혁명을 주도했던 사인방의 몰락과 더불어 새로운 시대가 전개되었지만 마오쩌둥을 숭배하는 당내 보수파의 영향력은 아직 상당하였다. 1977년 천윈陳雲 등의 도움으로 국가 부주석 등 공식직함을 회복한 덩샤오핑은 보수파의 반발을 무마하면서 개혁작업을 추진하기 위해 '실천은 곧 진리實事求是'라는 마오쩌둥의 말을 새롭게 해석하여 슬로건으로 내걸면서 '네 가지의 기본원칙'[21]을 표방하여 개혁파는 물론 보수파의 지지를 같이 이끌어 내었다. 따라서 실제로는 1977년 중국공산당 제11차 전국대표대회 이후부터 덩샤오핑 시대가 시작되었지만, 형식상으로 보면 1982년 화궈펑이 국가주석을 물러나면서 후야오방이 총서기로 선출되고 덩샤오핑이 중앙군사위 주석이 된 때가 덩샤오핑시대의 시작이라 하겠다. 덩샤오핑은 1982년의 중국공산당 제12차 전국대표대회에서 '중국 특색의 사회주의' 를 제창하면서 정치·경제의 개혁정책을 추진하기 시작했다. 우선 농촌에서부터 개혁이 시작되었는데 인민공사를 폐지하여 향鄕·진鎭인민정부로 바꾸는 한편(약 9만여 개), 개별 생산도급제를 실시하여 농민의 생산의욕을 고취시키자 농촌이 활기를 찾고 농업생산량이 크게 증가하는 효과를 거두었다. 이에 자신을 얻은 덩샤오핑은 1984년 10월 제12기 3중전회에서 '중공중앙 경제체제에 관한 결의'를 통과시키고 상품경제와 계획경제의 혼합시행을 천명하였다. 즉 '검은 고양이든 흰 고양이든 쥐를 잡을 수 있다면 좋은 고양이다'라는 유명한 말(黑猫白猫論)과 같이 덩샤오핑은 사회주의 경제발전에 도움이 된다면 자본주의경제의 요소도 도입할 수 있음을 내외에 천명한 것이다.

이렇게 하여 농촌에서 시작된 개혁은 곧 도시중심의 개혁으로 방향을 바꾸게 되며 1980년 광둥성과 푸젠성의 4개 지역(선전深圳·주하이珠海·산터우汕頭·샤먼厦門)을 우선 경제특구로 지정하여 대외적으로 개방, 외국자본의 투자와 선진경영관리를 도입하고자 하였다. 경제특구의 지정이 예상외의

21 네 가지의 기본원칙(四項基本原則)이란 1979년 3월 중국공산당의 이론공작회의에서 덩샤오핑이 제기한 이론으로, 그 내용은 다음과 같다 : ① 반드시 사회주의의 길을 견지한다(必須堅持社會主義道路) ② 반드시 무산계급의 독재를 견지한다(必須堅持無産階級專政) ③ 반드시 공산당의 영도를 견지한다(必須堅持共産黨的領導) ④ 반드시 맑스주의·마오쩌둥사상을 견지한다(必須堅持馬列主義毛澤東思想) 이상의 4가지 중 두 번째의 원칙은 인민민주전제정치의 견지로 바뀌었으나 현재까지도 중국공산당의 가장 중요한 정책방침으로 유지되고 있다.

큰 성공을 거두자, 1984년에는 연해지역의 14개 도시[22]마저 추가 개방하여 경제발전의 효과를 계속 확대시키고자 하였다. 1981~1985년간의 제6차 경제개발 5개년 계획기간에 중국경제는 비약적으로 발전하여 평균 11%의 높은 경제 성장률을 보였을 뿐 아니라 1985년에는 식량을 기본적으로 자급자족하게 되었다. 경제발전의 심화에 따라 정치개혁과 민주화에 대한 대중의 요구가 점점 더 거세어졌으며 1986~1987년 사이에 십여 개의 도시에서 학생시위가 일어나기도 하였다. 1987년의 중국공산당 제13차 전국대표대회에서 후야오방 총서기는 학생시위의 발생에 대한 책임을 지고 사임하였으며, 자오쯔양趙紫陽을 총서기로 리펑李鵬을 총리로 하는 새로운 지도부가 구성되었다. 자오쯔양은 '사회주의 초급단계론'을 발표하였는데, 그 내용은 시장경제와 사회주의경제를 배합하여 생산력을 발전시키며 지방행정단위나 국영기업 및 사영기업에 대한 자율성을 확대하고 중앙정부의 통제나 개입을 점차 축소한다는 것이었다.

톈안먼사건

1988년, 개혁·개방의 성과가 확대되면서 경제적 '과열'현상으로 통화팽창이 이루어지고 관료사회에 부정부패의 풍조가 일어나면서 상품사재기 등 경제운용상의 적지 않은 문제점이 표출되었다. 1989년 4월, 학생시

22 다롄(大連)·친황다오(秦皇島)·톈진(天津)·옌타이(烟台)·칭다오(青島)·롄윈강(連雲港)·난퉁(南通)·상하이(上海)·닝보(寧波)·원저우(溫州)·푸저우(福州)·광저우(廣州)·잔장(湛江)·베이하이(北海) 등의 14개 도시는 개방하자마자 빠른 속도로 발전하였다. 먼저 연안의 경제를 발전시키고 이어 내륙으로 경제발전의 효과를 전이시킨다는 것이 덩샤오핑의 구상이었다.

위의 와중에 실각했던 후야오방의 추도모임이 일어나면서 군중집회는 정치개혁과 민주화를 요구하는 대규모 시위로 발전하고 백만 명 이상의 군중이 톈안문에 집결하였다. 6월 이전에 학생대표들과 몇 차례의 접촉을 가졌던 중국정부는 협상에 실패하고 당중앙의 정치국 협의를 거쳐 강경진압을 결정한다. 6월 4일 인민해방군 27군이 톈안먼에 진주, 수백 명 이상의 사망자를 내면서 톈안먼사건은 유혈진압된다. 톈안먼사건이 종결된 후, 중국공산당은 군중소요의 책임을 물어 자오쯔양 총서기를 사임시키고 장쩌민江澤民을 총서기로 선출하여 새로운 지도체계를 구축한다.

장쩌민과 개혁·개방정책의 심화시기

회고해 보면 1989년의 톈안먼사건은 급속한 경제발전의 전개에 따른 갖가지 부작용과 혼란이 사회에 만연하자 현실에 보다 깊이 눈을 뜬 인민대중이 정치개혁과 민주화를 요구하였던 것이다. 그러나 문화대혁명이라는 전대미문의 군중운동을 경험한 바 있는 공산당 지도부는 대중이 권력을 탈취하려는 것을 용납할 수 없었으며 사회주의 고수라는 명분을 내세워 무력을 동원했던 것이다. 톈안먼사건의 발생으로 미국과 서방은 중국을 거세게 비난하며 경제제재를 감행하였고, 아울러 소련과 동구권의 공산주의 몰락으로 인해 중국은 큰 곤경에 빠진다. 결국 2~3년의 기간 동안 중국은 경제정책을 조정하면서 사상교육의 강화와 내부단속을 통해 곤경을 극복해나간다.

비록 톈안먼사건의 진압이 있었지만 중국이 다시 극좌공산주의로 회귀하는 것은 불가능하였으며, 그러기에는 중국경제의 규모와 폭이 너무나 커져 있었다. 따라서 상하이 시장을 역임한 바 있는 장쩌민은 총서기로 취임한 후, 개혁·개방의 심화를 위해 각 부문의 개혁과 조정을 단행하였으며 당내의 보수파도 점차 일선에서 물러나게 되었다. 덩샤오핑은 장쩌민을 중심으로 하는 지도체제를 안정시키기 위해 1989년 11월, 자신이 스스로 중앙군사위 주석을 사임하고 장쩌민을 지명하는 한편, 1992년에는 공산당 고문위원회를 폐지하여 당의 원로인 천윈·양상쿤楊尙昆·완리萬里 등이 모두 정치일선에서 후퇴하도록 하였다. 1992년, 덩샤오핑은 80 가까운 고령의 나이로 광둥성의 몇 개 경제개발 특구를 시찰하고 나서 개혁·개방의 성과에 만족하면서 개혁·개방의 속도를 빨리 하여 경제발전의 기회를 놓치지 말아야 한다는 요지의 발언을 하는데, 이것이 남순강화南巡講話이다. 남순강화의 정신에 따라 중국공산당은 개혁·개방의 속도를 더욱 가속화시켰고, 그 해 개최된 중국공산당 제14기 전당대회에서 하나의 중심(중국특색의 사회주의)과 두 개의 기본사항(4개 기본원칙의 준수·개혁·개방의 추진)이 제창되었으며, 덩샤오핑노선이 재확인되었다.

톈안먼사건 이후, 덩샤오핑의 신임을 받아 중국공산당의 총서기로 선출된 장쩌민은 1980년대에 덩샤오핑이 제기한 3단계 경제발전전략[23]을 더욱 발전시키고 심화하였다. 1993년, 중국공산당 제14기 3중전회에서 장쩌민은 '사회주의 시장경제체제 건립에 있어 약간의 문제에 관한 당중앙의 결의'를 통과시키고 시장경제와 사회주의경제가 서로 배치되지 않는다는 것을 대내외적으로 천명하였다. 이에 따라 국유기업·금융·산업전반에 대한 구조개혁을 강력히 추진하면서 아울러 개별 경영주체의 자율성을 확대하고 통제를 축소하여 비약적인 경제발전의 계기를 마련하였다.

---

23 1980년대 이후, 덩샤오핑은 3단계(三步走)의 경제발전전략을 제기하였는데 즉, 1990년까지 중국인의 먹는 문제를 해결하고(溫飽), 2000년까지 80년대의 총생산수준을 4배로 끌어올려 인민의 삶을 크게 향상시키고(小康), 2030~2050년 사이에 선진국가 수준을 따라 잡는다(大同)고 하는 세 단계의 경제발전전략을 제시하였다. 현 중국의 경제상황을 보면, 제2단계의 계획이 완료된 상태이고 제3단계의 계획도 2020년, 또는 그 이전에 초과달성될 가능성이 많다.

이어 1994년에는 경제발전에서 얻은 자신감을 배경으로 외회권外滙券(외국인 전용상점에서만 쓸 수 있는 인민폐)과 인민폐의 이중화폐제도를 인민폐로 통일하였다.

이중화폐제도의 통일은 인민폐의 환율을 평가절하시켜 외환시장의 안정을 가져왔다. 이에 따라 중국의 외환보유액이 증가하고, 외국인의 중국투자가 늘어났으며, 수출경쟁력이 강화되었다. 1997년 후반, 동남아 전역에 금융위기가 확산되었을 때, 중국은 인민폐의 환율을 고수하면서 금융위기의 충격을 무난하게 흡수할 수 있었다. 왜냐하면, 1994년의 화폐통일이 실질적인 환율 평가절하의 효과를 가져와, 수출이 급증하고 외국인의 투자가 증가하여 1,400억 달러 이상의 외환을 보유하고 있었기 때문이었다. 1997년 2월 19일, 개혁·개방의 총설계사였던 덩샤오핑이 사망하였다. 서방이나 일본 전문가들의 예측과 달리, 장쩌민체제는 별다른 정치적 혼란 없이 정권을 계승하였을 뿐 아니라, 개혁과 개방을 지속적으로 추진하였다. 1997년 7월 1일, 1세기에 걸쳐 영국의 식민지였던 홍콩이 정식으로 중국에 반환되었다. 이는 덩샤오핑의 일국양제一國兩制[24] 구상이 실현된 것 일뿐 아니라 장쩌민체제의 공고함을 입증해 주는 하나의 증거였다. 1997년 9월, 중국공산당 제15차 전국대표대회에서 장쩌민 총서기는 '덩샤오핑이론'의 고수·중국 특색의 사회주의건설·사회주의시장경제체제 등을 슬로건으로 내걸면서 각종 부패척결과 법률제도의 신설 및 행정개혁

---

24 일국양제 : 1984년 10월, 덩샤오핑은 《요망(瞭望)》이라는 잡지에 타이완과 홍콩·마카오등 아직 통일되지 않은 지역의 통일방안으로 '일국양제'라는 구상을 제시하였다. 즉 체제가 다른 이들 지역에 대해 우선 중국에 통일시키면서 현행의 자본주의 정치경제제도를 일정기간(약 50년) 동안 그대로 유지시키며 점차 중국과 통합시키겠다는 방안이다. 이러한 구상에 따라 중국은 1984년부터 영국과 홍콩반환협상을 시작하였고 많은 논의를 거쳐 '홍콩특별행정구법'을 제정하였다. 이 법에 의하면 홍콩은 통일된 해(1997년)부터 약 50년을 현행 자본주의제도 그대로 유지하면서 중앙정부는 국방·외교 등의 몇몇 기능만 수행하도록 규정하였다. 이러한 중국의 구상에 대해 타이완정부는 타이완 독립 또는 일국양부(一國兩府 : 한 나라 두 정부)라는 통일방안을 제시하였다.

등을 통해 지속적인 개혁·개방정책의 추진을 선언하였다.

1997년 7월 2일, 태국 바트화의 폭락으로 시작된 동남아 금융위기는 7~8월 두 달 동안, 말레이시아·필리핀·인도네시아 등의 동남아 각국을 휩쓸었고, 10월 이후에는 홍콩과 한국 마저 금융위기의 혼란에 빠졌다. 1998년, 동남아 각 국은 금융위기의 여파로 경제성장율의 급격한 하락·대규모의 실업·경제개혁과 구조조정·사회적 대혼란 등을 경험하였다. 중국은 개방되지 않은 외환시장을 가지고 있었으므로 금융위기의 충격을 비켜갈 수 있었으나, 동남아 자본의 철수와 수출 감소라는 타격을 입지 않을 수 없었다. 이러한 대혼란의 와중에도 중국은 인민폐의 환율을 고수, 금융위기의 조기진정에 상당한 도움을 주었다. 1998년 3월, 제9기 전국인민대표대회에서 장쩌민 국가주석-주룽지 총리의 체제가 정식으로 출범하였다. 주룽지 총리는 인민폐 환율의 변동은 없다고 밝혀, 대외적으로는 중국경제의 건재함을 과시하면서 대내적으로는 금융기구와 행정부의 개혁을 추진하는 등, 고강도의 구조조정을 단행하였다. 2001년 11월 10일, 중국은 15년이나 회원국의 지위를 얻고자 노력했던 WTO에 정식으로 가입하였다. 이에 따라 중국의 10차 5개년 계획(2001~2005)은 더욱더 탄력을 받게 되었고, 국유기업과 금융기구의 개혁이 중국정부 최대의 현안으로 부상하였다.

2002년 11월, 중국공산당 제16차 전국대표대회에서 장쩌민은 '삼개대표중요사상'을 정식으로 중국공산당 당장黨章에 포함시켰다. '삼개대표중요사상'이란 '중국공산당이 중국 선진생산력의 발전요구와 중국 선진문화의 추진방향 및 가장 광범위한 중국인민의 이익을 대표한다'는 것이다. 선진생산력은 사영기업가를 포함한 기업가, 선진문화는 지식인, 가장 광범위한 중국인민은 농민과 노동자를 가리키는 말이다. 이는 결국 노동자계급의 전위적 정당이었던 중국공산당이 전국민의 지지를 얻는 국민정당으로 변화하는 계기가 되었다.

후진타오의 시대

2003년 3월, 제10기 전국인민대표대회에서 중국공산당은 후진타오胡錦濤 국가주석 겸 총서기·원자바오溫家寶 국무원 총리·우방궈吳邦國 전국인민대표대회 상무위원장 등을 중심으로 하는 제4세대 중국지도부를 정식으로 승인하였다. 덩샤오핑은 생전에 후진타오가 장쩌민을 이을 후계자임을 강조하였고, 2002년 중국공산당 제16차 전국대표대회에서 제4세대 지도부로써 승계가 이미 시작되었다. 후진타오를 비롯해 우방궈·원자바오·자칭린賈慶林·쩡칭훙曾慶紅·황쥐黃菊·우관정吳官正·리창춘李長春·뤄간羅幹 등 9명의 정치국 상무위원을 선출하였다. 다만 당 중앙 군사위원회 주석은 장쩌민이 그대로 유임되었다. 후진타오를 중심으로 하는 새로운 공산당 지도부는 출범하자마자 전세계를 공포에 떨게 한 SARS(급성호흡기증후군)라는 의외의 복병을 만났다. 그러나 후진타오는 오히려 위기를 역이용하여 관료제도에 대한 철저한 개혁을 주문하고, 강력한 방역체계 확립 및 전염병에 대한 언론의 정확한 보도 등을 시행하여 신속하게 체제의 안정을 유지하였다.

장쩌민의 영향력이 계속되는 미완의 승계라는 전문가들의 예측에도 불구하고, 후진타오 체제는 국민들 사이에 독자적 지지 기반을 마련하게 한 '친민親民' 정책과 함께, 형식적으로는 장쩌민의 정책을 계승하면서도 내용면에서는 자신들의 정책으로 조금씩 바꿔가는 '공동화空洞化' 전략을 취하면서 빠르게 권력기반을 다졌다. 후진타오는 장쩌민의 인적 기반인 '상하이방上海幇' 세력에 대항할 수 있는 자신의 세력 기반인 공산주의청단(공청단) 출신의 엘리트 그룹 '퇀파이團派'를 권력기반 공고화에 활용하였다. 2005년 제10기 전국인민대표대회 제3차 회의에서 장쩌민이 중앙군사위원회 주석직을 사임하고 후진타오가 주석에 선출됨으로써 후진타오의 정치적 위상이 강화되었다. 중국공산당 제16기 전국대표대회 4중전회에서 후진타오는 중앙군사위원회 주석직을 장쩌민으로부터 승계 받아, 당·정·군의 실질적 권한을 갖게 되었다.

후진타오 시대는 중국 사회에서 심각한 불평등의 문제를 해소하기 위해 '조화사회和諧社會' 건설을 제창하였다. 2003년 제16기 전국대표대회 3중전회에서 "국민을 근본으로 하며, 전면적이고 조화로우며, 지속가능한 발전관을 통해 경제사회와 국민을 전면적으로 발전시켜야 한다."는 '과학적 발전관'을 주창하였으며, 2004년 제10기 전국인민대표대회 제2차 회의에서 인본주의 견지, 조화로운 발전, 지속가능한 발전을 핵심 내용으로 하는 '과학적 발전관'을 국가의 새로운 발전전략으로 채택하였다. 후진타오 시대에는 경제면에서 장쩌민의 성장일변도 정책의 문제점을 인식하고, 속도만을 강조하지 않고 '더 좋고 더 빠른' 균형 있는 발전을 강조하면서 경제사회 발전을 위한 전략에 변화를 가져왔다. 후진타오가 집권한 10년 동안 중국 경제는 연평균 10.7% 증가했고, GDP는 2010년 일본을 추월하면서 세계 2위로 올라섰으며, 외환 보유고는 7년 연속 세계 1위를 차지했다. 과학적 발전관은 중국 공산당 당장에 명기되어, 중국 공산당의 지도 사상의 하나가 되었다.

2004년 제10기 전국인대 제2차 회의에서 장쩌민에 의해 제기되었던 삼개대표중요사상이 헌법에도 명기되면서 후진타오 시대에도 확고한 지도이념이 되었다. 후진타오 체제는 삼개대표 중 가장 광범위한 인민의 이익을 강조하면서, '공익을 위해 당을 운영하고 국민을 위해 정치를 하는 것'이 삼개대표의 본질이라고 규정하였다. 이 외에도 후진타오 정부는 사유재산권, 인권, 평등선거 등을 포함해 10여 개 항목에 걸쳐 헌법을 개정하였다. 2005년 제10기 전국인대 제3차 회의에서 '조화사회' 건설의 중요성을 강조하며 제4세대 지도부 집권의 전략적 임무임을 드러내었다. '조화和諧'의 이념은 '중국 특색의 사회주의'의 건설에 있어 가치의 방향이 되어야 한다고 하였다. '조화사회'의 주요 내용은 '민주와 법치', '공평과 정의', '활력 충만', '안정과 질서', '자연과의 조화' 등이다.

2005년 전국인대 제3차 회의에서는 '하나의 중국' 원칙을 재확인하고 타이완의 독립를 저지하여 양안兩岸 통일을 실현하는 방안을 담고 있는 '반분열국가법反分裂國家法'이 제정되었다. 이 법을 제정하는 과정에서 타이완의 반대와 미국 및 일본 등의 우려 표명 등이 있었지만, 커다란 외교적 마찰 없이 반분열국가법 제정을 관철시켰다. 대외정책과 관련하여, 후진타오 체제는 덩샤오핑이 말한 것처럼 '실력을 쌓으며 참고 기다리되 할 일은 한다.(도광양회韜光養晦, 유소작위有所作爲)'라는 태도를 되새기며, 주변 강대국의 경계를 완화시키는 '화평굴기和平屈起'[25]를 제기하였다. 선린우호 정책을 펴며, 전방위 외교를 주장하여, 동남아의 중국 주변 이웃에 대한 관계 개선을 중시하였다. 2005년 중국은 세계 각국과 함께 항구적인 평화와 공동 번영의 조화사회를 건설할 것을 제안했다.

2006년 제10기 전국인대 제4차 회의에서는 앞으로 일어날 수 있는 사회·정치체제의 불안정을 염두에 두고 사전에 이를 방지하기 위한 정책을 대폭 채택하였다. 이를테면 농촌 발전을 중점적으로 추진하는 등 지역·계층간 소득불균형을 축소하고, 국민 다수의 중대이익과 관련한 문제를 우선 해결하였다. 2005년 기준으로 중국에서는 약 8만 7,000건의 집단소요

---

25 화평굴기'는 '평화롭게 우뚝 선다'는 뜻으로, 2003년 하이난다오에서 열린 보아오포럼(Bo'ao Forum)에서 중앙당교 부교장인 정비젠鄭必堅이 처음으로 소개한 말이다. 중국 위협론 등 서구의 중국에 대한 부정적 예측을 피하기 위해 평화라는 용어를 사용하였다.

가 발생하였다. 이에 따라 소요사태와 내부적 불안에 대응하는 능력도 강화하였다. 또한 안정·조화·지속가능의 고도성장 정책을 지속적으로 추진하고, 부실기업의 인수합병을 통한 구조조정, 첨단 산업 육성, 서비스 산업 발전 등 산업 구조를 고도화하는 등 '양'에서 '질'로 전환하는 발전전략 정책을 추진하였다.

2007년 제10기 전국인대 제5차 회의에서는 '조화사회 건설'의 이념을 구체화한 '11·5 규획'(2006~2010)의 일환으로 삼농문제, 사회보장, 실업문제 등 '민생 문제'의 해결을 가장 중요한 과제로 강조한 것이 큰 특징이다. 제17차 전국대표대회 1중전회에서 '과학적 발전관'이 당장에 반영되었다. 또한 중국 특색 사회주의의 계속적인 발전을 추구한다고 천명하였는데, 공산당을 중심으로 하여 부강하고 민주적이며 문명적인 조화로운 사회주의 현대화 국가를 건설할 것을 강조하였다.

2008년 제11기 전국인대 제1차 회의에서 제4세대 지도부 제2기 정부의 출범을 알렸다. 후진타오 국가 주석, 우방궈 전국인민대표대회 상무위원장, 원자바오 국무원 총리가 모두 유임되었다. 시진핑習近平, 리커창李克强, 허궈창賀國强, 저우융캉周永康이 새로 상무위원에 진입하였다. 2008년 세계적 금융위기를 거치면서 G20이 글로벌 경제 협력의 주요 기구가 되었으며, 중국은 G20의 창립멤버 중 하나로 중요한 역할을 담당하고 있다. 2010년 중국의 부상에 우호적인 국제사회 환경을 조성하는 데에 중점을 둔 대외정책 기조를 표명하였다. 이 외에도 중국은 동남아시아국가연합(ASEAN), 상하이협력기구(SCO) 등에서 주도적 역할을 하고 있다.

2011년 제11기 전국인대 제4차 회의를 개최하였다. 이 회의에서는 12·5 계획 강령을 심사하고 비준하였다. 중국 특색의 사회주의 법률체계를 형성시키고 완비하였다. 중국은 제15차 전국대표대회 이래, 사회주의 민주제도와 법제도를 착실히 시행하여 "따라야 할 법이 있으며, 법이 있으면 반드시 이를 따르며, 법을 집행함에 있어 반드시 엄격히 하고, 위법에 대해서는 반드시 추궁한다(유법가의有法可依, 유법필의有法必依, 집법필엄執法必嚴, 위법필구違法必究)"라는 중국 특색의 사회주의 법률체계 사업을 추진하였다.

2011년 제17기 전국대표대회 6중전회에서는 '사회주의 문화강국 건설' 대전략을 세우고, '문화체제 개혁의 심화와 사회주의 문화 대발전 및 대번영의 추진에 관한 결정'을 통과시켰다. 법치주의(依法治國)와 덕치주의(以德治國)를 결합하여 실행하며, 문화산업과 문화사업을 함께 발전시키는 가운데, 문화개혁과 발전을 통해 국가의 문화 소프트파워(soft power)를 증진함으로써 중국 특색의 사회주의를 발전시켜 왔다.

2012년 70세의 후진타오는 중국공산당 제18차 전국대표대회에서 중국 공산당 총서기직과 중앙군사위원회 주석직을 사임하고 권력을 안정적으로 시진핑에게 이양하였다. 그는 당과 국가 지도자의 권력 승계를 규범화시켰다는 평가를 받았다. 중국은 지난 30년 동안 연평균 8~9%의 고도성장률을 유지하면서 눈부신 발전을 거듭하였는데 이러한 경제적 성장을 바탕으로 하여 시진핑習近平 총서기는 미국과 '신형대국관계'를 주장하고 있다. '신형대국관계'라는 것은 과거 중국은 미국과 경제적 측면이나 국방력의 차이에 눌려 충돌을 지양하고 되도록 미국의 입장을 무시하지 않는 방향으로 모든 일을 추진했으나 이제는 자국의 목소리도 내고 국제사회에서 중국의 힘이 필요하다면 기꺼이 협조도 하는 그러한 강대국이 되겠다는 것이다. 2011년부터 시작된 12·5계획은 개혁과 개방정책의 연장선상에 있는 것은 분명하지만, 이제는 경제성장 일변도에서 벗어나 환경문제나 빈부격차 등, 중국이 이제까지 고려하지 못했던 부분을 반영하면서 경제성장을 이루겠다는 새로운 정책방향으로 평가된다. 시진핑과 리커창李克强이 추구하는 중국의 새로운 정책방향은 전세계의 주목거리가 되고 있다.

시진핑의 시대

시진핑은 2012년 11월 중국공산당 제18차 전국대표대회에서 당총서기로 선출되면서, 리커창·장더장과 함께 5세대 지도부를 구성하였다. 이 당대회에서는 당 중앙위원 205명, 정치국 위원 25명, 상무위원 7명을 선출하였다. 5세대 지도부는 10~20대에 문화대혁명의 소용돌이를 직접 경험한 후 공산당원으로 성장했으며, 풍부한 지방실무 경험에 바탕을 둔 실무형 행정 경험과 국제 감각을 두루 갖춘 인물들이다. 상무위원 7인 중 위정성兪正聲(정협주석)만 이공계열 출신이고, 나머지 6명은 인문사회계열 전공자로 구성되면서 과거 이공계열 전공자 중심의 기술관료에서 탈피하였다.

시진핑 총서기는 중국 공산당 혁명원로의 자제이자 개혁·개방을 이끈 부모의 후광을 받은 집단으로 구성된 '태자당'에 속한 인물이다. 시진핑의 부친은 덩샤오핑의 친우이자 혁명가인 시중쉰習仲勛이다. 시진핑은 1979년 칭화대학 공정화학과 졸업, 푸젠성 성장 겸 공산당 부서기, 저장성의 성장 겸 공산당 부서기, 상하이시 공산당 서기, 당 중앙 정치국상무위원 겸 중앙서기처 서기와 중앙당교 교장, 중화인민공화국 부주석, 당 중앙 군사위원회와 국가 중앙군사위원회 부주석 등을 거치며 정치 경력을 쌓았다.

2013년 3월 5일에 개막된 양회에서 시진핑 총서기가 국가주석 및 국가중앙군사위원회 주석을 겸직하였고, 리커창이 국무원 총리로 선출되어, 시진핑·리커창 체제가 공식 출범하였다. 또 양회에서 전국인대 상무위원장 장더장과 정협 주석 위정성 등의 지도부 핵심 인사가 단행되었다. 시진핑·리커창 체제는 4세대 후진타오 정부가 주창한 과학적 발전관과 조화사회론을 계승하는 한편, 사회 공평과 민생 개선을 새로운 정책 목표로 제시했다. 시진핑 주석은 2013년 3월 17일 취임 연설에서 '중국의 꿈中國夢'

을 국정 목표로 내세우며 전면적인 소강사회小康社會의 완성과 조화사회 건설을 통한 중화민족의 위대한 부흥을 강조하였다.

5세대 지도부는 당 내부에서는 기강을 바로 잡기 위한 정풍운동을 전개하고 형식주의·관료주의·향락주의·사치풍조 등 4풍 바로잡기 운동을 추진하였다. 사회 분야에서는 집권 초기부터 반부패에 주력하는 정책을 펼쳤다. 경제 분야에서는 중국정부는 경제구조 선진화와 민생안정을 핵심으로 하는 12·5 규획의 기조를 그대로 유지하는 가운데 도시화 확대 및 산업구조 조정 등을 통한 경제성장 방식의 전환을 추구하며 향후 10년간 중국 중장기 거시경제 방향을 결정하였다. 리커창 총리는 취임 기자회견을 통해 신도시화의 의의를 강조했으며, 도시화를 신지도부 경제발전 전략의 최우선 순위로 두고 있음을 피력했다. 중국은 산업구조의 조정, 도시화를 중심으로 한 균형발전, 생태문명 건설을 통한 지속 가능한 발전을 내용으로 하는 '리커노믹스'를 추진하여 중국 내수 시장 기능의 확대와 성장을 추구하고 있다. 중국은 정보화·공업화·도시화·농업현대화의 새로운 4개 현대화를 추진하여, 2030년까지 도시화율 70% 달성을 목표로 하고 있다. 또한 중국은 이를 위해 호구제도·의료보험제도·사회제도 등의 개선과 세제개혁 및 금융개혁을 위한 정책을 마련하고 있다. 외교분야에서는 미·중 간의 '신형대국관계'를 중심으로, 영토 분쟁에 대한 압박 외교와 군대양성에 주력하는 등 안보 이익을 우선시하는 정책을 펼치고 있다.

2018년 시진핑 체제는 집권 2기(2018~2022년)에 접어들었다. 2017년 10월 중국공산당 제19차 전국대표대회가 열려 지난 집권 5년을 평가하고 향후 국정운영의 청사진을 제시하였으며, 시진핑 국가주석은 통치철학(치국이정治國理政)으로 '중국의 꿈'을 주창하였다. 당장黨章에 '시진핑 신시대 중국 특색 사회주의 사상'을 행동지침으로 추가하였는데, '시진핑'과 '사상'이라는 문구가 모두 들어감에 따라 시 총서기의 위상이 마오쩌둥, 덩샤오핑과 같은 반열에 오르게 된 것으로 분석되고 있으며, 과거 집단 지도체제와는 차별화된 1인 지도체제를 더욱 공고화하는 것이 아닐까 우려하는 시각도 있다. '시진핑을 핵심으로 하는 당 중앙의 권위와 통일된 영도'라는 문구를 당장에 넣음으로써 시진핑의 핵심적 지위를 명문화하였고, 포스트시진핑을 내정하지 않음으로써 차차기 지도자를 미리 정하는 '격대지정隔代指定'의 전통도 사라짐에 따라 시진핑의 장기집권 움직임이 시작된 것으로 분석되고 있다. 집권 2기를 이끌어갈 상무위원 7인에는 시진핑, 리커창, 리잔수, 왕양, 왕후닝, 자오러지, 한정이 선출되었다. 또 새로 설립된 국가감찰위원회가 공개되었으며, 주석에는 양샤오두楊曉渡가 선출되었다. 2018년 3월 열린 양회에서 시진핑 주석이 만장일치로 재선에 성공하고 국가주석 연임(10년) 제한이 철폐된 가운데, 왕치산 전 중앙기율검사위원회 서기가 '7상8하 원칙'(67세 유임, 68세 은퇴) 때문에 물러났었다가 69세의 나이에도 불구하고 국가부주석으로 복귀함으로써 실질적인 2인자라는 점을 확인시켰다. 왕치산은 국제금융과 경제정책에도 정통한 인물로 알려져 있는데, 90년대 후반 아시아금융위기 극복을 이끌었으며, 2003년 사스(SARS) 사태 해결의 책임을 맡았었고, 또 2008년 베이징올림픽과 2010년 상하이엑스포도 지휘했다. 왕치산은 최근 격화되고 있는 미국과의 무역 마찰 해소에 주력할 것으로 예상되고 있다. 이들의 계파는 공청단 출신 또는 상하이방에 속하는 인물들이 있으나, 모두 시진핑과 함께 일한 경력을 지닌 시진핑의 친위부대 시자쥔習家軍으로 분석되고 있다. 최근 언론에서 시진핑을 '국가의 조타수'나 '인민의 인도자'로 추앙하거나 인민해방군 개혁을 통해 시진핑에게 '총사령관'이라는 호칭을 사용함으로써 당중앙으로 집중되는 명령체계를 강화하는 움직임을 보여 주었다. 이것은 중국지도부가 기존의 중국공산당 상무위원회 중심의 집단지도체제를 약화하면서 시진핑 1인에게 권력집중을 강화시키는 것으로 분석되고 있다.

2018년 3월 3일에서 20일까지 열린 양회에서는 헌법에 '중화민족의 위대한 부흥'이라는 구절을 추가하여 민족주의적 성격을 강화하였고, '중국공산당 영도의 원칙'을 추가하여 공산당 일당지배의 지속을 시사하였다. 이것은 당은 곧 국가라는 '사회주의 핵심 가치관'이 다시 헌법에 삽입된 것으로 보인다. '시진핑 신시대 중국 특색 사회주의'는 바로 '중화민족의 위대한 부흥'을 목표로 하고 있으며, 이 두 가지는 시진핑 주석 집권 2기의 치국이념이고 치국목표이다. '시진핑 신시대 중국 특색 사회주의'는 '경제·정치·문화·사회·생태문명'이라는 5위 일체 구도와 '샤오캉사회 완성·개혁심화·의법치국依法治國·종엄치당從嚴治黨'의 4대 전략 구도를 지니고 있다. 그 핵심은 바로 전면적 샤오캉(小康·모든 국민이 풍족하고 편안한 생활을 누리는) 사회 실현과 중화민족의 위대한 부흥이라는 '중국의 꿈' 실현이다. 2012년 시진핑은 중화민족의 부흥은 2050년까지 두 단계의 발전 과정을 거쳐 달성된다고 하였으며 '2개의 100년'을 언급한 바 있다. 공산당 창당 100주년이 되는 2021년까지 샤오캉 사회를 건설하고 중산층 비율을 대폭 끌어올려 도농 소득격차를 줄이겠다는 발전단계와 중화인민공화국 건국 100주년이 되는 2049년 '중화민족의 위대한 부흥'을 실현하겠다는 발전단계이다. 2018년 양회에서는 2021년까지가 '샤오캉사회'의 전면적인 실현, 2035년까지 모든 국민이 평등하게 발전하는 권리를 보장하고 도시와 농촌 간 격차를 현저하게 줄이는 '기본현대국가'(기본적인 현대 선진국가)를 실현, 2050년 21세기 중반까지 문화 등 소프트파워를 곁들여 부강하면서도 아름다운 사회주의 강국인 '현대국가'(완벽한 현대 선진국가)를 건설하겠다고 밝혔다. 중국은 '대국굴기'를 내세우며 경제·군사·외교 등 종합적 국력과 영향력에서 미국과 맞서는 초강대국이 되고자 계획하고 있으며, 그 다음 발전단계는 팍스 시니카(Pax Sinica: 중국이 주도하는 국제 질서)의 실현을 기대하고 있는 것으로 보인다.

2012년 2월 시진핑이 부주석 신분으로 미국을 방문했을 때 처음 제기되었던 '신형대국관계'는 중국이 자국의 국력 상승에 따라 기존의 강대국들, 특히 미국을 대상으로 하여 제시한 새로운 형태의 대국관계이다. 여기에는 미국과 중국을 G2[26]로 받아들이라는 전제가 깔려 있다. 이것은 2013년 6월 버락 오바마와 시진핑의 미·중 정상회담에서 중국이 정식으로 제시한 중국의 외교전략으로, 그 핵심은 '서로 충돌하지 않고 대립하지 않으며, 서로 존중하고 협력해 공영한다.'는 것이다. 중국이 자유주의 국제질서를 존중하는 대신 미국도 중국의 핵심 이익을 존중해 달라는 의미가 내포되어 있다. 신형대국관계는 시진핑 집권 2기를 맞아 중국이 내세운 핵심적인 외교 구상이자 목표가 되었다. 2017년 11월 중국에서의 미·중 정상회담 때 시진핑은 신형대국관계의 기틀을 다졌다는 평가를 받기도 했다.

2018년 중국 경제정책의 키워드는 '안정적 고성장', '신성장 동력 확충', '성장의 질 제고'이며, 중국정부는 6.5%의 안정적 성장을 목표로 하고 있다. 주요 내용은 신성장(신흥)산업 육성 및 전통산업의 첨단화·스마트화 추진, 의료·양로·교육·문화·체육 등 분야의 첨단화·정보화의 추진이다. 이를 통해 중국은 과학기술 강국, 질의 강국, 우주 강국, 인터넷 강국, 교통강국, 디지털 강국을 건설하고자 한다. 또한 경제정책에는 국유자산 관리 및 국유기업 경영 개선, 민영기업 발전, 재정 및 세수체제 개선, 금융 개혁 등 추진과 지역 간 균형발전 추진 등의 내용이 담겨 있다. 삼농(농민, 농촌, 농업) 문제는 중국공산당이 가장 중시하는 문제로, 농촌 토지개혁과 임대 문제, 생산 시스템 문제 등을 개혁하여 삼농문제를 해결하고자 한다고 밝히

---

26 G2(Group of two)는 미국과 중국을 가리키는 말로, 2000년대 중반에 들어 신흥강국으로 부상한 중국과 초강대국인 미국이 세계에 영향력을 행사하는 두 나라라는 의미로 생겨난 용어이다. 중국은 2010년 GDP 세계 2위, 2013년 무역규모 세계 1위에 올랐다.

고 있으며, 일대일로 프로젝트(신실크로드 정책)와 창장경제벨트長江經濟帶 발전계획이 중국의 경제발전의 주요 동력으로 제기되었다.

일대일로(一帶一路 ; One belt, One road) 프로젝트는 중국이 추친 중인 '신실크로드' 전략을 말하는데, 육상실크로드 경제벨트와 21세기 해상실크로드를 가리킨다. 시진핑 중국 국가주석이 2013년 9월 중앙아시아 및 동남아시아 순방에서 처음 제시한 전략이다. 2013년 11월 제18기 전국대표대회 3중전회에서 공식적으로 명시하였고, 2014년에 실크로드 기금을 설립하였고, '일대일로' 구상에 필요한 자금 조달을 위해 2016년에 아시아인프라투자은행(AIIB)을 출범시켰으며, 2017년 5월 회원국이 77개국에 달하고 있다. 2017년 제19차 당대회 전 '일대일로'를 당장에 삽입하였다. 일대일로는 시진핑 주석의 정책 브랜드가 되었으며, 2049년 완성을 목표로 하고 있다. 중국 정부는 기본적으로 대외개방을 대원칙으로 중국 중심의 인류 운명공동체를 건설하는 것이 목표라고 표명하고 있다.

중국은 2009년 경제대국의 꿈을 이루었으며, 3조 달러가 넘는 세계 최대의 외환보유고를 지니고 있다. 이에 걸맞게 중국은 위안화를 국제 기축통화(Key currency: 국제외환시장에서 금융거래 또는 국제결제의 중심이 되는 통화)로 격상시키고자 노력하고 있다. 2016년 10월 중국 위안화는 특별인출권(IMF SDR)[27] 통화바스켓에 편입되었으며, 위안화의 국제화를 위한 발판을 마련하였다. 2018년 7월 미국이 340억 달러 규모의 중국 수입품 818종에 25%의 관세를 부과하고, 이에 중국이 미국산 수입 농산품·자동차·수산물 등에 340억 달러 규모로 25% 보복관세를 부과하면서 미·중 양국 간의 무역분쟁이 시작되었다. 트럼프 대통령과 시진핑 주석이 서로 관세전쟁을

---

27 SDR(Special Drawing Rights)은 국제 달러화 유동성이 부족해지면 회원국들이 담보 없이 자금을 인출할 수 있도록 대처하기 위해 IMF에 만들어진 가상의 국제준비통화다. 2019년 현재 SDR 통화 바스켓은 달러·유로화·위안화·엔화·파운드화의 순서로 되어있다.

벌이는 것은 G2 양국의 글로벌 패권전쟁으로 보는 견해가 많다.

구매력의 측면에서 볼 때 중국의 경제 규모는 2014년 이미 미국을 넘어섰으며, GDP도 2026~2028년에는 미국을 능가할 것이라고 바라보는 시각들이 있다. 세계 최고 수준인 미국의 첨단기술력을 따라잡기 위해 중국은 '중국 제조 2025'를 통해 인공지능(AI)·반도체·우주과학 등에서 굴기崛起하겠다는 전략을 세우고 앞으로 나아가고 있다. 이러한 중국국력의 급속한 부상은 미국과 경제적 패권 다툼을 피할 수 없는 상황을 만들어 내고 있다.

제3장

현대중국의 정치

중국공산당의 정치이념

마오쩌둥毛澤東사상

제 2장 중국의 근현대사에서 중국공산당의 발전과정을 살펴본 바와 같이, 마오쩌둥사상은 중국공산당의 형성과 발전에 절대적인 영향력을 발휘하였다. 현재의 중화인민공화국 헌법에도 마오쩌둥사상은 마르크스·레닌주의와 더불어 가장 중요한 국가지도이념으로 규정되어 있다. 마오쩌둥사상을 한 두 마디로 설명하기는 몹시 어려운 일이다. 왜냐하면 '마오쩌둥사상'이란 마오쩌둥이 1930년대에서 1970년대에 이르는 40여 년의 정치활동기간 중 발표하거나 실천했던 정치이론과 군사전략을 총칭하는 말이므로, 마오쩌둥사상의 어느 한 부분을 가지고 '마오쩌둥사상'이라고 규정하기는 매우 어렵기 때문이다. '마오쩌둥사상'은 항일전쟁과 국공내전시기의 마오쩌둥사상(1937-1949)과 신중국 성립 후의 마오쩌둥사상(1949-1976)으로 구분해 볼 수 있다.

- **항일전쟁·내전시기의 사상**

이 시기의 마오쩌둥사상은 항일전과 국공내전國共內戰을 승리로 이끌었던 군사전략과 민족통일전선(신민주주의론) 등이 그 주요내용이라고 할 수 있다. 우선 마오쩌둥의 군사전략을 살펴보면, 1927년 이후 장제스蔣介石 국민당군대의 포위전략으로 인해 중국공산당이 붕괴의 위험에 빠지자, 마오쩌둥은 노동자를 주력으로 삼아 도시에서 무장봉기하여 혁명정부를 세워야 한다는 소련공산당의 혁명전략을 재검토하게 되었다. 마오쩌둥은 반봉건과 반식민지 상태에 처해 있는 중국의 경우, 혁명의 주력이 노동자가 아니라 농민이라는 점에 주목하였다. 중국인민의 대다수가 농민이므로 중국공산당은 광대한 군중들이 존재하는 농촌지역에 먼저 혁명의 근거지를 만들고, 이어서 농촌의 혁명근거지에서 도시지역을 포위해야 한다는 농민중심의 혁명전략을 처음으로 제기하였다. 1934년 가을부터 시작된 장제스 국민당군의 포위작전으로 말미암아 중국공산당은 괴멸적 타격을 받아 장시江西소비에트를 버리고 내륙으로 철수, 2만 5천리를 행군하여 산시성陝西省에 가까스로 도착하여, 옌안延安을 새로운 혁명근거지로 삼게 되었다.(長征) 연안으로 철수하는 장정의 행군 와중에 쭌이遵儀라는 도시에 도착한 중국공산당은 전략회의를 열어 소련공산당의 혁명전략을 강력히 비판하면서 마오쩌둥의 농민혁명전략을 중국공산당의 혁명전략으로 채택하였다.(쭌이회의) 시안西安사건 이후, 제 2차 국공합작이 성립되고 항일전쟁이 시작되자(1937년), 마오쩌둥은 <지구전을 논함(論持久戰)>이라는 글을 발표하면서 본격적으로 항일전쟁을 준비하기 시작하였다. <지구전을 논함(論持久戰)>의 전략에 의하면, 항일전쟁 초기에는 압도적 인적·물적 자원을 가진 일본군이 매우 유리한 입장이 되고 이에 대항하는 공산당의 주력 홍군은 매우 불리한 입장에서 전쟁을 수행하게 된다는 것이다. 따라서 홍군이 일본군의 공세를 저지함에는 오랜 시간이 필요하게 되어 항일전쟁은 필연적으로 장기전이 될 수밖에 없다는 것이다. 그러므로 항일전쟁 초기에 홍군은 일본군과 정면에서 결전을 벌이지 않고 주로 일본군의 후방에 침투하여 유격전을 전개한다는 것이다. 대륙침략이 본격화되면 일본군의 방어선과 병참선은 무한히 확대되고 새로 점령하는 도시마다 수비병력을 두어야 하므로 일본군의 주력은 겨우 도시 지역을 중심으로 하는 일부 지역을 지배할 뿐이며 농촌과 산간지역까지 병력을 전개하기는 어렵다. 이러한 이유 때문에 중국공산당과 홍군은 농촌과 산간지역을 혁명의 근거지(즉 해방구)로 삼아 후방에서 유격전을 전개하여 일본군의 보급물자를 차단한다는 것이다. 이와 함께 일본군의 침략에 반대하는 모든 계급이 항일전쟁의 대오에 참여하여 정규전과 유격전을 병행하여 일본군을 공격한다는 것이다.(민족통일전선) 1940년부터는 일본군의 후방에 위치한 혁명 근거지가 끊임없이 확대되었으며 중국공산당과 홍군은 화북이북 대부분의 지역을 지배하게 되었다. 이러한 정세의 변화에 따라 마오쩌둥은 '신민주주의론'이라는 새로운 전략을 제기하였다. 마오쩌둥은 청조의 봉건지배를 무너뜨린 신해혁명(1911년)과 신문화혁명 및 5.4운동 등은 '구민주주의'시기에 해당한다고 규정하였다. '구민주주의'는 혁명의 미완성을 의미하는 것으로 항일전쟁 당시의 중국은 반봉건반식민지半封建半殖民地 사회인 까닭에 곧바로 사회주의국가 건설이 불가능하므로 '신민주주의시기'라는 과도기를 거쳐야 한다는 것이다. 즉 중국공산당의 주도하에 무산계급·농민계급·소시민계급·민족자본가계급 등이 연합하여 일본제국주의와 국민당을 타도하고 신민주주의 공화국을 세워야 한다는 것이다.(오늘날의 중국국기를 보면 중앙에는 하나의 큰 별이 아래에는 네 개의 작은 별이 있는데, 중앙의 큰 별은 중국공산당을, 아래의 네 별은 네 개의 계급을 상징하는 것이다.)

항일전쟁에서 승리하자 중국공산당은 민족통일전선의 당위성을 거듭 강조하면서, 장제스의 국민당을 무능과 부패가 가득한 정권이라고 비난하였다. 이어서 공산당은 국공내전이 일어나자 공격해온 국민당군을 역으로 포위하였고 3차의 큰 전투를 통해 국민당군을 섬멸하였다. 양쯔강 이북에서 국민당군대를 소멸시킨 공산군은 마침내 양쯔강을 건너 난징마저 함락시켰으며, 베이징에서 신중국의 성립을 선포하였다.(1949)

- 신중국 성립 후의 사상

1949년 신중국이 성립되자, 중국공산당은 공산당의 영도체제 확립과 경제재건을 당의 중요한 목표로 삼았다. 마오쩌둥은 "폭풍우와 같이 몰아치는 대규모의 군중투쟁은 일단락되고 인민내부의 모순을 정확히 처리한다"는 것이 앞으로 중국공산당의 투쟁방향이라고 선언하였다. 마오쩌둥의 견해에 의하면, 국민당을 타도하고 중국공산당이 정권을 장악함으로써 무산계급이 권력을 가지게 되면 일단 각 계급간의 가장 큰 모순은 해결되었다는 것이다. 그러나 자본주의진영의 국가들이 사회주의진영에 대해 끊임없이 새로운 책략을 전개하기 때문에 사회주의 국가에서도 인민내부의 모순이 계속 발생한다고 여겼다. 마오쩌둥은 '계급의 적'들을 계속 감시해야 한다고 보았다. 1953년에 마오쩌둥은 '과도시기의 총노선'이라는 정책적노선을 제기하면서 소련의 공업발전경험을 국가경제발전의 기본노선으로 채택하였다. 이리하여 1.5계획(1953-1957)의 기간에는 농촌의 농민들을 합작사合作社라는 공동체 조직으로 편입시키고 도시의 각종 기업 및 상업시설에는 국유화의 과정을 거쳐 국영상점 및 국영기업 형태로 변화시켰다. 이러한 일련의 정책은 중국공산당이 빠른 시일 내에 각 계층의 인민을 장악하는 효과를 거둔 것은 사실이다. 그러나 지식계층을 비롯한 일부 인민들은 이러한 정책에 대해 상당한 불만이 잠재되어 있었으며, 쌍백방침을 통해 지식계층의 불만을 확인한 마오쩌둥은 반우파투쟁을 통해 자본주의적 잔재요소를 소탕하고자 했다. 공산당과 인민내부에 여전히 자본주의적 인식을 가지고 있는 사람들이 있다는 것은 마오쩌둥에게 큰 충격이었다. 끊임없이 혁명의식을 고취하고 우파분자들을 타도해야 한다는 마오쩌둥의 인식은 반우파투쟁·대약진운동·인민공사 등의 극좌정책으로 이어졌으며 마지막에는 무산계급문화대혁명이라는 극좌적 정치운동을 발생시켰다. 당내의 자본주의잔재를 일소하고 소련식 모델을 추월하는 선진사회주의국가를 만들겠다는 마오쩌둥의 야망은 권력의 승계를 노리는 국방장관 린뱌오林彪나 장칭江青의 지지를 얻으며 문화대혁명(1966-1976)을 발동시키는 원인이 되었다.

무산계급 문화대혁명의 주요 목표는 첫째, 권력을 장악하고 있는 주자파 走資派의 타도. 둘째, 착취계급의 학술사상에 대한 비판 및 투쟁. 셋째, 사회주의국가건설에 유리하도록 상부구조(교육·학문·예술 등의 분야)를 개조하는 것 등이다. 사회주의혁명운동을 끊임없이 실천함으로서 인민들의 뇌리에서 자본주의문화요소를 모조리 제거하겠다는 마오쩌둥의 대실험은 그 동기면에서는 이해할 만한 요소도 있다. 그러나 문화대혁명이 실제로 실행되자 숙청과 비판의 대상자가 너무 광범위하게 늘어나 1억이 넘는 인민이 반혁명분자로 몰려 구금되고 노동개조의 대상이 되었다는 점은 큰 문제였다. 이른바 노동개조수용소는 시설이 열악하고 일상적으로 구타나 폭력이 시행되어 수십 만에서 수백 만에 이르는 사람들이 사망하거나 심각한 중상을 입었다. 또 변방의 개발을 이유로 수백 만의 사람들이 황량한 사막지역이나 국경지대에 수용되어 고초를 겪었으며 이러한 희생자의 숫자는 일일이 헤아리기 힘들 정도이다. 이외에도 봉건문화의 잔재를 타도한다는 명목으로 고대로부터 전래된 수많은 역사유적과 문물 등이 대량으로 파괴되어 중국고대문화유물의 보존에 심각한 타격을 입혔다. 또 청년 홍위병들이 각급 행정기구와 사회기관에 파견되어 공산당 간부들을 마구

체포하고 반혁명분자를 심사하여 숙청했기 때문에 사회의 모든 분야가 대혼란에 빠졌다. 이러한 심각한 휴유증 때문에 마오쩌둥의 후기사상을 대변한다는 무산계급문화대혁명이론은 훗날 중국공산당에 의해 비판되고 폐기되었다. 마오쩌둥 사망 이후, 비로소 정치적으로 복권되어 중국의 최고지도자가 된 덩샤오핑은 마오쩌둥식 신격화와 개인숭배를 반대하고 개혁과 개방이라는 새로운 국가전략을 추진하였다. 문화대혁명의 기간 엄청난 정신적 상실감과 박탈감에 빠졌던 중국인들은 덩샤오핑이 개인숭배를 반대하고 비판하자 덩샤오핑의 개혁과 개방을 열렬히 지지하고 호응하였다. 1981년 덩샤오핑은 마오쩌둥의 역사적공과를 평가하면서 신민주주의론·중국공산당의 건설이념·군중노선·실사구시 등의 주장에 대해 마오쩌둥사상으로 명명하고 이는 중국인민 공동의 정신적 재산이라고 긍정하였다. 반면 무산계급의 영구혁명론을 골자로 하는 계급투쟁이론에 대해서는 정치적 오류로 평가하고 마오쩌둥사상에서 제외하였다.

덩샤오핑鄧小平이론

지금도 중국공산당은 마오쩌둥사상을 계승하고 있다고 말하나 실제로는 1982년 이래 덩샤오핑이론이 중국공산당의 가장 중요한 정치이론이 되고 있다. 마오쩌둥 사후, 문화대혁명을 주도했던 사인방四人幇이 전격적으로 체포되자 마오쩌둥시대는 정식으로 종결되었다. 새롭게 중화인민공화국 주석이 된 화궈펑華國鋒이 덩샤오핑을 복권시키면서 덩샤오핑은 다시 공산당 간부로 복귀하였다. 덩샤오핑은 항일전쟁시에 주요지휘관의 한 사람이었고 1948년 국공내전에서도 큰 활약을 했던 건국의 영웅 중 한 사람이었다. 1950년대와 1960년대에는 부총리로 임용되어 당내의 가장 뛰어난 정치가의 한 사람으로 주목받았다. 문화대혁명시기, 마오쩌둥을 지지하는 홍위병들에게 자신과 아들이 박해당한 바 있었던 덩샤오핑은 화궈펑이 신격화와 개인숭배의 길을 걸으려하자 과거의 혁명동지들과 연합하여 화궈펑 노선의 문제점을 비판하기 시작했다. 1978년-1979년의 기간 덩샤오핑이 주장한 '실사구시'와 '해방사상'의 구호는 중국공산당 각계각층에서 점점 더 많은 지지를 얻게 되었다. 반면 화궈펑이 제안한 '양개범시兩個凡是'는 당내에서 점점 더 많은 비판을 받게 되었다. 정치투쟁에서 패배한 화궈펑이 국가주석직에서 물러나자(1981년), 덩샤오핑은 자신을 지지하는 후야오방胡耀邦을 공산당총서기로 선출하는 한 편, 그 자신은 당중앙군사위원회 주석직에 취임하여 막후의 최고실세임을 과시한다. 중화인민공화국은 인민해방군이 가진 군사력에 의지하여 국가를 건설하였다. 이 때문에 중국공산당은 인민해방군을 매우 중시하며, 해방군의 군사력을 당이 장악하기 위하여 공산당내에 당중앙군사위원회를 두었을 뿐 아니라 국가 행정조직에도 중앙군사위원회를 두고 있는데 양 기관의 구성원 즉 중앙군사위원은 모두 당에서 임명한다.(따라서 국가중앙군사위의 구성원과 당중앙군사위의 구성원은 동일하다.) 덩샤오핑은 후야오방을 총서기로 내세워 개혁·개방정책을 지휘하는 한 편, 자신은 중앙군사위원회주석의 신분으로 당과 국가의 주요 정책을 결정하였다.(현재의 시진핑총서기도 중앙군사위원회 주석의 신분을 겸임하여 최고지도자로 군림하고 있다.)

1982년 9월, 중국공산당 제12차 전국대표대회에서 덩샤오핑은 '중국특색을 지닌 사회주의'를 제안하였는데 이 이론은 자본주의상품경제의 부분적 도입·연해지구 일부 도시의 대외개방을 추진하는 것이었다. 마오쩌둥은 미국·소련 등 초강대국 간의 제3차 세계대전을 불가피한 것으로 보고, 자력갱생을 통한 자주경제의 구축 및 인민내부의 지속적인 계급투쟁 등을 국가의 주요정책으로 추진하였다. 덩샤오핑은 이러한 마오쩌둥의 논리를 비판하면서 실사구시와 해방사상의 구호하에 보다 현실적인 국가정책을 세우기 시작했다. 덩샤오핑은 세계대전은 회피할 수 없는 것이 아니고 강대국 간 상호협력으로 평화적 공존이 가능할 것으로 믿었다. 또 중국의 낙후한 생산력을 감안할 때, 자본주의국가경제의 강점들을 일부 도입하면 중국국가경제의 낙후함을 극복할 수 있다고 여겼다.

1984년 10월, 중국공산당 제12차 3중전회에서 덩샤오핑은 '경제체제개혁에 관한 결정'이라는 문건을 통과시켰다. 이 문건의 내용에 의하면, 개별기업에 대해 독립채산제를 적용하며 자주경영을 할 수 있도록 여건을 마련해 주면서 사회주의에도 상품경제가 존재한다고 선언하였다. 이어 문화대혁명 시기에 인민공사라는 준군사적공동체를 만들어 공동생산체제를 갖추게 했던 농촌에도 차례대로 인민공사조직을 해체하고 원래의 향진인민정부 행정체계로 편입시켰다. 또 인민공사의 해체로 인해 개별농가에 개별생산도급제를 시행하여 농민들의 생산의욕을 크게 고취시켰다. 또 이 해에는 덩샤오핑이 홍콩香港·마카오澳門·타이완臺灣 등과의 통일을 염두에 둔 일국양제一國兩制라는 통일방안을 발표하였다. 덩샤오핑의 개혁개방정책은 중국의 경제학자와 법률학자들이 참여하여 계속 다듬어지고 새롭게 논의되면서 헌법 및 각종 법률에 반영되었다. 1992년 10월 중국공산당 제14차 전국대표대회에서 장쩌민은 정식으로 '사회주의시장경제체제'의 성립을 선언하였다. '사회주의시장경제체제'란 생산력발전을 위해 시장경제체제를 도입하는 것이 사회주의경제이론과 어긋나지 않는다는 내용이다. 자본주의 경제요소를 도입하여 중국경제를 비약적으로 발전시키겠다는 덩샤오핑의 야망은 제14차 공산당전대에서 비로소 중국공산당의 공식추인을 받게 된 것이다.

한 편으로 덩샤오핑은 마오쩌둥의 신격화와 개인숭배가 남긴 휴유증이 공산당내에 다시 일어나지 않도록 여러 가지의 정치개혁을 1986년 이래 실행하였는데 그 내용은 다음과 같다. 중국공산당의 활력을 증가시키기 위하여 원로간부들은 점차 퇴진시키며 새로 임명되는 간부는 젊은 사람을 선택하여 세대교체를 실현한다.(年輕化) 다음으로 공산당과 행정기구의 권한을 서로 분리하고 국가기구의 법제화 및 당간부에 대한 청렴교육 강화 등을 통해 관료주의의 만연을 막고자 하였다. 1989년, 덩샤오핑은 마지막으로 유지하던 당중앙군사위 주석의 지위를 장쩌민에게 이양하고 사퇴하여 원로간부 사퇴의 모범을 보였다. 계속하여 공산당원로간부의 모임인 당고문위원회를 폐지하여 원로간부들이 정치에 영향을 미치지 못하게 하였다. 1989년 발생한 천안문사태로 미국과 중국 간의 관계가 긴장되는 가운데 이로부터 3년 뒤인 1992년, 80대의 노정치가 덩샤오핑이 개혁개방이 시작되었던 남부 도시들을 시찰하였다. 덩샤오핑은 개혁개방의 성과를 직접 확인하고 만족하여 개혁개방정책을 더욱더 빠르고 대담하게 추진하라는 내용의 연설을 여러 차례 하였다.(南巡講話) 1997년 9월 중국공산당 제15차 전국대표대회에서 '덩샤오핑'이론은 중국공산당헌장에 명시되었고 국가의 최우선 정책목표로 지정되었다.

중국적 특색을 지닌 사회주의

1989년, 천안문사태의 책임을 지고 자오쯔양趙紫陽이 당 총서기를 사퇴하자 장쩌민이 총서기로 선출되면서 중국의 새로운 시대가 시작되었다. 즉 마오쩌둥과 덩샤오핑이 개인적 카리스마에 의해 법위에 군림하는 식의 권위주의적 통치가 끝나고 정치제도와 법률에 의해 선출된 지도자 집단이 각 부문을 나누어 통치하는 식의 집단지도체제가 정착되기 시작했다. 그러므로 당 총서기 장쩌민은 형식적으로는 당·정·군의 최고지도자였지만 실질적으로는 공산당의 원로간부 및 각 파벌의 지도자가 공동으로 합의한 내용을 행정기구와 공산당기구의 운영에 반영하는 식으로 통치가 이루어졌다. 주룽지朱鎔基가 국무원 총리를 맡고 리펑李鵬이 전국인민대표대회 상무위원장을 맡은 것은 이러한 정치적 합의의 결과였으며 특히 주룽지가 경제개혁의 사령탑을 맡게 된 것은 덩샤오핑의 의도가 많이 관철된 것이었다. 1997년 개최된 중국공산당 제15차 전국대표대회에서 장쩌민은 덩샤오핑이론을 대대적으로 선전하는 한 편, '중국적특색의 사회주의'를 건설하자고 부르짖었다. '중국적 특색을 지닌 사회주의'란 도대체 어떤 것인가? 한 마디로 말하면, 사회주의경제에도 시장경제가 가능하며 중국의 낙후한 생산력을 발전시키기 위해 자본주의 시장경제의 장점을 도입해도 사회주의경제원칙과 어긋나지 않는다고 주장하는 것이다. 1993년 11월 중국공산당 제14차 3중전회는 사회주의시장경제건설을 결의하면서 '사회주의시장경제'란 '공유제公有制를 주체로 하고 다양한 경제성분을 공동으로 발전시키는 것'이라고 정의하였다. 장쩌민은 통치의 초기에는 덩샤오핑이론을 수시로 내세워 자신의 권위를 강화하였으나 2001년부터는 중국사회의 변화를 반영한 '삼개대표론三個代表論'을 대대적으로 선전하면서 자신의 업적으로 내세웠다. 2003년 3월, 중국공산당 제16차 전국대표대회에서 장쩌민을 계승하여 공산당 총서기가 된 후진타오胡錦濤는 장쩌민이 덩샤오핑을 내세워 자신의 권력을 공고히 한 것처럼 '삼개대표이론'을 대대적으로 선전하면서 자신의 권력기반을 강화하였다. 2003년 SARS 위기가 중국사회를 뒤흔들면서 국가적 위기가 닥치자 후진타오는 이 문제를 해결하면서 무능하다는 이유로 장쩌민계열 간부들을 많이 물갈이하였다. 이윽고 '조화사회론和諧社會論'과 '과학적 발전관科學的發展觀'이라는 새로운 경제성장이론을 내세워 자신의 정치적 업적으로 선전하기 시작하였다.

- 사회주의 초급단계론

마오쩌둥시대가 끝나고 새롭게 중국의 지도자가 된 덩샤오핑은 국가의 최고지도자 직을 맡지 않으면서도 막후에서 개혁개방정책을 총지휘하였다. 덩샤오핑의 견해에 의하면, 낙후한 농업국가에 불과한 중국의 경제여건을 탈피하기 위해서는 자본주의적 경제요소를 도입하는 대외개방과 공산당과 국가에 만연한 비능률적 구조를 바꾸는 내부개혁의 두 가지 정책이 동시에 진행되어야 한다고 보았다. 덩샤오핑은 중국의 현 단계를 사회주의초급단계라고 규정하고 이 단계는 마르크스도 예전에 언급한 일이 없고 어떤 다른 사회주의 국가도 경험한 일이 없으므로 하나하나 직접 탐색하고 실천해 나가야 한다고 강조하였다. 덩샤오핑의 견해와 같이 사회주의이념에 자본주의 경제구조를 접목시키는 일은 매우 어려울 뿐 아니라 사회주의제도 자체를 파괴할 수도 있는 위험한 선택이었다.(소련의 경제개혁이 실패로 돌아가면서 소련의 사회주의제도 자체가 붕괴된 것은 자본주의경제요소의 도입속도가 너무 빨랐기 때문임을 상기할 필요가 있다.)

1997년 중국공산당 제15차 전국대표대회에서 장쩌민 총서기가 요약한 '사회주의 초급단계'란 다음과 같은 내용이었다. 중국의 현 단계에도 계급투쟁은 여전히 존재하고 있으나 이제 계급투쟁은 중국사회의 주요 모순이 아니며 현 단계 중국의 주요 모순은 날로 늘어가는 인민의 물질적 수요와 낙후한 사회생산력 간의 모순이라고 하였다. 따라서 중국공산당의 가장 중요한 임무는 사회주의 현대화를 달성하는 것으로, 현재의 중국은 사회주의초급단계의 국가라고 규정하였다. 사회주의초급단계는 우선 경제개혁과 대외개방을 통하여 성숙한 사회주의시장경제를 건설하고, 미발달한 농업국가를 현대화된 공업국가로 전환하는 단계이다. 중국공산당의 영도하에 법과 제도를 정비하고 인민대표대회·정치협상회의 등 각종의 사회주의 정치제도를 발전시켜 중국 특색의 민주정치제도를 구비하는 단계이다. 또 정치와 경제제도의 발전에 따라 사회주의정신문명·사회주의물질문명을 완성하는 단계이다. 덩샤오핑은 왜 사회주의초급단계이론을 제기하였는가? 덩샤오핑이 보기에는 중국이 현재의 낙후한 상태를 벗어나기 위해서는 고도의 생산력 발전을 이루어야 하는데 생산력의 비약적 향상을 이루기 위해서는 서구의 선진적인 경제이론과 생산기술 등을 도입하지 않으면 안 된다는 것이다. 따라서 그는 '생산력의 발전에 유리하다면 그의 성이 사社씨(사회주의)인지 자資씨(자본주의)인지 묻지 않겠다'는 유명한 말을 남겼다. 이에 따라 1988년 4월, 제7기 전국인민대표대회에서 통과된 수정헌법에는 '사영경제는 사회주의 경제의 보충'이라는 구절이 삽입되었다. 1999년 3월, 제9차 전국인민대표대회에서 통과된 수정헌법에는 '개체경제·사영경제 등의 비공유경제도 사회주의시장경제의 중요한 구성성분으로 국가는 개체경제와 사영경제의 합법적 권리와 이익을 보장한다'는 라는 구절을 삽입하기에 이르렀다. 일련의 헌법수정과 각종 경제입법으로 인해 1980년대부터 중국경제는 국유기업과 사영기업이 함께 발전할 수 있는 토대가 마련되었으며 1990년대 후반이 되자, 개체경제와 사영경제가 차지하는 비중은 국가경제의 절반을 넘게 되었다. 이후 사영경제는 중국경제발전을 선도하는 견인차의 역할을 맡게 되었다.

- **삼개대표이론**三個代表理論

2002년 11월, 중국공산당 제16차 전국대표대회에서 장쩌민은 '삼개대표이론'을 중국공산당의 당장黨章에 포함시켰다. '삼개대표'라는 것은 '중국공산당은 중국선진생산력의 발전요구와 중국선진문화의 추진방향 및 가장 광범위한 중국인민의 이익을 대표'해야 한다는 것이다. 중국공산당 제16차 전국대표대회에서는 또 공산당원의 입당자격에 대해 '노동자·농민·군인·지식분자 및 기타혁명분자'라는 구절에 나오는 '기타 혁명분자'

라는 용어 대신에 '기타 사회계층의 선진분자'라는 규정을 둠으로써 자본가계층이 중국공산당에 입당할 수 있는 길을 열었다. 장쩌민은 왜 중국공산당이 세 가지를 대표해야 한다고 주장하였는가? 중국사회가 자본주의 경제를 일부 도입하여 점점더 비약적으로 경제가 발전함에 따라 이른바 '다양한 경제성분'으로 규정된 개인사영업자·민영기업·외국합자회사 등 비국유부문의 경제규모가 국유기업이 중심이 되는 공유제경제의 규모를 넘어서고 있기 때문에 이들 비국유부문의 경제 역시 중국공산당이 흡수하여 통제하지 않으면 안 되는 상황이 되었기 때문이다. 중국공산당 제16차 전국대표대회에서 장쩌민의 후계자로 낙점되어 새로 총서기가 된 후진타오는 '삼개대표이론'을 대대적으로 선전하면서 법률에 의한 통치를 강조하였다. 2003년 3월, 중국 남부에서 발병한 SARS가 전국으로 확산되자 기존 중국행정부와 공산당의 각종 허점이 노출되기 시작했다. 후진타오 총서기와 원자바오 총리는 방역체계를 강화하고 위생문제를 대대적으로 점검하면서 매일 전염병의 확산과 연관된 뉴스를 발표함으로서 전염병에 의한 민심의 동요를 막을 수 있었다. 후진타오 총서기는 한편으로 이러한 위기상황을 무능한 관리들을 퇴출시키고 능력있는 관리를 등용하는 좋은 기회로 활용하였다.

- **조화사회**和諧社會**와 과학적 발전관**科學的發展觀

2004년 9월, 장쩌민은 마지막으로 보유하고 있던 당중앙군사위원회 주석의 자리를 후진타오에게 물려줌으로써 후진타오는 당·정·군을 장악한 최고지도자가 되었다. 실권을 장악하게 된 후진타오 총서기는 전임 장쩌민의 '삼개대표이론'을 대체하는 새로운 국가전략으로 '과학적 발전관'과 '조화사회론'을 제시하였다. 후 총서기는 왜 새로운 국가전략을 제시하게 되었는가? 덩샤오핑이 1980년대 초 개혁과 개방전략을 채택하고 줄

곧 경제성장을 국가전략으로 추진해 온 중국은 고도의 경제성장을 달성하였으며, 장쩌민 총서기가 퇴임하던 2002년까지 년 10%를 넘는 경이적인 경제성장을 달성하였다. 이러한 기적적 경제성장은 표면적으로 보기에는 별 문제가 없는 것 같았으나 실은 그 이면에 수많은 모순과 문제점을 내포하고 있었다. 이러한 모순과 문제점들은 2000년부터 나타나기 시작했고 후진타오가 통치를 시작한 2003년부터는 더 이상 방치하기 어려울 정도가 되었다. 그 문제점들이란 어떤 것인가? 첫째는 빈부격차의 심화이다. 대외개방을 먼저 시작한 남부 연해의 도시들과 중부이상의 연해도시들이 급속한 경제성장의 결과로 부유하게 되자, 농촌지역의 농민들이 농사를 포기하고 도시로 밀려와 도시의 건설노동자인 농민공農民工이 되어 보다 많은 돈을 벌려고 하는 현상이 나타났다. 그러나 주지하다시피 농민공이 도시의 최하층 계급구조를 형성하면서 열악하기 이를 데 없는 이들의 삶은 빈부격차의 표본처럼 되어 버렸다. 하나의 도시 내에 이처럼 빈부격차로 말미암아 두 개의 상이한 계층구조가 형성되었듯이 중국의 전 지역에 걸쳐 도시간에도 부유한 도시와 가난한 도시의 차이가 생겼고, 농촌간에도 부유한 농민과 가난한 농민이 생기는 등, 빈부격차는 국가가 해소해야 할 가장 큰 정책과제로 떠오르게 되었다. 둘째는 급격한 공업화와 도시화에 따라 주요 도시의 수질과 대기오염 등이 극도로 심해져서 중금속과 미세먼지 등 이전에는 존재하지 않았던 환경오염이 전체국민의 삶의 질을 위협할 정도로 중대한 사회문제로 나타나게 되었다. 셋째는 경제성장의 와중에 각종 이권개입을 통해 막대한 부를 축적한 공산당 고급간부들의 일탈이 도를 넘어서자 공산당은 이를 당과 국가의 존립을 흔드는 중대한 문제로 규정하고 반부패운동을 전개하기에 이르렀다는 점이다.

이러한 제반 문제점들을 심각하게 인식한 공산당은 2003년 중국공산당 제 16차 3중전회에서 과학적 발전관科學的發展觀이라는 새로운 국가

성장전략을 제기하기에 이르렀다. 이 새로운 성장전략은 지금까지의 고속성장정책을 재검토하면서 과다한 물자를 투입하여 고속성장을 위한 경제개발을 추진하면서 나타나는 자연파괴나 도시민의 삶의 질 악화를 충분히 고려하여 지속적인 경제성장이 가능하도록 경제개발의 방향을 바꾸는 것이었다. 즉 도시와 농촌의 균형발전·지역과 지역사이의 균형적 발전·경제와 사회의 균형적 발전·인간과 자연의 조화와 발전·국내발전과 대외개방사이의 균형관계 구축 등을 새로운 목표로 내세웠다.

조화사회론和諧社會論이라는 것은 경제성장과정에 나타난 빈부격차 및 계층구조 출현현상을 해소하기 위하여 제기된 것이다. 그 내용은 다음과 같은 것이다. 우선 사회는 모든 인민에게 권리와 기회의 평등을 제공하며 사회참여와 분배에 있어서의 평등 및 사회적 보장의 평등 등을 제공한다. 또 권위보다 법률에 의한 통치, 약자를 보호하기 위한 법률 제정, 부정과 뇌물의 검은 고리를 차단하고 통치기구의 각종 모순을 개혁하는데 힘쓰는 것이다. 이외에 과거에 거의 무시되었던 환경오염문제·노사관계문제·사유재산보호문제 등도 진지하게 검토되고 있고 이와 관련된 새로운 법안들이 발의되고 있다. 결론적으로 말해 과학적 발전관과 화해사회론은 경제성장의 결과로 나타나게 될 사회의 각종 갈등요인과 불만 등을 선제적으로 대응하고 경제성장과정의 모순점들을 재조정하기 위해 제기되었다고 하겠다.

- 시진핑의 중국의 꿈中國夢과 일대일로一帶一路

미국의 금융위기(2008년) 여파가 채 가라앉기도 전에 베이징올림픽과 상하이국제박람회등의 국제적 행사를 개최해야 했던 중국지도부는 노심초사하면서 국제적행사들을 개최하였다. 이러한 국제행사가 잘 마무리된 후인 2012년 11월 중국공산당 제18차 전국대표대회가 개최되고 시진핑·

리커창 2기 체제가 막 시작된 이해 12월 초, 북한의 친중파로 알려져 있는 장성택 국방위 부위원장이 전격적으로 숙청되었으며 이후에 바로 총살되었다. 이러한 돌발적인 외교악재가 발생하자 북한과 중국의 관계는 한동안 경색되었다. 그럼에도 불구하고 시진핑 총서기는 다음 해인 2013년 3월 제13차 전국인대에서 중화민족의 부흥을 의미하는 '중국의 꿈中國夢'을 중국공산당의 새로운 국가비전으로 제시하였다. '중국의 꿈'이란 무엇인가? 아마도 그것은 지난 세기 농업국가였던 중국이 고도의 공업문명을 이루어 선진국의 대열에 합류하겠다는 의지의 표명이다. 시진핑 총서기는 당대회에서 '중국의 꿈'을 이루기 위해 두 개의 백년을 준비하자고 역설하였는데 '두 개의 백년'이란, 첫째 1921년 창당된 중국공산당이 백주년이 되는 2021년과 1949년 건국된 중화인민공화국이 백주년이 되는 2049년을 의미하는 것이다. 즉 공산당창당백주년이 되는 2021년에는 덩샤오핑이 제시한 경제적 목표의 하나였던 '전면적소강사회全面的小康社會'를 달성하며 중화인민공화국 건국 백주년이 되는 2049년에는 사회주의현대화가 완성된 선진사회주의국가를 만들겠다는 목표인 것이다. 사실 제18차 공산당대회에서 13.5규획이 결정된 후, 중국은 해결하기가 쉽지 않은 경제적 악조건들이 많이 있었다. 2016년 주식시장의 침체는 이를 증명하는 것으로 10%가 넘는 고속성장의 시대는 이제 지났으며 앞으로는 8%이하의 저속성장을 어떻게 유지하면서 경제발전을 계속 이룰 것인가의 문제가 대두되었다. 한 편으로 중국과 더불어 초강대국인 미국이 오바마 대통령 때 이미 미국의 관심을 아시아로 돌리겠다는 아시아 회귀정책을 선언한 바 있는데 이는 중국의 외교정책에 적지 않은 부담을 주고 있다. 심지어 새로 미국대통령으로 취임한 트럼프 대통령은 타이완과 밀접한 행보를 보이는가 하면 2018년 6월에는 북한과 싱가포르에서 정상회담을 하는 등, 아시아에서 주도권을 행사하겠다는 속내를 비치고 있다.

일대일로一帶一路는 원래 전세계의 공장이라고 불리는 중국의 엄청난 에너지 소비문제를 자체적으로 해결하기 위해 에너지 운송로 계획으로 고안한 것이다. 일대一帶란 고대의 육상실크로드에 그 근원을 두고 있으며, 일로一路란 고대의 해상실크로드에서 따온 명칭이라고 한다. 중국은 막대하게 소비되는 에너지 문제를 해결하기 위해 러시아의 가스수송로와 중동석유의 운송로 확보를 위해 많은 노력을 기울이고 있다. 이 때문에 러시아와 중앙아시아국가들은 물론 아세안국가들에 이르기까지 수많은 나라들과 경제적 교류협력을 하면서 에너지의 확보를 하자는 것이다. 중국 베이징에서 몽고를 거쳐 러시아로 연결되는 중국-몽골-러시아 경제회랑, 유라시아육교(시안-우루무치-카자흐스탄 악토가이-러시아 스몰렌스카야·브란스크-벨라루시 브레스트- 폴란드 바르샤바-독일 베를린-네덜란드 로테르담), 중앙아시아경제회랑(투르크메니스탄-우즈베키스탄 중부- 카자흐스탄 남부-중국 아라산커우), 중국-인도차이나경제회랑(중국 난닝-베트남 하노이-태국 방콕-말레이시아 쿠알라룸푸르-싱가포르), 중국-파키스탄 경제회랑(중국 카스-홍치라푸-파키스탄 소스트·쿤자랍·이슬라마바드·라호르·카라치·과다르항), 방글라데시-중국-인도-미얀마 경제회랑 등이 동시에 진행되고 있다. 엄청난 투자규모로 인해 이 계획은 아시아인프라투자은행(AIIB)을 설립하면서 시작되었고 초기부터 57개국이 투자은행에 참여하는 등 많은 기대를 모았다. 그러나 일대일로에 참여하는 국가들과의 협력문제에 있어 중국의 목소리가 지나치게 강조되는 등, 일대일로의 추진과정에서 적지 않은 문제도 있는 것 같다.

시진핑 총서기가 강조하는 '중국의 꿈'과 '일대일로' 계획은 대단히 야심찬 계획이지만 미래의 초강대국이 되고자 하는 중국의 계획은 미국의 견제를 만나고 있다. 2018년 3월 22일 미국의 트럼프 대통령이 중국상품에 대해 500억 달러의 관세를 부과하자, 중국도 즉각 보복관세를 부과하여 이른바 무역전쟁이 시작되었다. 양국의 무역전쟁은 2018년 내내 계속 지속되어 세계경제에 악영향을 미칠 것으로 평가되고 있으며, 2019년 5월에 재개된 양국의 무역협상은 아무런 소득없이 끝났다. 그러나 2019년 6월 28일과 29일 양일간 일본 오사카에서 개최된 G 20 정상회담에서 미국과 중국은 관세율인상을 잠정 연기하며 최악의 국면만은 피해보자는 노력을 보여주었다.

중국의 대외정책

덩샤오핑 이전의 대외정책

제2차 세계대전의 종결과 더불어 전승국인 미국과 소련은 전후세계의 주도권을 쥐고 새로운 국제질서를 만들어 나갔다. 유럽에서는 소련이 나치 독일을 공격하기 위해 동부유럽으로 진출하면서 동독·폴란드·유고슬라비아·체코·루마니아 등의 사회주의국가를 세워 서부유럽의 자본주의 국가들과 대립하였고, 아시아에서는 중국과 북한·베트남 등에 공산주의 정권이 성립되어 한국·일본·타이완 등을 동맹국으로 삼고 공산주의를 억제하려는 미국과 날카롭게 대립하였다. 이처럼 사회주의진영과 민주주의진영이 서로의 이념을 중심으로 정치적인 대립을 보이게 된 상황을 '냉전Cold War'이라고 부른다. 이러한 냉전의 부산물로 한국전쟁(1950)이 일어나자, 막 중국을 통일하여 타이완에 대한 공격을 준비하고 있던 중국지도부는 전쟁의 전개과정을 예의주시하였다. 한국에서 전쟁이 일어나자 미국은 중국의 타이완침공에 대비하여 제7함대를 파견하여 타이완해협을 봉쇄하는 한편, 한국에 UN군을 파견하여 군사지원을 한다. 한국전쟁은 그 성격에 있어서 제3차 대전으로 발전할 가능성이 높은 복잡한 성격의 전쟁이었다. 가령 장제스의 국민당정부가 지원군을 파견하겠다고 했지만, 한국이 이를 거절한 것은 중국을 자극하여 전쟁이 확대될 것을 우려했기 때문이었다. 인천상륙작전으로 인해 한국전의 전세가 북한군에게 불리해지자 마오쩌둥이 군사지원을 결심하게 된 것도 미군의 국경진출을 막고 전선을 한반도에 고정시키기 위해서였다. 이처럼 냉전시기 중국의 외교정책은 사회주의이념의 고수와 친소련 일변도의 전략으로 나타났다.

1953년, 휴전선 부근에서 군사적 대치를 되풀이하던 한국과 북한사이에 정전협정이 체결되자, 마오쩌둥은 항미원조抗美援朝정책을 종결짓고 국내의 경제재건에 전념하면서 제3세계 국가와의 관계수립에 관심을 기울이게 된다. 1954년, 저우언라이周恩來총리는 베이징을 방문한 인도대표에게 5개항의 평화공존원칙을 제기하였다. 첫째, 상호의 주권 및 영토존중互相尊重主權和領土完整 둘째, 상호불가침互不侵犯 셋째, 상호내정불간섭互不干涉內政 넷째, 평등호혜平等互利 다섯째, 평화공존和平共處. 1955년 4월, 인도네시아의 반둥에서 개최된 제1회 아시아·아프리카회의에 참석한 저우언라이 총리는 반제국주의·반패권주의를 표방하는 한편, 신생독립국가들이 평화공존의 원칙에 따라 단결하자고 제의하였다. 이후 중국외교부는 파키스탄·네팔·이집트·시리아·레바논 등의 비동맹국가들과 외교관계를 수립하고 그 영향력을 확대하였다.

1949년 신중국 성립 후, 마오쩌둥은 이념적 측면과 경제적 측면을 고려하여 친소련 일변도의 외교정책을 유지하였다. 그러나 1956년 흐루시쵸프가 스탈린 격하운동을 벌이면서, 소련과 중국은 사회주의의 주도권을 둘러싸고 심각한 갈등을 표출한다. 급기야 1960년에는 상호간의 비방이 심각해지면서 소련의 모든 기술고문단이 철수하는 사태가 야기된다. 마오쩌둥은 소련의 노선을 수정주의修正主義라고 비판하면서 자력갱생의 경제를 제창하고 계급투쟁노선을 강화시킨다. 한편으로 모든 국가를 제1세계(미국·소련 등)와 제2세계(서유럽·캐나다·일본 등)·제3세계(아시아·아프리카 국가) 등으로 분류하고, 제3세계에 대해 외교적 역량을 집중한다. 1966년, 마오쩌둥은 무산계급문화대혁명을 제창하는 한편, 아프리카와 중남미 등에 게릴라전쟁 및 마오쩌둥혁명사상을 수출하기 시작한다. 이러한 극단적 대외정책은 미국과 소련이라는 두 강대국의 포위전략 속에 고립된 가운데, 언제라도 세계대전이 일어날 수 있다고 본 마오쩌둥의 강박관념 때문인데, 그 결과 사상무장과 전쟁준비에만 전념했던 중국은 국제적으로 외교고립의 상태에 빠진다.

한편, 한국전쟁을 계기로 미국이 제7함대를 타이완해협에 파견함으로써 인민해방군의 진출을 억제할 수 있었던 국민당정부는 경제의 재건을 꾀하면서 미국의 도움으로 국제연합UN 안보리 상임이사국의 지위를 그대로 유지한다. 1958년, 마오쩌둥은 타이완해협의 진먼다오金門島를 포격하여 미국의 방어의지를 시험하였으며, 무력시위가 실패하자 국제연합에서 타이완을 축출하려는 외교적 노력을 기울였다. 1972년, 소련을 견제하고자 하는 미·중의 계산이 서로 일치하여 핑퐁외교의 노력 끝에 닉슨 대통령이 중국을 방문한다. 이후, 미국은 중국과 외교적 동반자 관계를 유지하면서 타이완과 일정한 거리를 유지하게 된다. 당시 중국외교의 총책임자였던 저우언라이는 닉슨과의 회견을 무난하게 소화하여 중국외교전략의 유연함을 보여주었다. 1970년대 중반 이후, 타이완은 점점 국제적으로 고립되었고, 반대로 중국의 국제적 지위는 점차 향상되었다.

덩샤오핑시대의 대외정책

한 나라의 외교정책은 국제환경과 국내정치 등의 다양한 영향을 받기 마련이다. 예를 들면 마오시대의 항미원조抗美援朝나 타이완해협위기 등은 냉전이라는 국제환경의 영향을 잘 보여주는 예이며, 닉슨대통령의 중국방문은 이념보다 국가이익이 중요함을 보여주는 예라고 할 수 있다. 사실 이미 1955년, 저우언라이에 의해 평화공존 5원칙이라는 외교노선이 확립되었음에도 마오시대의 외교정책이 이를 충분히 반영하지 못한 것은 마오쩌둥사상의 유행이라는 국내적 변수가 있었기 때문이다.

문화대혁명이 종결된 후, 1977년부터 공산당의 요직에 복귀한 덩샤오핑은 개혁·개방의 노선을 추진하면서 대외정책에 있어서도 마오쩌둥과 달리 실리를 중시하는 스타일을 추구하였다. 1979년 1월, 미국을 방문한 덩샤오핑 부총리는 지미 카터 대통령과 만나 정식으로 미국과 외교관계를 수립하였다. 덩샤오핑은 대외정책의 기본틀을 국제정세의 안정이라는 요소에서 찾았는데, 왜냐하면 중국이 경제발전을 통해 초강대국을 따라가려면 적지 않은 시간이 필요하기 때문에, 이러한 기간 중에 세계대전이나 국지전 같은 분쟁이 발생하면, 중국이 개입해서는 안 된다고 보았던 것이다. 따라서 그는 평화공존의 추구·강대국 패권주의에 대한 반대·독립자주외교의 추구 등을 대외정책의 주요방향으로 삼았다. 타이완과의 통일문제에 대한 일국양제一國兩制의 구상은 바로 이러한 그의 생각이 반영된 외교정책이다. 1981년, 예젠잉葉劍英 전국인대 상무위원장은 타이완에 대해 국민당과 공산당의 대등한 교섭·우편과 항공 및 상업교류·타이완의 자치권 인정·타이완의 사회제도 인정 등을 골자로 하는 새로운 정책을 제의하였다. 이에 대해 타이완의 장징궈蔣經國 총통은 이 제의를 거부하고 삼불三不정책(공산당과는 비타협·비교섭·비접촉)을 계속 실행하였다. 그러나

1985년에는 홍콩을 통한 간접무역을 허용하고, 1987년에는 타이완주민의 대륙방문을 허용하는 등 점차 대륙과의 소통을 꾀하였다.

1985년, 체르넨코 공산당서기장이 병사하고 고르바쵸프가 서기장을 계승하면서 소련은 개혁·개방의 길을 걷기 시작하였다. 소련에서 시작된 개혁·개방의 여파는 동유럽의 사회주의국가에 신속하게 전파되었으며 그 결과 1989년 동유럽 사회주의국가가 붕괴되는 현상이 일어난다. 1989년, 개혁·개방의 급진전에 따라 중국에서도 민주화의 요구가 거세어지고 톈안먼天安門사건이 일어났다. 중국은 톈안먼의 학생시위에 대해 군을 동원, 강경 진압하면서 학생들의 배후에 미국 측의 평화적 변화유도和平演變 책략이 있다고 여겼다. 이를 계기로 미국은 중국의 무력진압을 강력히 비난하면서 경제제재조치를 취하여 양국관계는 다시 냉랭해진다.

장쩌민시대의 대외정책

1989~1991년의 기간은 사회주의 진영 전체에 위기가 닥친 시기였다. 고질적인 관료제도의 부패와 비효율적인 경제체제로 인하여 낙후한 상태에 머물러 있던 동유럽 사회주의국가들이 연이어 사회주의이념을 포기하였다. 1989년 폴란드에서 바웬사가 이끄는 자유노조가 선거에서 압승하여 공산당이 물러났고, 루마니아에서는 공산주의를 고수하려던 챠우세스쿠 서기장이 시민들에 의해 체포되어 사형당하였다. 1990년에는 동·서독의 통일이 이루어지고 체코슬로바키아가 두 개의 민주공화국으로 나누어지는 등, 동유럽국가들이 대부분 자본주의 체제로 전환된다. 1991년에는 사회주의 종주국인 소련에서 정변이 일어나고 좌파의 정변을 막은 보리스 옐친이 등장하여 고르바쵸프가 실각하였다. 이러한 사회주의권의 민

주화 요구와 때를 같이하여 발생한 톈안먼사건은 중국지도부로 하여금 배후에는 미국이 있다라는 의심을 갖게 만들었다. 덩샤오핑을 계승하여 최고지도자가 된 장쩌민은 사회주의국가의 연이은 몰락은 미국의 평화적 변화유도 책략 때문이라고 이해하였다.

1991년의 걸프전쟁·1994년의 보스니아내전·1999년의 코소보내전 등에서 볼 수 있듯이 소련붕괴 후에 유일한 초강대국으로 남게 된 미국은 자국의 이익을 중심으로 하는 새로운 국제질서를 창출해 내려 하였다. 그러므로 소련의 몰락으로 말미암아 유일한 사회주의강국으로 남은 중국은 미국중심의 세계질서와 충돌하지 않을 수 없었다. 대표적인 사례가 타이완해협의 위기(1996) 및 유고연방 주재 중국대사관 오폭사건(1999년 5월)이다.

우선, 1996년의 타이완해협 위기를 살펴보기로 하자. 1995년 총통의 신분이면서 개인자격으로 코넬대를 방문한 바 있던 리덩후이李登輝는 자주 '두 개의 중국'을 거론하였는데, 이는 '하나의 중국'을 줄곧 표방해온 장쩌민 등의 중국지도부를 격분시켰다. 이듬해, 리덩후이가 총통선거에 재출마하였는데 놀랍게도 야당인 민진당民進黨의 후보 펑밍민彭明敏은 '타이완 독립'을 정강으로 내세웠으며 이는 '두 개의 중국' 운운하는 리덩후이의 주장보다 더욱 충격적인 것이었다.(사실 주민분포로 따질 때 80%의 타이완 출신 주민을 20%가 못되는 국민당계의 본토인이 다스려 왔기 때문에 '타이완인의 독립' 주장이 아주 엉뚱한 것은 아니니다)

덩샤오핑 이래, 하나의 중국정책을 고수해 온 중국은 타이완 독립을 주장하는 야당후보가 총통이 되는 것에 대해 더 참을 수 없게 되었다. 장쩌민 총서기는 선거를 앞둔 3월 후반, 푸젠성福建省 남부해안에 해군을 집결시키고 타이완 가까운 해역을 목표로 하는 미사일 발사 훈련을 실시한다. 이러한 일전불사의 태도를 본 미국은 긴급하게 2대의 항공모함 등 대함대를 타이완해협에 파견하여 전쟁 등 돌발사태를 막고자 하였다. 중국해군은 실제로 미사일을 타이완 근처에 발사하여 타이완해협의 긴장은 최고조에 달하였으나, 다행히 전쟁은 발발하지 않았다. 긴장이 종결되자 총통에는 리덩후이가 당선되어 중국은 소기의 목적을 달성하였으나, 한편으로 미해군이 즉각 출동하여 군사력을 과시함으로써 이후 타이완에 대한 무력통일은 미국의 개입을 불러 올 것이라는 점을 고려하지 않을 수 없게 되었다.

1996년 타이완해협의 긴장은 경제교류의 필요로 인해 가까워지던 미·중관계를 최악으로 돌려놓았는데, 1997년을 고비로 다시 조금씩 완화되고 1998년 클린턴 대통령의 방중으로 회복되었다가 1999년 주유고연방 중국대사관 오폭사건으로 악화일로를 치닫는다. 미국이 코소보내전에 참전한 것은 결국 러시아세력의 유럽진출을 좌절시키고 나토 중심의 유럽 안정을 추구하는데 그 목적이 있다. 진상이 아직 불분명한 미국의 중국대사관 폭격은 중국에 매우 유리한 국제여론을 형성하여 클린턴 정부를 곤혹스럽게 하였다.

2001년 9월 11일, 오사마 빈 라덴이 이끄는 알 카에다 조직은 뉴욕의 무역센터와 펜타곤 등에 동시다발 여객기 테러를 감행하였다. 이 테러의 결과로 3,600여 명의 미국인이 사망하였으며, 미국의 부시 대통령은 이슬람 테러조직에 대해 전면전쟁을 선포하였다. 동년 4월, 미군정찰기의 하이난섬 착륙사건으로 인해 미국과 외교적으로 대립관계에 있던 중국도 반테러전쟁에 대한 지지를 선언하였다. 2001년 10월 7일, 미국은 라덴의 은신처인 아프가니스탄에 대해 대대적 공습을 개시했으며, 이어 북부동맹군과 연합하여 탈레반 정권과 전쟁을 시작하였다. 12월이 되자, 미군은 아프가니스탄 전 지역을 장악하고 알 카에다 잔당의 소탕전에 나선다. 9.11테러가 발생하고 불과 두 달만에 탈레반 정권을 붕괴시키고, 미군이 아프가니스탄에 주둔하게 된 것은 미국이 세계유일의 초강대국임을 과시한 사건이었다. 중국은 비록 미국의 반테러 전쟁을 지지하였으나 아프가니스탄전쟁에서 미국 정밀무기의 엄청난 위력을 목격하고, 중국군의 현대화에 더욱더 박차를 가해야겠다고 결심하는 하나의 계기가 되었다.

2003년 2월, 이라크의 대량살상무기사찰로 인해 촉발된 전쟁의 위기는 전세계에 반전운동을 폭발시키는 계기가 되었다. 독일·프랑스·러시아 등 서방국가들은 전쟁을 반대하였으나 미국은 이를 무시하고 일방적으로 대이라크전쟁을 감행하였다. 후세인 대통령은 결사항전을 선언하였지만, 3월 21일 전쟁이 시작되자 불과 3주도 되기 전에 미국의 승리로 끝나게 되었다. 4월 중순, 미국은 이라크전쟁을 사실상 종료함과 동시에 통치정책 수립에 들어갔다. 중국 외교부는 이라크전쟁에서 중립을 지키려고 힘쓰면서 반전의 기조를 유지하고 미국의 침략에 반대하였으나 전쟁이 단기간에 미국의 승리로 끝나게 되자, 러시아나 프랑스 등 미국과 의견이 다른 강대국들과 외교관계를 밀접하게 하고 있다.

후진타오시대의 대외정책

1997년 말의 아시아 금융위기에서 2001년의 뉴욕테러 사건, 2001년 미국의 아프가니스탄 공습과 2003년의 이라크 침공, 2003년 중국에서 일어난 SARS 파동, 2006년 북한의 NPT 탈퇴에 이은 핵실험 강행, 2007년 서브프라임 위기로 촉발된 미국의 경제위기, 2008년 중국의 대규모 지진과 미국의 경제위기로 인한 전세계의 금융위기 등등. 2000년 이후의 주요 사건을 열거해 보더라도 이 10년 동안, 전세계가 얼마나 힘든 정치적·경제적 위기를 헤쳐 나왔는지 짐작하기 어렵지 않다. 주지하다시피 이러한 격동의 시대에 1992년 이후 실질적으로 중국을 이끌어 온 장쩌민이 물러나고(2003년), 후진타오가 당·정·군의 최고지도자 지위를 승계하여 중국의 여러 가지 위기를 잘 수습한 바 있다.

2005년부터 공산당 중앙군사위원회 주석직마저 승계하여 명실공히 최고지도자의 위상을 갖추게 된 후진타오 총서기는 2004년부터 자신의 통치철학이라 할 수 있는 '과학적 발전관' 및 '조화사회'를 전면적으로 내세우면서 장쩌민 시대와의 차별화를 꾀하고 있다. 중국이 집단지도체제의 면모를 갖추면서부터 중국의 정치는 공산당을 대표하는 총서기와 국가의 행정을 총괄하는 국무원 총리와의 역할분담이 매우 중요하게 되었다. 덩샤오핑시대에는 국무원 부총리에 불과했던 덩의 카리스마가 모든 면에 작용했기 때문에 누가 총리를 맡고 누가 총서기를 맡는가 하는 것이 큰 의미가 없었다. 그러나 덩 이후의 정치 상황을 보면, 확실히 역할 분담이 매우 중요함을 알 수 있다. 리펑이 국무원총리를 맡던 시절, 장쩌민은 최고지도자였지만 그다지 빛이 나지 않았다. 그러나 주룽지가 국무원 총리를 맡던 시절에는 경제는 총리, 정치는 총서기라는 식으로 역할 분담이 잘 이루어져 장쩌민의 위상도 함께 상승하였던 것이다. 이런 관점에서 보면 후진타오시대의 국무원 총리인 원자바오도 주룽지 못지 않게 총서기와 역할분담을 멋있게 수행하고 있다. 1998년의 대홍수 당시도 원자바오가 현장에서 대홍수를 지휘하여 중국인들에게 많은 감명을 주었고, 2003년의 SARS위기나 2008년 4월의 쓰촨대지진 당시에도 현장에서 구조작전을 진두지휘하여 일하는 총리라는 인상을 강하게 심어 주었다.

최근, 러시아가 과거 소련이 누렸던 초강대국의 지위를 회복하려고 안간힘을 쓰고 있지만, 현재의 국제정세하에서 미국이 세계유일의 초강대국이며 누구도 이를 따라잡기 힘들다는 사실은 부인할 수 없다. 그러나 미국지도부는 아프가니스탄과 이라크 전쟁을 계기로 국내에서 국민적 지지도를 상실하였고, 2007년 8월 이후 서브프라임 사태가 불거지면서 국제문제에는 더 이상 개입하기 어려운 한계가 나타나고 있다. 하지만 미국은 여전히 중국과 러시아 등의 강대국이 앞서기 힘든 초강대국이기 때문에 시진핑시대의 중국 역시 미국과 협력관계를 구축할 것으로 보인다. 예컨대 2008년 9월 미국의 금융위기가 현저히 나타나면서 전세계가 동반 금융위기에 돌입하고 있는 상황은 중국으로서도 결코 유쾌한 상황이 아니며 아시아 금융위기의 수습을 위해 중국 역시 적극적으로 미국과 협력했던 것이다. 또 북한 핵무기의 보유로 인한 한반도의 극단적 충돌 가능성을 방지하기 위해 6자회담을 적극적으로 주선하기도 했다. 그러나 프랑스의 사르코지 대통령이 달라이 라마와 회견을 하자, 중국정부는 이미 프랑스와 체결한 경제협력을 재고하겠다는 식으로 강경한 태도를 보이고 있으며, 중국국민들은 프랑스제품 불매운동을 확산시키고 있다. 이러한 중국의 유연한 외교전략은 '평화적으로 일어난다和平崛起'는 대외정책을 잘 보여주고 있으며, 자국의 이익과 충돌할 때 중국정부가 어떠한 행동을 취할지 가늠할 수 있게 한다.

2012년 11월부터 새로 들어선 시진핑·리커창李克强체제는 '신형대국관계'를 주장하며 미국·러시아와 맞서는 초강대국의 위상을 주장하고 있다.

시진핑시대의 대외정책

후진타오·원자바오 체제는 장쩌민체제의 승계를 무난히 해 냈다는 것이 대체적인 평가이지만 중국 국내외의 여러 가지 여건이 중국의 선진국 진입에 이런 저런 난점들을 만들어내고 있다는 것이 재차 확인되기도 했다. 이 기간 동안 최초의 미국 흑인대통령인 오바마 대통령은 대체로 중국과 여러 국제적 현안에 대해 상호 협력하는 모양새를 만들어가며 외교를 진행하였다. 사실 러시아의 역량이 심각하게 쇠락하면서 중국은 국제무대에서 미국의 일방적 독주를 유일하게 견제할 수 있는 강대국으로 부상하게 되었다. 시진핑·리커창 체제는 이렇게 부상한 중국의 역량을 어떻게 유지하고 강화할 것인가 하는 문제를 놓고 부심하지 않을 수 없었다. 예를 들면 2000년대 중반까지 10% 가까운 경제성장율을 기록하며 고속성장을 기록하던 중국경제가 중진국의 산업구조를 탈피하면서 8% 이하의 저속성장을 기록할 것으로 전망되고 이에 따라 발생할 것으로 예측되는 각종 사회문제를 어떻게 잘 관리할 것인가 하는 것이 심각한 국내문제가 되었다. 아울러 막대한 흑자를 내고 있는 중국의 대미수출은 심각한 적자로 번민하고 있는 미국 지도부를 격동시키고 있다. 2017년에 새로 집권한 트럼프 대통령은 중국이 무역 흑자를 줄일 수 있는 방안을 취하지 않는다면 막대한 관세를 중국수출상품에 부과하겠다고 선언함으로서 2018년 3월부터 미·중 간의 무역전쟁이 시작되었다. 중국과 미국 양측은 지속적으로 접촉을 하면서 무역전쟁을 회피하고자 노력하고 있으나 양측의 입장차이로 인해 무역마찰문제가 쉽게 해결되지 못하고 있다. 이에 따라 일대일로一帶一路를 외치면서 중국의 세기를 주장하던 시진핑 총서기의 중국부흥론은 아시아 회귀를 외치는 미국의 입장과 맞물려 갈등을 빚고 있는 양상이다. 또 2016년에 일어난 북한의 핵실험과 탄도 미사일시험에 대해 미국이 극단적으로 대립하다가 비핵화의 근본적 해결을 위해 2018년 6월 12일 싱가포르에서 제1차 북미정상회담을 개최하게 되었다. 2019년 2월 28일 베트남 하노이에서 개최된 제2차 북미정상회담이 결렬로 끝나고 5월에 이루어진 중국과 미국의 무역협상도 결렬되면서 동북아시아의 안보와 외교 환경은 물론 경제적 위기가 다시 출현하는 것이 아닌지 우려가 있는 상황이다. 다행히 2019년 6월 28일 개최된 일본 오사카의 G 20정상회담에서 중국과 미국이 무역협상에서 일종의 휴전을 하고, 6월 30일에는 트럼프 대통령이 판문점 자유의 집에서 김정은 위원장과 회동하면서 비핵화문제와 무역분쟁 문제해결의 실마리를 찾지 않을까 관측되고 있다.

한·중 수교의 경과와 미래

1992년 8월 24일, 한국과 중국은 정식으로 국교관계를 수립함으로써 한국전쟁(1950) 이후 30년이 넘는 적대적 관계를 종식하고, 가장 가까운 정치적·경제적 파트너가 되었다. 사실은 국교수립이전인 1986년의 아시안게임·1988년의 서울올림픽 등, 우리나라에서 개최된 국제적 스포츠대회에 중국이 대규모의 선수단을 이끌고 방문함으로써 중국은 이미 우리에게 낯선 나라가 아니었다. 당시 노태우 대통령은 통일정책의 일환으로 북방정책을 추진하면서 구소련과 외교관계를 수립하는 한편, 자신의 재임 중에 한·중 수교를 성사시키기 위해 다각도로 노력을 기울이고 있었다. 사실, 1990년이 되자 홍콩을 경유하여 중국과 이루어지는 간접적 교역의 액수가 38억 달러에 달하는 등, 경제·정치외교 등 여러 가지 측면에서 한·중 수교는 더 이상 미룰 수 없는 외교적 현안이었다. 때문에 1991년에는 정식수교의 전前단계로 무역대표부가 개설되었고, 마침내 1992년 8월 24일에는 한·중 양국에 정식으로 대사관이 개설되었다. 한·중 수교 당시, 우리나라는 중국정부의 강경한 요구에 의하여 타이완과 외교관계를 단절하였는데, 이는 우리 스스로 이용할 수 있는 타이완 외교카드를 너무 쉽게 버린 것이 아닌가 여겨지기도 한다. 타이완과 외교관계 단절 후, 격분한 타이완인들이 한동안 한국상품 배척운동을 벌이는 등, 우리 정부를 곤혹스럽게 한 것은 잘 알려진 사실이다.

(자료: 한국무역협회 통계)

연도	수출	수입
1992	26.5억 달러	37.2억 달러
1997	135.7억 달러	101.1억 달러
1998	119.4억 달러	64.8억 달러
2000	186.1억 달러	128억 달러
2002	227.7억 달러	168.6억 달러
2005	619.9억 달러	385.9억 달러
2007	820억 달러	630억 달러
2011	1,342억 달러	864억 달러
2012	1,343억 달러	807억 달러
2015	1,371억 달러	902억 달러
2017	1,421억 달러	979억 달러

한·중 양국의 교역현황

2017년은 한·중수교 25주년이 되는 해이다. 수교당시의 각종 통계지표와 2017년까지의 여러 가지 통계지표를 비교해 보면, 외교관계 수립 후 양국의 관계가 얼마나 눈부시게 발전했는지 쉽게 알 수 있다.

1992년, 우리의 대중국수출은 26.5억 달러, 대중국수입은 37.2억 달러에 불과했는데, 2012년의 대중국수출은 1,343억 달러로 50배가 넘는 성장을 보였으며, 대중국수입 역시 37.2억 달러에서 807억 달러로 20배에 가까운 양적 증가세를 보였다. 또 중국현지에 상주하고 있는 우리 교민의 숫자는 100만을 넘어섰으며, 2017년에 중국을 방문한 한국인의 숫자도 386만 명을 넘고 있다. 수교 다음 해에 한국을 방문한 중국인의 숫자는 11만 명에 불과하였으나 2017년에는 417만 명에 달하였다. 이러한 숫자만 보더라도 한국과 중국의 경제적·문화적 교류가 얼마나 폭발적으로 증가하고 있는지 짐작할 수 있다.

1998년, 중국을 방문했던 김대중 대통령은 한중관계를 '협력적 동반자 관계'로 선언하였으며, 2003년 7월 중국을 방문했던 노무현 대통령은 한

(자료: 한국관광공사 통계)

연도	방한중국인	방중한국인
1993	11.2만 명	4만 명
1997	58만 명	9.5만 명
1998	30.6만 명	5.9만 명
1999	82.4만 명	20.5만 명
2001	129만 명	48만 명
2002	172만 명	54만 명
2007	106.9만 명	477.7만 명
2011	222만 명	419만 명
2012	284만 명	407만 명
2015	598만 명	444만 명
2017	417만 명	386만 명

한·중 양국의 출입국현황

단계가 더 격상된 '전면적 협력 동반자'관계를 선언하였다. 아울러 한·중·일 3국이 정치적·경제적으로 긴밀한 유대관계를 맺음으로써 동북아 3국의 공동번영을 이룩하자고 강조하였다. 이러한 한·중 간의 교류협력관계는 2008년 3월 이명박 대통령 취임후에도 여전히 긴밀하게 유지되고 있다. 2008년 5월 12일 중국의 쓰촨성에서 대지진이 발생하자, 5월말 중국을 국빈방문한 이대통령은 참사의 현장을 찾아 중국국민들을 위로하였다. 한편, 후진타오 국가주석은 베이징올핌픽(2008. 8.8~8.24)이 끝나자마자 한국을 답방하여 한·중 간의 우호관계를 확인하였다. 이처럼 외형적 상황만을 보면, 한·중간의 상호관계는 순풍에 돛을 단 것처럼 순조로워 보인다. 그러나 그 이면에는 잘 나타나지 않는 모순과 갈등도 적지 않게 존재하고 있다. 2000년 6월의 중국산 마늘로 인해 불거진 무역분쟁이나 2001년 5월의 한국산 철강재에 대한 덤핑판정 등은 대표적 사례라 할 것이다. 또 2000년 이후부터 증가하기 시작한 탈북자의 국내정착문제는 중국이 극도로 민감하게 여기는 외교적 사안이기도 하다. 한국과 중국의 무역 갈등은 앞으로도 증가하리라고 예상되고 있다. 2001년 WTO에 가입하게 된 중국은 선진국 시장에 진입하고 자국 산업의 경쟁력을 높이기 위해 과거의 노동집약적 산업·단순임가공 공장 등을 대대적으로 규제하고 환경오염을 유발하는 외국기업의 진입을 금지하는 새로운 정책으로 나가고 있기 때문이다. 이와 더불어 2004년부터는 모든 기업을 대상으로 최저임금제의 규정을 신설하였고, 일정정도의 장애인 고용을 의무화하기도 했다. 2008년부터 시행에 들어간 새로운 노동계약법에 의하면, 기업은 근로자를 종신고용해야 할 의무가 있기 때문에 노동자를 임의대로 해고하거나 노동자의 복지를 무시하는 일은 생각조차 할 수 없게 되었다. 또 2008년 8월부터는 시장의 지배적 지위를 가진 기업이 불합리한 거래조건을 휘두르는 일이 없도록 하기 위해 반독점법을 통과시켰다. 이러한 시장의 지배적 기업에는 핸드폰을 생산하는 삼성전자, 삼성전자의 LCD모니터부문, 굴삭기를 생산하는 두산 인프라코어 등의 우리 기업들도 해당된다고 한다. 한 마디로 말하자면, 중국에 진출한 외국기업들은 중국의 법령을 철저히 지키고 중국시장의 관행을 엄격하게 따르지 않으면, 시장에서 본전도 건지기 어려운 곤란한 상황에 부딪치게 된 것이다. 주지하다시피 우리나라는 한·중수교이래, 중국경제의 급속한 팽창에 따른 원자재와 중간재의 수출로 10년 넘게 무역흑자를 누렸다. 그러나 중국정부의 급격한 정책전환에 따라 중국시장의 환경변화가 이루어질 것으로 예상되는 만큼 이에 대한 대응책을 시급히 마련하지 않으면, 이미 진출해 있는 기업들은 물론이고 국내의 수출기업들도 커다란 위기에 빠질 것으로 우려되고 있다.

한편, 외교문제에 있어서도 우리는 중국과 긴밀한 협력을 필요로 하지만, 우리의 소망과는 달리 적지 않은 불협화음이 존재하고 있는 상황이다. 대표적인 사례가 북한 핵문제를 둘러싼 한·중간의 미묘한 정치적 입장이다. 1994년 북한의 NPT 탈퇴로 야기된 북한 핵문제는 북·미간의 극적 타협을 거쳐 그 해 10월에 핵사찰 수용의 대가로 북한에 경수로 건설을 제공한다는 국제간의 협상이 이루어졌다. 이어서 2000년 6월 15일, 김대중 대통령과 김정일 위원장의 정상회담이 개최되면서 남북한 핵문제는 조기 해결되리라는 기대를 갖게 하였다. 그러나 9.11테러와 함께 세계정세가 급변하면서 2002년 1월, 미국의 부시 대통령은 북한을 '악의 축'국가에 포함시켰다. 이에 대해 북한은 2003년 1월 다시 한번 NPT 협정을 탈퇴한다는 초강수로 응수하였다. 2003년 7월, 중국을 국빈방문한 노무현 대통령은 후진타오 국가주석과 정상회담을 하면서 중국정부가 북핵문제 해결을 위해 노력해 줄 것을 주문하였다. 곧이어 2003년 8월 27일, 베이징에서 남북한과 강대국(미·중·일·러)들이 동참하는 6자회담이 최초로 개최되었다. 이리하여 북핵문제는 해결의 단서가 잡히는 듯했으나 2005년 9월, 미국이 마카오에 위치한 방코델타아시아은행의 북한 계좌에 대해 금융제재를 실시하면서 다시 벽에 부딪치게 되었다. 이어서 2006년 10월 9일, 북한이 지하핵실험을 강행하면서 북·미관계는 극도로 냉랭해졌으나 6자회담 참여 각국의 노력으로 6자회담이 다시 개최되었고, 2007년에는 2.13합의를 도출해 내었다. 이어서 미국이 북한을 테러지원국의 명단에서 해제하자 북한도 이에 화답하여 영변의 냉각탑을 폭파하였다.(2008. 6.26) 이상에서 살펴본 것처럼 북한의 핵협상과정을 회고해 보면, 미국과 중국의 협조없이 이 문제의 해결은 매우 어려운 것이다.

2007년 8월 미국 주택모기지시장의 불량채권문제가 확대되어 일어난 서브프라임사태는 전세계의 금융위기를 야기하였다. 2008년이 되어, 베어스턴스·리먼브라더스 등 미국의 대형금융사가 파산하고 패니메이나 프레디 맥 같은 모기지 금융회사들이 파국의 위기를 맞이하여 구제금융을 받게 되자 이와 연동되어 있는 전세계의 금융회사들이 유동성위기에 몰리면서 전세계에 금융위기를 가져왔다. 이러한 전세계적 범위의 금융위기는 세계경제의 불황을 유발하여 상승일로의 중국경제에도 커다란 타격을 입혔다. 2008년을 경계로 하여 중국의 경제와 외교는 여러 가지 난관에 부딪치고 있다. 우선 중국 내의 경제상황을 보면, 2008년 미국의 금융위기를 계기로 중국 경제 성장율이 하강하면서 중국 지도부는 신창타이(新常態: new-normal) 경제를 선언하였다. 경제의 '신창타이'선언은 연평균 8% 이상의 고도성장을 달성하며 실업율과 각종 사회문제를 해결해 나간다는 기존의 경제모델이 재조정기에 들어갔음을 의미한다. 2016년 1월의 중국주식시장 대폭락은 대규모 경기부양과 인위적 부동산경기 등의 경제정책이 한계가 있음을 보여주는 것이다. 한편 중국의 경제가 전면적으로 재조정되면서 중국이 제조업 2025계획을 추진하고 첨단산업 중심으로 산업구조를 조정하면서 비슷비슷한 수출품목을 가지는 우리나라 경제 역시 새로운 첨단기술로 시장개척을 해야 한다는 버거운 명제가 주어지게 되었다.

또 다른 측면을 보면, 남북관계가 한국과 중국의 관계를 경색시키기도 하는데 2013년과 2016년에 북한이 3차·4차 핵실험을 단행하자 이를 용인할 수 없었던 미국은 한반도의 방위를 위해 사드 미사일체계를 한국에 도입하기로 결정하였다.(2016년 7월) 중국은 한국의 사드 미사일체계 도입을 반대하며 급기야 2017년부터 문화산업에 한국문화의 유입을 금지하는 한편, 중국관광객의 한국관광을 사실상 금지하면서 우리나라는 상당한 경제적 손실을 감내해야 했다. 2017년 11월, 문재인 대통령이 중국에 국빈 방문하여 시진핑 총서기와 정상회담을 가짐으로써 비로소 이 문제 해결의 실마리가 나타나게 되었다. 또 2017년 말에는 북한의 김정일 국방위원장과 미국의 트럼프 대통령이 서로 핵무기를 사용할 수 있다는 식으로 설전을 벌이면서 한반도의 긴장은 극에 달하였다. 다행히 2018년 2월 평창동계올림픽을 계기로 남과 북이 물밑 접촉을 이어가면서 긴장국면이 완화되었고, 4월에 판문점에서 남과 북간의 정상회담이 열리면서 평화적으로 문제를 해결할 수 있게 되었다. 이어 6월 12일에는 싱가포르에서 김정은 국방위원장과 트럼프 미국 대통령이 1차 북미정상회담을 개최하여 비핵화문제가 외교적으로 해결될 수 있다는 기대를 갖게 하였다. 그러나 2019년 2월 27일과 28일 양일 동안 베트남의 하노이에서 개최된 2차 북미정상회담은 성공리에 마칠 것이라는 내외의 기대와 달리, 결렬되어 많은 충격을 주었다. 결렬의 주요 이유는 UN의 경제재제 해제를 요구하는 북한의 입장과 영변 이외의 핵시설 등도 검증을 요구하는 미국의 입장이 서로 맞섰기 때문으로 관측된다.

현재 한반도에는 완전한 비핵화를 요구하는 미국의 강경한 정책과 동북아의 패권을 놓치지 않으려는 중국의 정책이 서로 전선을 형성하면서 대치하고 있다. 비핵화 문제를 어떻게 지혜롭게 해결해 나갈 것인가 하는 문제는 남북관계는 물론, 동북아의 국제정세를 좌우할 수도 있는 아주 중요한 문제로 대두되고 있다.

중국의 정치기구

중국공산당

1921년 7월, 중국 상하이에서 중국공산당이 창설되었을 때(제1차 전국대표대회), 공산당원의 총수는 57명이었는데, 이 57명의 창설멤버 중에는 마오쩌둥의 이름도 들어 있었다. 1925년 1월, 상하이에서 열린 제4차 전국대표대회에 참석한 공산당원이 불과 950여 명이었으니 초기의 중국공산당이 얼마나 어렵게 발전했는지 알 수 있다. 이처럼 세력이 미미하던 중국공산당은 마오쩌둥이 당의 영도권을 장악한 후부터(1935) 점점 세력을 확대하게 되며 항일전쟁이 끝났을 때(1945)는, 당원 121만·홍군 91만·민병 220만의 거대한 정치세력으로 발전하였다. 1949년 10월, 국공내전에서 승리한 중국공산당은 중화인민공화국의 성립을 선포하면서 유일정당의 지위를 획득하였다.

이상에서 간략히 살펴본 바와 같이 중국공산당의 성장과정은 곧 중화인민공화국의 건국사라고 하여도 과언이 아닐 것이다. 따라서 중국공산당이 중국정치에서 차지하는 권위와 지위는 절대적인 것이라 할 수 있다.

중국헌법의 총강總綱 제1조에서는 국가의 성격을 “무산계급이 영도하고 노동자·농민연합을 토대로 하는 인민민주독재의 사회주의국가”라고 규정하고 있는데, 이른바 무산계급을 대표하는 전위당은 곧 공산당이므로 중국공산당의 지위는 중국 인민을 대표하는 유일한 정치세력인 셈이다. 공산당원의 입당절차는 만 18세 이상의 노동자·농민·군인·지식인·기타 선진분자 등이 일정한 심사를 거쳐 당지부위원회에 입당을 신청하면, 1년 정도의 예비당원기간을 거쳐 정식당원으로 입당된다고 한다. 현재 중국공산당은 약 8천만의 당원을 거느리고 있는데, 이들은 국가기관·각급 단체·각 기업 등에 분산·배치되어 있어 사실상 중국을 이끌어 나가는 유일한 정치세력이다.

- **중국공산당 중앙위원회(당중앙)**

중국공산당 전국대표대회(전당대회)는 중국공산당의 최고 의결기구로 5년에 한 번씩 소집하여 당대회를 열지만 워낙 인원수가 많고 방대하여 토의를 하기에 부적합하므로 당중앙위원회의 결정을 추인하기만 하는 형식적인 기구이다. 따라서 중앙과 지방의 핵심간부가 중심이 되어 구성되는 공산당 중앙위원회가 실질적인 당의 최고 의결기구이다. 이들 중앙위원의 임기는 5년이며 200명 내외로 구성되어 있고(2017년 제19차 전국대표대회에서는 204명이 선출됨), 유고시의 승계와 후진 양성을 위해 100여 명의 후보위원(제19차 전국대표대회에서는 172명을 선출)을 두고 있다. 또 중앙위원 중에서 선출된 약 30여 명의 정치국원과 약간의 후보위원으로 구성되는 당 중앙정치국은 중앙위원회의 실질적 핵심이며(제19차 전국대표대회에서는 25명의 정치국원을 선출), 다시 이 중에서 선출되는 7~9인의 정치국 상무위원은 중국공산당의 최고 핵심지도자라고 할 수 있다. 현재 중앙정치국 상무위원회의 최고책임자는 공산당 총서기인 시진핑이다. 제19기 3중전회中國共產黨

중국공산당 제19차 전국대표대회

第19屆 第3次 中央全體會議라고 하면 19차 전국대표대회 이후 세 번째로 열린 중앙위원 전체회의라는 뜻이 된다. 이 중앙위원 전체회의에서는 정치국원·정치국 상무위원·당총서기·중앙군사위원 등 최고지도부를 선출한다.

- 중국공산당 중앙서기처

정치국과 정치국 상무위원회의 지도 하에 당중앙위원회의 일상적 업무를 관장하는 행정기구이다. 정치국 상무위원회의 지명을 거쳐 약간 명의 서기를 두고 있고 당 총서기의 관장 하에 있다. 중앙서기처는 중국공산당의 핵심조직으로 정치국의 주요결정들을 집행한다고 할 수 있다. 중앙서기처의 주요기구로는 중앙판공청·중앙조직부·중앙선전부·중앙대외연락부·중앙당학교 등이 있다. 중앙판공청은 우리나라의 대통령 비서실과 경호실의 기능을 합친 조직이며, 중앙조직부는 중국공산당원 전체의 인사를 관장하는 조직이고, 중앙당학교는 공산당 간부의 사상과 이념교육을 책임지는 기관이다.

- **중국공산당 중앙군사위원회**

인민해방군은 중국혁명의 주역일 뿐만 아니라 중국공산당의 주요 무력수단이다. 따라서 인민해방군내에는 연합참모부와 더불어 당중앙의 정치공작을 담당하는 정치공작부를 함께 두고 있다. 인민해방군을 지휘하는 것은 당 전국대표대회에서 선출되는 7인의 중앙군사위원회위원이며, 위원회의 주석은 통상 당 총서기가 겸임한다.(임기 5년) 중앙군위의 절반은 군 최고장성들이 임명되지만, 주석과 제1 부주석은 총서기 등 당지도자들이 임명되기 때문에 인민해방군에 대한 당의 지배는 확고하다. 정치에 참여하는 인민해방군의 특수한 성격 때문에 중앙군위의 서열은 아주 중요하다. 과거에 덩샤오핑은 개혁을 총지휘하면서 중앙군위주석의 신분으로 당총서기나 국가주석보다 더 많은 실질적 권한을 행사한 적이 있다. 2012년에 중앙군사위원회 주석직을 승계한 시진핑은 인민해방군의 대대적인 개혁에 착수, 군병력 50만 명을 감축하고 160명의 장성들을 부패혐의로 숙청하는 등, 군의 면모를 크게 바꾸었다. 이밖에도 당내의 부정부패 감시와 해당행위 및 반당행위 등을 적발하는 것을 주임무로 하는 중국공산당 기율검사위원회가 있으며(위원 7명), 각급 지방조직·단체·기업 등 사회 전 분야에 걸쳐 공산당의 하부기층조직을 두고 있다.

국가기관

앞에서 이미 살펴본 것처럼 중국의 모든 국가기관은 중국공산당의 영도를 받고 있지만 헌법의 규정에 따르면 행정기구와 입법기구의 독립성이 보장되어 있다. 중국의 행정기관으로는 국무원(중앙인민정부)이 있고, 입법기관으로는 전국인민대표대회가 있으며 사법기관으로는 최고인민법원·최고인민검찰원 등과 중국정치구조에서 특수한 위치를 차지하는 인민해방군 등이 있다.

- **국무원**

우리나라의 행정부에 해당하는 기능을 가지고 있는 것이 국무원이며 국무원은 중앙인민정부의 구실을 하므로 그 산하에는 각 지방인민정부(성급·시급 등)가 있다. 국무원 총리는 중국 내에서 권력서열 제3위의 자리이며(현재의 총리는 리커창이다), 국가주석의 제청에 따라 전국인민대표대회에서 선출하고 5년 임기에 1회 연임이 가능하다. 국무원 산하에는 수십 개의 부部와 전문기구가 있는데 부총리·각부부장·각주임·비서장 등은 총리의 제청을 거쳐 전인대에서 선출된다. 4명의 부총리는 국정전반의 현안을 분담하고 총괄 지휘한다. 예를 들면 제1부총리 및 경제담당·농업담당·대외담당 부총리 등등이다. 국무원의 주요권한은 다음과 같다.

① 헌법과 법률에 의거하여 행정을 집행하고 행정법규를 제정한다.

② 전국인민대표대회에 각종 안건을 제출한다.

③ 각부와 위원회의 업무를 규정하고 지도한다.

④ 각성·직할시·자치구 등 산하 지방기관의 업무를 지도 감독한다.

⑤ 경제발전계획을 세우고 국가의 예산계획을 집행한다.

⑥ 대외사무를 관리하고 외국과의 조약 또는 협정체결을 맡는다.

- **전국인민대표대회**

우리나라의 국회에 해당하는 입법기관인데 헌법의 규정상으로는 법률상 최고의 지위와 권한을 가지고 있다. 전인대의 대표는 각 성·자치구·직할시 인민대표대회 및 인민해방군과 소수민족 중에 선출된 대표 등으로 구성되며, 3,500명을 초과할 수 없도록 규정되어 있다.(임기는 5년) 전인대 회의는 1년에 한 차례 정도 개최되나 공산당 전국대표대회와 마찬가지로 너무 인원이 방대하므로 토의기관이라기보다 의결기관이다. 즉, 중요한 정책의 토의와 결정은 상설기구로 가동되는 전인대 상무위원회에서 이루어진다. 상무위원들은 전인대에서 선출되며, 위원장 1명·부위원장 29명·비서장 1명과 약 200명의 위원이 선출된다.(현재의 전인대 상무위원장은 리잔수 栗戰書 이다) 헌법규정으로 보면 전인대 상무위원회는 최고의 권력기구이지만 사실은 공산당 중앙정치국의 결의사항을 추인하고 법적으로 보장하는 임무를 맡고 있다. 전인대의 주요 권한은 다음과 같다.

① 헌법에 대한 제헌권과 헌법실시에 대한 감독권

② 각종법률에 대한 입법권

③ 국가주석·부주석·중앙군위주석 및 위원·최고인민법원장·최고인민검찰원장 등에 대한 선출권

④ 국가예산에 대한 심의 및 제반경제계획에 대한 심사와 승인

⑤ 국가행정에 대한 통제 및 조사권

- 최고인민법원과 최고인민검찰

중국의 사법제도는 수사기관과 재판기관 및 감독기관 등으로 나누어져 있으나, 우리나라의 사법제도와는 조금 차이를 보이고 있다. 즉, 우리나라의 경찰에 해당되는 공안부(국무원 산하)와 국가안전부는 수사를 맡는 기관이지만, 우리의 검찰에 해당하는 최고인민검찰은 독립기관이며 국가의 최고법률감독기관으로, 주로 부패사건·경제범죄·뇌물과 관련된 사건의 수사를 맡는다. 또 최고인민법원은 우리의 대법원과 비슷한 기능으로 공안기관이나 인민검찰원이 기소한 사건에 대한 재판을 맡는다.

최고인민검찰원의 검찰장은 전국인민대표대회에서 선출되며 부검찰장·검찰원(검사)·검찰위원회위원 등은 검찰장의 제청에 의해 전인대 상무위원회에서 임명하거나 파면한다. 최고인민검찰원의 기능은 다음과 같다.

① 반역사건·국가정책·법률파괴 등의 중대사건수사

② 공안기관의 수사활동에 대한 수사감독권

③ 인민법원의 재판활동에 대한 적법여부의 감독

④ 감옥·구치소 등의 행정적절여부의 감독

⑤ 각 지방인민검찰원에 대한 지도감독

최고인민법원의 원장은 전국인민대표대회에서 선출하며 부원장·심판원(판사)·심판위원회위원 등은 원장의 제청에 의해 전인대 상무위원회에서 결정한다. 최고인민법원의 기능은 다음과 같다.

① 법률에 의해 최고인민법원의 관할로 규정하거나 스스로 판결대상으로 인정한 제1심의 판결

② 고급인민법원 또는 지방인민법원판결의 상소사건

③ 최고인민검찰원이 제출한 항소사건

④ 법률과 법령에 대한 최종 해석권

중국의 사법제도는 이심제二審制를 채택하고 있고, 형벌로는 유기징역·무기징역·사형 등의 형이 있다.

- 인민해방군

중국의 정치구조에서 인민해방군은 공산당·국무원과 더불어 당·정·군이라는 3대 권력 핵심의 하나로 여겨지고 있다. 중화인민공화국을 건설

하기 위한 중국혁명의 과정에서 인민해방군은 무력을 통해 중국공산당의 주요 정책을 집행했을 뿐 아니라 건국 후에도 마오쩌둥과의 밀접한 관계로 말미암아 중국정치의 막후실세로 작용하였다. 근래 시진핑은 공산당 총서기 겸 국가주석 당중앙군사위원회 주석의 3대 권력을 장악하면서 인민해방군의 개혁작업을 진두지휘하고 있다. 이에 따라 원래 총정치부와 총참모부의 양대 기능으로 나누어져 있던 인민해방군은 총정치부와 총참모부를 폐지하고 당중앙군사위원회의 산하에 15개의 직속부서가 신설되었다. 당중앙군사위원회의 직속부서 15개는 판공청을 비롯하여 연합참모부·정치공작부·후근보장부·장비발전부·훈련관리부·국방동원부·기율검사위원회·정법위원회·과학기술위원회·전략규칙판공실·개혁 및 편제판공실·국제군사합작판공실·심계서·기타사무관리총국 등이다. 이 중 새로 신설된 기율검사위원회·정법위원회·심계서 등의 기구는 시진핑 총서기가 추진하고 있는 인민해방군 내의 부패척결 및 군내기율확립과 연관 있는 것으로 생각된다. 이른바 인민해방군의 개혁작업과 현대화작업은 전방위적으로 진행되고 있다. 원래 인민해방군은 7대 군구체제였으나 이를 개편하여 5개 전구戰區체제(北部戰區·中部戰區·東部戰區·南部戰區·西部戰區)로 전환하였으며 18개의 집단군을 13개로 축소하였다. 이러한 군제의 개편과 더불어 군내의 부패현상을 일소하기 위해 전체 1,000명의 군 장성 중 160명을 부패혐의로 숙청하였다. 시진핑 주석의 의도는 싸워서 이길 수 있는 군대, 세계 제일의 강군强軍을 만드는 것이라고 한다. 이에 따라 매우 엄격한 군 기율을 강조하고 있다. 인민해방군의 총사령관이라 할 수 있는 중앙군사위 주석은 장쩌민에서 후진타오로, 후진타오에서 시진핑으로 승계되어 왔다. 현재 중앙군사위 주석은 시진핑이며, 부주석은 쉬치량許其亮과 장유샤張又俠이다.

- **인민정치협상회의(정협)**

1949년, 중국공산당은 대륙을 통일하고 국가건설의 과정을 겪으면서 각 계급과 정파의 지지를 얻기 위해 '인민정치협상회의'를 출범시켰다. 이때, 정협 위원들은 중앙인민정부위원회를 탄생시키고 국기·수도(베이징)·임시헌법(공동강령) 등을 제정하는 등, 전인대의 전신역할을 하였다. 1954년, 전국인민대표회의가 정식으로 구성되자 정치협상회의는 원래의 통일전선임무를 수행하게 되었으며 문화대혁명의 기간 중에는 정협의 기능이 거의 마비되었다가 1978년 이후, 새롭게 정협의 기능이 부활되었다. 정협의 원래기능은 전인대로 이양되었기 때문에 현재의 정협은 중국내의 각 민주당파와 재야조직 등을 흡수하여 대내적으로는 각종 국민의 불만과 건의사항 등을 당과 국가기구에 전달하고 있으며 대외적으로는 각국의 민간단체나 정부요인 등과 친교를 맺어서 정부차원에서 하기 곤란한 일을 대행하는 것이다. 정협의 전국위원회는 2,000명이 넘는 인원으로 매우 방대하기 때문에 정협상무위원회가 실질적인 기능을 하고 있으며 산하에 있는 여러 기구의 주석과 부주석들이 모인 주석회의에서 일상적 업무를 관장하고 있다.(현재의 정협 주석은 왕양汪洋 정치국 상무위원이다) 따라서 정협은 국가나 공산당의 차원에서 관여할 수 없는 국책사항을 정협이 지원하거나 대외적으로 사회주의민주주의(민주당파 등을 수용한 민주제도라는 것)를 선전하는 민간정치기구의 기능을 수행하고 있다.

- **지방의 정치기구**

중국정치구조의 한 특징은 중앙에 당중앙이나 국무원 및 전인대 등의 조직이 있는 것과 같이 지방의 각급 기관과 행정단위에도 이러한 중앙조직의 하부기관이 있으며 이들 하부조직은 상급기관의 지도와 감독을 받게 되어 있다.(이를 민주집중제라고 함) 예를 들면 국무원은 중앙인민정부에 해당하는데 그 산하에는 각 성과 직할시의 인민정부가 있으며, 성인민정부의 산하에는 각 시와 현급 인민정부가 있고, 또 그 밑에는 진鎭이나 촌村급 인민정부가 있는 것이다.

그러면 성인민정부의 성장省長이나 시장市長 등이 최고 결정권자인가 하면 그것이 아니라는데 중국 정치구조의 특성이 있다. 각급 지방 행정단위에는 공산당조직이 결성되어 있어 성급 당위원회·시급 당위원회·현급 당위원회 등을 책임지고 있는 당 제1서기가 사실상의 정책결정권자인 것이다. 이들 당 제1서기들은 보통 부副가 들어간 직함, 곧 부성장이나 부시장 및 부위원장 등의 직함을 가지고 있더라도 실제로는 최고 정책결정권자인 경우가 많다. 그러므로 중앙정부의 경우도 부총리니 부주석 등의 직함을 가진 당원이 실제로 실력자인 경우가 흔하다.

중앙의 행정간부를 뽑기 위해 전국인민대표대회가 존재하듯이 각급 인민정부관리를 선발하기 위해 지방 인민대표대회가 존재하고 있다. 이들 성급·지급(시급)·현급·향급 인민대표는 임기가 5년이며 지방인민정부에 대한 인사권·예산심의권·지방법률제정권·인민법원과 인민검찰에 대한 감독권 등의 권한을 가진다.

○ 중국 현 지도부 및 신설·개편된 행정부 기구

• 중국공산당 중앙위원회 정치국 상무위원회 :

- 총서기 : 시진핑習近平

- 상무위원(7인) : 시진핑·리커창李克强·리잔수栗戰書·왕양汪洋·왕후닝王滬寧·자오러지趙樂際·한정韓正

• 주요 국가 기구의 책임자 :

- 국가주석 : 시진핑

- 국가부주석 : 왕치산王岐山

- 전국인민대표대회 상무위원장 : 리잔수
- 국무원 총리 : 리커창
- 국무원 부총리 : 한정·쑨춘란孫春蘭·후춘화胡春华·류허劉鶴
- 중앙군사위원회 주석 : 시진핑
- 중앙군사위원회 부주석 : 쉬치량·장유샤
- 인민정치협상회의 주석 : 왕양

중국의 정권구조 조직표

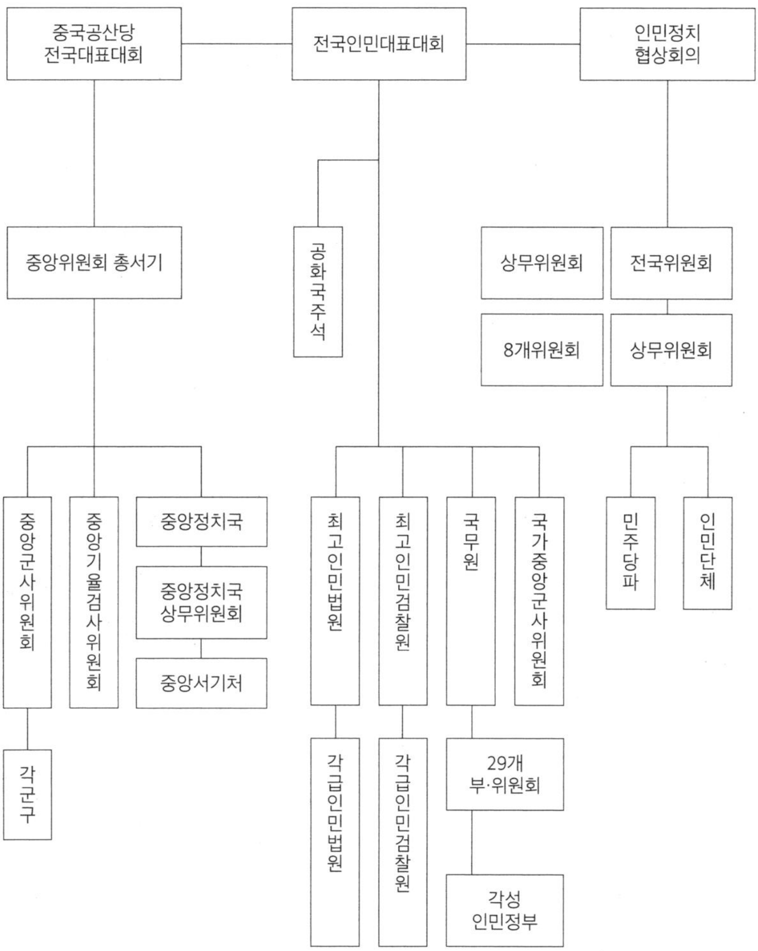
중국공산당 전국대표대회
전국인민대표대회
인민정치 협상회의
중앙위원회 총서기
공화국주석
상무위원회
전국위원회
8개위원회
상무위원회
중앙군사위원회
중앙기율검사위원회
중앙정치국
중앙정치국 상무위원회
중앙서기처
각군구
최고인민법원
최고인민검찰원
국무원
국가중앙군사위원회
민주당파
인민단체
각급인민법원
각급인민검찰원
29개 부·위원회
각성 인민정부

중국공산당 조직표

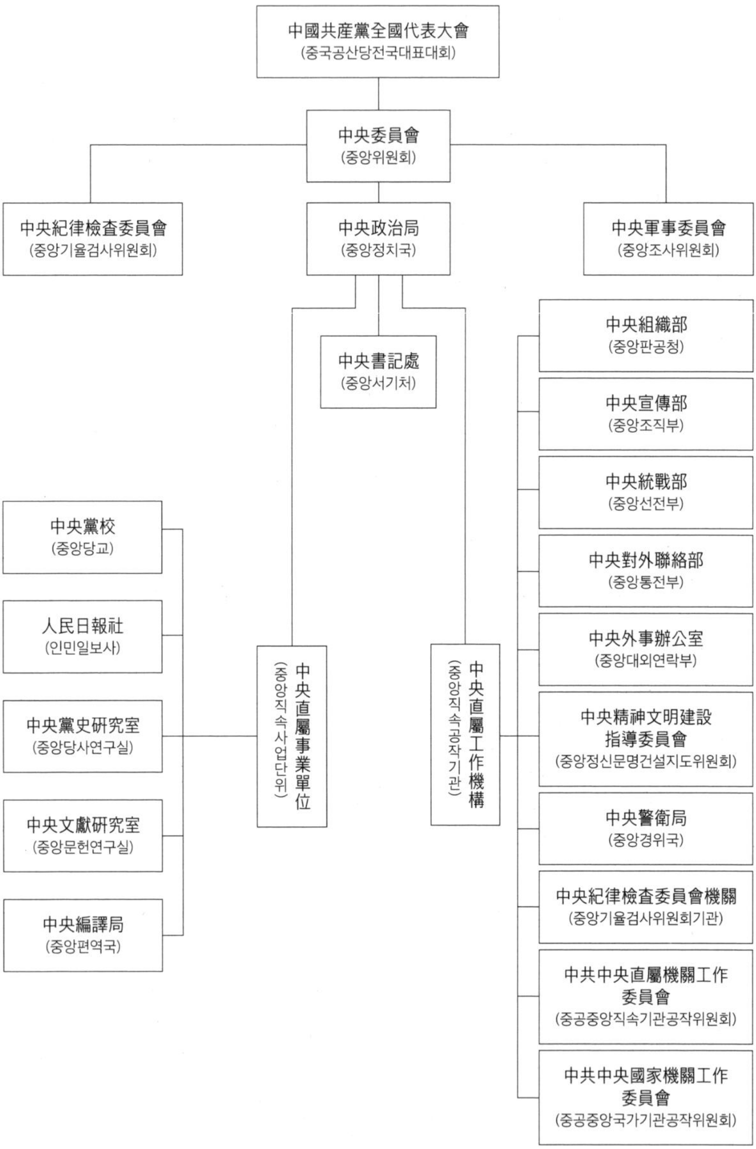
中國共産黨全國代表大會
(중국공산당전국대표대회)
中央委員會
(중앙위원회)
中央紀律檢査委員會
(중앙기율검사위원회)
中央政治局
(중앙정치국)
中央軍事委員會
(중앙조사위원회)
中央書記處
(중앙서기처)
中央組織部
(중앙판공청)
中央宣傳部
(중앙조직부)
中央統戰部
(중앙선전부)
中央對外聯絡部
(중앙통전부)
中央外事辦公室
(중앙대외연락부)
中央精神文明建設指導委員會
(중앙정신문명건설지도위원회)
中央警衛局
(중앙경위국)
中央紀律檢査委員會機關
(중앙기율검사위원회기관)
中共中央直屬機關工作委員會
(중공중앙직속기관공작위원회)
中共中央國家機關工作委員會
(중공중앙국가기관공작위원회)
中央直屬工作機構
(중앙직속공작기관)
中央直屬事業單位
(중앙직속사업단위)
中央黨校
(중앙당교)
人民日報社
(인민일보사)
中央黨史硏究室
(중앙당사연구실)
中央文獻硏究室
(중앙문헌연구실)
中央編譯局
(중앙편역국)

중국의 새로운 지도자들

2017년 10월에 개최된 중국공산당 제19차 전국대표대회에서 시진핑習近平 총서기·리커창李克强 총리·리잔수栗戰書 전국인대상무위원장 등이 새로운 지도부로 선출되었다. 새로운 지도부이긴 하지만 이미 제18차 전국대표대회에서 총서기로 선출되었던 시진핑과 총리로 선출되었던 리커창이 재선되었고 전국인민대표대회 상무위원장이었던 장더장이 리잔수로 교체됨으로서 새 지도부는 시진핑 집권 2기의 성격을 가진다. 시진핑 총서기는 후진타오 전임총서기의 정책을 계승하면서도 '중국몽中國夢'을 부르짖으며 21세기를 중국의 시대로 만들겠다는 다짐하에 당·정·군을 전방위적으로 개혁하는 작업을 추진함으로서 강한 지도자의 인상을 국민들에게 각인시켰다. 리커창 총리는 공청단 출신의 정치인으로 경제학박사 학위를 취득한 경제통으로 경제정책을 총괄적으로 지휘하는 역할을 맡고 있다. 2012년 시진핑과 리커창 체제가 등장할 무렵, 북한의 김정은 국방위원장이 자신의 후견인이던 장성택을 전격적으로 제거하여 장성택과 우호관계를 유지하던 중국공산당을 당황하게 하였다. 이제 막 집권을 시작했던 시진핑 총서기는 북한의 조치에 대해 일종의 위기감을 느낄 수밖에 없었다. 공교롭게 시진핑의 집권 2기가 시작되는 2017년에 김정은 국방위원장은 핵실험과 탄도 미사일 실험을 거듭하면서 새로 취임한 도날드 트럼프 미국대통령과 대결구도를 형성하였다. 시진핑 총서기는 한반도의 핵위기에 부심하면서 집권 2기차 임기를 시작하게 되었다. 2018년 2월 평창올림픽을 계기로 남북간의 접촉이 시작되고 4월 27일 판문점에서 문재인 대통령과 김정은 위원장의 정상회담이 열리면서 핵위기는 겨우 한 숨 돌리게 되었고 6월 12일 싱가포르에서 트럼프 대통령과 김정은 위원장의 역사적인 북미회담이 열리면서 핵위기는 비핵화협상으로 그 의제가 바뀌었다.

북한과 미국의 싱가포르 정상회담은 동아시아 국제정세를 급격히 전환시킬 수 있는 외교적 사건이었다. 한반도의 급격한 변화는 국제정세의 안정을 바라는 중국의 입장에서 매우 긴장될 수밖에 없는 사안이었다. 마찬가지로 남북간의 평화협력을 증진시켜야 할 우리나라의 입장에서도 남북관계를 성공적으로 이끌기 위해 미국과 중국의 협력이 매우 절실하지 않을 수 없다. 이러한 동아시아 정세의 급변속에서 중국의 최고지도자들은 과연 어떠한 결단과 선택을 하게 될 것인가? 이러한 국제정세를 염두에 두면서 본 장에서는 중국공산당을 이끄는 7인의 최고지도자 정치국 상무위원의 면면을 소개해 보고자 한다.

시진핑習近平

1953년 산시성陝西省 푸핑현富平縣에서 태어난 시진핑은 덩샤오핑의 친구이며 쟁쟁한 혁명가였던 시중쉰習仲勳의 아들로 태어났다. 시중쉰은 저명한 공산당 간부였지만 마오쩌둥의 문화대혁명 시기에 반혁명이라는 억울한 누명을 쓰고 재교육을 받아야 했으며 부족한 것 없던 당간부의 아들이었던 시진핑도 어려운 시절을 보내야 했다. 이때 농촌에서 단련을 하면서 훗날 어떤 고난도 이겨낼 수 있는 강한 의지를 가지게 되었다고 전해진다. 문혁이 종결되고 덩샤오핑이 최고지도자가 되면서 시중쉰도 옛 직위를 회복하게 되었다. 시진핑은 1979년 칭화대학 공정화학과를 졸업하였으며 1983년 허베이성河北省 정딩현正定縣 공산당 부서기로 관직생활을 시작했다. 1985년 32세의 젊은 나이에 푸젠성福建省 샤먼시厦門市 부시장이 되었고, 1988년 푸젠성福建省 닝더지구寧德地區 공산당 서기, 1990년엔 푸저우시福州市 공산당 서기를 역임하였다. 1995년에는 푸저우시의 공산당서기 겸 푸젠성의 공산당 부서기로 승진하였다. 그야말로 보기 드문 고속승진이라고 할 수 있는데 시중쉰의 후광은 물론이거니와 시진핑 자신의 끊임없는 노력의 결과라고 할 수 있었다. 2000년 푸젠성 공산당 부서기 겸 푸젠성 성장이 되어 전국적인 인물이 될 수 있는 기회를 얻게 되었다. 다시 2002년에는 저장성浙江省 성장 겸 공산당 부서기로 승진하였으며 1998년에서 2002년의 기간에 칭화대학 인문사회학원에서 마르크스주의 정치학석사 및 법학박사학위를 취득하기도 했다. 2005년에 저장성 공산당 서기로 승진하였고, 2007년에는 개혁개방 이래 가장 중요한 도시로 여겨진 상하이의 공산당 서기로 승진하였다.

시진핑

2007년 중국공산당 제17차 전국대표대회에서 당중앙정치국 상무위원으로 진입하여 서열 6위가 됨으로써 서열 7위가 된 리커창 상무위원보다 한 단계 앞서게 되었다. 2008년 정치국 상무위원 겸 중앙서기처 서기의 직함을 가지고 중앙당교 교장을 겸임하였다. 이어 국가부주석의 직위에도 올라 제1인자의 예비수업을 받게 되었고, 다시 당중앙군사위원회 부주석의 직위에 오름으로서 군대의 통수권도 익히기 시작하였다. 2012년 11월 중국공산당 제18차 전국대표대회에서 총서기에 선출된 시진핑은 후진타오의 지위를 승계하였다. 아울러 리커창 상무위원이 총리의 자리에 올라 시진핑 총서기와 호흡을 맞추게 되었다. 2013년 이후에는 국가주석·총서기·당중앙군사위원회 주석의 자리를 겸직하여 절대권력을 획득한 시진핑 총서기는 점차 독자적 노선을 걷게 되었고 그의 노선은 '시진핑사상'으로 명명되었다. 2008년 미국의 금융위기로 세계경기가 불안한 가운데에도 중국은 2008년의 베이징올림픽과 2010년의 상하이 무역박람회 등을 성공적으로 개최하였다. 그러나 전세계적 경기침체의 여파로 수출 중심의 중국경제도 침체에 빠지게 되어 20년 넘게 유지해 온 경제성장율 연 8%를 계속하여 고수하는 것은 더 이상 불가능해졌다. 시진핑 총서기는 중국경제의 앞날이 지속적 저성장의 길이 될 것으로 예측하고 이를 '신창타이新常態'(new-normal)로 규정하였다. 이에 따라 종래 등한시되던 환경보호정책이나 빈부격차 해소 등에 많은 관심을 쏟게 되었으며 저성장의 기조를 극복하기 위해 최첨단산업의 육성에 전력을 기울이고 있다. 또 공산당간부의 무능과 부패를 개혁하기 위해 관료사회를 대대적으로 수술하고 있다. 2017년 중국공산당 제19차 전국대표대회를 통해 새로운 임기를 시작한 시진핑 총서기는 '중국의 꿈'을 공식적인 국가목표로 제시하면서 제조업 2025계획을 통해 세계 최고의 공업선진국이 되자고 부르짖었다. 현재 중국은 미국을 제치고 세계 제 1위의 경제대국이 되겠다는 국가목표를 세우고 있으며 이를 실천하는 주요 수단으로 제조업 2025, 일대일로一帶一路정책 등을 내세우고 있다.

리커창李克强

리커창

1955년 안후이성安徽省 딩위안定遠에서 출생한 리커창은 부친이 평범한 공무원 출신이었으나 남다른 근면과 노력으로 최고지도자의 반열에 오른 입지전적 인물로 알려져 있다. 고교 졸업 후, 안후이성 펑양현 鳳陽縣의 농장노동자 신분이었던 그는 불과 2년 만에 농장 당지부 서기가 될 정도로 근면하였다. 1982년 베이징대학교 법학과에 입학하였으며 수재로 소문났던 그는 1983년 공청단 중앙서기처 후보서기로 발탁되었고 대학졸업 이후에도 대학원 진학을 하지 않고 공청단에 계속 남아 공청단의 업무를 보게 되었다. 1983년에서 1985년까지 공청단의 업무를 보면서 후진타오 전 총서기의 신임을 얻은 것으로 알려지고 있으며, 1993년에는 공산주의 청년단 제1서기 및 중국청년정치학원 원장으로 승진하였다. 1988년에서 1995년의 기간 중에 베이징대학 경제학원에서 공부하면서 경제학석사 및 박사학위를 취득하였다. 1998년에 허난성河南省 공산당 부서기로 임명되었고 2002년에는 허난성 공산당 서기 겸 성장으로 승진하였다. 2004년에는 랴오닝성遼寧省 공산당 서기로 승진하였다. 2000년 이래 후진타오 총서기의 후임을 놓고 시진핑과 리커창 사이에 보이지 않는 경쟁이 존재하였다. 불운하게도 리커창은 허난성 공산당 서기로 부임했을 때 허난성에서 재난인명사고가 일어났고 랴오닝성 공산당 서기로 부임했을 때에도 랴오닝성에서 뜻밖에 재난인명사고가 일어난 바 있다. 이는 결국 리커창의 불운이요 시진핑의 행운이라 할 만하다. 2007년의 중국공산당 전국대표대회에서 리커창이 상무위원 서열 7위가 된 것은 이러한 그의 불운에도 적지 않은 영향 관계가 있는 듯하다. 2012년 11월, 중국공산당 제18차 전국대표대회에서 국무원총리로 선출된 리커창은 2013년 이래 중국의 경제문제를 총괄 지휘하였다. 특히 농민공 문제를 해결하기 위해 '신형도시화' 정책을 추진하여 상당한 성과를 거두기도 하였다. 그는 또 농촌의 빈곤문제 해결에도 많은 노력을 기울이고 있다. 2013년 이래, 중국은 고속성장의 시대를 끝내고 저속성장의 시대를 맞이하게 되었다. 2017년 중국공산당 제19차 전국대표대회에서 시진핑 총서기와 더불어 국무원총리로 연임된 리커창은 미국의 보호무역정책으로 인해 중국의 대미 수출이 쉽지 않게 된 상황에서 경제의 최고사령탑을 맡아 중국경제의 재조정작업을 지휘하고 있다.

리잔수 栗戰書

리잔수

2018년 3월, 제13차 전국인민대표대회에서 정식으로 전국인대상무위원장으로 선출된 리잔수는 2012년부터 중국공산당 중앙판공청주임(중앙판공청은 우리나라의 대통령비서실기능과 경호실기능을 함께 가진 기관이다.)으로 근무하며 시진핑 총서기를 지근거리에서 보좌한 바 있다. 리잔수는 그의 집안에서 27명이나 되는 혁명가를 배출한 이른바 혁명가집안 출신이다. 리잔수는 1950년 허베이성河北省 핑산현平山縣에서 태어났으며 문화대혁명 시절 농촌 생산대대에서 양을 키우는 일을 맡았다고 한다. 생산대대의 간부가 리잔수를 추천하여 1971년에 허베이성 스자좡石家莊 재정무역학교에 입학했다고 한다. 졸업 후인 1972년에는 스자좡시 상업부 공무원이 되었으며 1976년에는 스자좡시위원회 판공실에서 일을 하게 되었다. 1983년까지 스자좡시위원회 판공실에서 근무하였으며 이 기간에 허베이사범대학 야간학부를 졸업하기도 했다. 1983년 허베이성 우지현無極縣 공산당 서기가 되었고, 1986년에는 허베이성 공청단 서기를 맡았으며 1993년에는 허베이성위원회 상무위원이 되었다. 1998년에는 산시성陝西省위원회 상무위원으로 자리를 옮겼으며 산시성 공산당 조직부장의 자리를 거쳐 2002년 4월에 시안시西安市 공산당 서기를 맡았다. 2003년말 헤이룽장성黑龍江省 공산당 부서기로 자리를 옮겼으며 2007년에 헤이룽장성 공산당 서기가 되었다. 2010년에는 구이저우성貴州省 공산당 서기가 된 리잔수는 구이저우성의 GDP를 크게 증가시켰다. 구이저우성에 대한 국내외의 투자액 증가율도 전국 1위(2011년)를 기록하는 등, 리잔수 서기의 부임 후 구이저우성의 경제여건이 크게 향상되었다. 리잔수 서기가 구이저우에서 추진한 공업화·도시화·농촌현대화전략은 당중앙의 지도자들에게 큰 관심을 불러 일으켰다.

2012년 시진핑의 발탁으로 리잔수는 당중앙 판공청 주임이 되어 시진핑을 가장 가까운 거리에서 보좌하게 되었다. 2017년 중국공산당 제19차 전국대표대회에서 리잔수는 7인의 당중앙정치국 상무위원의 한 사람이 되었으며 또 우리나라의 국회의장에 해당하는 전국인민대표대회 상무위원장으로 선출되었다. 리잔수는 오랜 공직생활에서 후진타오로 대표되는 공청단 인맥과도 깊은 관계를 가지고 있고 시진핑의 최측근으로 활동한 이력이 있어 시 총서기의 신임도 매우 두텁다. 이러한 경력으로 미루어 볼 때 리잔수 위원장은 전국인대 상무위원장의 역할을 잘 수행할 것으로 기대되고 있다.

왕양 汪洋

왕양

1955년 안후이성 쑤저우蘇州에서 출생한 왕양汪洋은 1972년 고등학교를 중퇴하고 식품공장공원으로 사회생활을 시작하였다. 1975년에 공산당에 가입한 왕양은 1976년 쑤저우 5.7간부학교 교원에 임용되었고 이곳에서 교연연구실주임·학교당위원회위원 등으로 활동하였다. 1979년 중앙당교 정치경제학과정에 입학하여 공부를 하였으며 1980년 쑤저우 당교 교사를 거쳐 1981년에는 안후이성 쑤저우시 공청단위원회 부서기가 되었다. 다음 해에는 안후이성 공청단위원회 선전부장이 되었고 1983년에는 안후이성 공청단위원회 부서기로 승진하였다. 1988년에는 퉁링铜陵시장으로 부임하여 낙후하고 나태했던 퉁링시의 기풍을 일소하여 전국적으로 주목을 받았다. 1993년에는 안후이성 부성장이 되었으며 1998년에 안후이성 공산당 부서기로 승진하였다. 1999년에는 국무원 국가발전계획위원회 부주임이 되어 11.5 경제개발계획에 참여하였다. 2003년에는 국무원 부비서장이 되어 국무원 총리였던 원자바오를 보좌하게 되었다. 2005년에는 충칭시重慶市 당서기가 되어 충칭시 경제개발을 지휘하면서 민의를 일방적으로 무시하지 않는 합리적 지도력을 발휘한 바 있다. 2007년 왕양은 광둥성廣東省 당서기로 부임하였다. 왕양은 광둥성의 산업구조를 첨단산업중심으로 변혁하고 부가가치가 낮은 중소기업들은 광둥성 외곽으로 보내거나 아예 내륙으로 이동시켰다. 2008년에 미국에 금융위기가 발생하자 광둥성의 중소기업들도 도산하는 회사가 속출하였다. 당중앙의 지도자들은 이를 몹시 우려했지만 왕양은 도리어 이를 경쟁력강화의 기회로 여기고 경쟁력이 없는 기업들을 구원하지 않고 도태되도록 하였다. 이러한 왕양의 개혁적 성향은 당내 보수적 원로에게 적지 않은 견제의 대상이 되기도 하였다. 2017년 10월 중국공산당 제19차 전국대표대회에서 왕양은 정치국 상무위원으로 선출되고 아울러 인민정치협상회의 주석으로 선출되었다.

왕후닝 王滬寧

왕후닝

왕후닝王滬寧은 1955년 10월 상하이에서 태어났다. 왕후닝은 소년시절부터 철학과 정치 관련서적을 읽는 것을 몹시 즐겼다고 한다. 그는 1974년 상하이 사범대학 외국어훈련반에 입학하여 프랑스어를 3년 동안 배웠다고 한다. 이러한 경력으로 외교관으로 갈 기회가 있었으나 그 길을 가지 않고 1978년 푸단대학復旦大學 국제정치학과 대학원에 입학하였다. 왕후닝은 동 대학원에서 석사학위를 취득한 후, 1985년 1985년 푸단대학 국제정치학과 부교수로 임용되었다. 1988년에서 다음 해까지 약 1년 동안 미국의 아이오와대학과 캘리포니아대학에서 방문학자로 연구하였다. 1989년에 귀국하여 푸단대학의 정치학과 주임교수가 되었고 1994년에는 푸단대학의 법학원원장으로 승진하였다. 1995년 쩡칭훙과 우방궈의 추천으로 중국공산당 중앙정책 연구실로 자리를 옮겼으며 이때부터 당중앙의 주요 정책을 연구하게 되었다. 1998년 당중앙 정책연구실 부주임이 되었고 2002년에는 당중앙 정책연구실 주임으로 승진하였다. 왕후닝은 2002년 당중앙 정치국원으로 선출되었고 중국공산당 제17차 전국대표대회에서 당중앙서기처 6명의 서기 중 한 사람으로 선출되었다. 주지하다시피 왕후닝은 중국공산당 최고의 정책브레인으로 통한다. 그는 2002년 장쩌민 주석의 '삼개대표이론'과 2007년 후진타오 주석의 '과학적 발전관' 등의 정책이론을 만들었던 당사자로 현재의 시진핑 주석에게도 많은 정치적 조언을 하는 것으로 알려졌다. 왕후닝은 당중앙의 정책이론에 관여한 까닭에 지방을 통치한 행정경험이 전혀 없다. 그러나 각기 성향이 다른 장쩌민과 후진타오, 시진핑 등 최고지도자에게 최고의 브레인으로 보좌할 수 있었다는 것은 그의 이론적 업적이 매우 탁월함을 충분히 입증하는 것이다. 2017년 10월 중국공산당 제19차 전국대표대회에서 왕후닝은 7인의 정치국 상무위원 중 한 사람으로 선출됨으로써 막후의 실력자라는 베일을 걷고 정치의 전면에 등장하였다.

자오러지 趙樂際

자오러지

자오러지趙樂際는 1957년 3월 칭하이성青海省 시닝西寧에서 태어났다. 자오러지는 1980년 베이징대학 철학과를 졸업하고 1980년에 칭하이성 상업청 정치처 간사로 임용되어 관직생활을 시작했고 이후 줄곧 칭하이성에서 근무하였다. 1986년에 칭하이성 상업성 부청장을 거쳐 1991년 칭하이성 상업성 청장이 되었다. 같은 해에 칭하이성 상업성 청장으로 승진하였고 1993년에 칭하이성 재정청 청장을 거쳐 1994년에 칭하이성 부성장으로 승진하였다. 이러한 그의 이력을 살펴보면, 자오러지는 고향인 칭하이성에서 출생하여 이곳에서 오랜 공직생활을 했으므로 칭하이성의 경제적 낙후성에 주목하여 모든 방안을 동원하여 칭하이성의 경제적 여건을 발전시키고자 하였다. 1997년에 칭하이성 공산당 서기로 승진한 자오러지는 때마침 장쩌민 총서기가 내륙간의 격차를 해소하기 위해 전개한 서부대개발사업을 칭하이성 발전의 호조건으로 여겨 열정적으로 경제개발에 매달렸다. 1999년에는 칭하이성 대리성장으로 승진하였고 2003년까지 칭하이성장으로 재직하면서 칭하이성 경제여건의 발전을 독려하였다. 2004년부터 2007년의 기간에 다시 칭하이성 공산당 서기로 재직하면서 칭하이성의 발전을 위해 힘썼다. 특히 칭하이성이 가지고 있는 천혜의 자연환경을 칭하이성의 장점으로 살리기 위해 공해산업의 건설을 억제하고 천연적 지형을 이용한 수력발전과 관광산업의 육성을 위해 많이 노력하였다. 2008년에는 산시성陝西省 공산당 서기로 전임하여 내륙지역의 경제적 낙후성을 극복하기 위한 여러 가지 사업에 매진하였다. 2012년의 중국공산당 제18차 전국대표대회에서 중국공산당 중앙조직부장의 자리에 올라 근 9,000만 명에 달하는 공산당원들의 인사고과를 반영하는 업무를 수행하였다. 칭하이성과 산시성 등 내륙지역 개발의 공로 및 당중앙조직부장의 업무능력 등이 충분히 인정을 받게 되어 2017년 중국공산당 제19차 전국대표대회에서 당중앙정치국 상무위원의 한 사람으로 선출되었다. 금후의 활약이 더욱 기대된다고 하겠다.

한정 韓正

한정韓正은 1954년 4월 저장성浙江省 츠시慈溪에서 태어났으며 자오러지 정치국 상무위원이 칭하이성 한 지역에서만 오랫동안 근무한 것처럼 그는 상하이上海 한 곳에서만 오랫동안 공직경력을 쌓았다는 특징이 있다. 1980년 상하이의 한 화학공장에서 사무직으로 근무를 하다가 1982년 상하이시 화학공업국 공청단위원회 서기가 되었다. 이후 상하이시에서 상하이시고무신공장 부공장장과 상하이시따중화大中華고무공장 부공장장 등으로 재직하였고 1990년에는 상하이시 공청단서기를 맡았다. 1992년에 상하이시 중심가인 루완구盧灣區의 구청장 겸 공산당부서기를 맡으면서 화이하이루淮海路 재개발사업을 성공적으로 수행하였다. 이어 1995년에는 상하이시정부 부비서장이 되었으며 1998년에는 상하이시 부시장으로 승진하였다. 그는 상하이시 부시장으로 재직하는 동안, 상하이시의 도시계획과 교통문제를 전담하면서 상하이시를 현대화된 도시로 발전시키는데 적지 않은 공로를 세웠다.

한정

이후, 2003년까지 상하이시 부시장으로 재직하였고 2003년에는 상하이시장으로 승진하였다. 2006년 상하이시 공산당 서기였던 천량위陳良玉가 비리혐의로 축출되자 시장이었던 한정이 공직사회의 기강을 잡고 조직을 안정시키는 역할을 하였다. 천량위 숙청 이후, 시진핑이 상하이시 공산당 서기로 부임하자 한정이 지방으로 좌천될 것이라는 소문이 있었지만 시진핑 당서기는 여전히 한정을 신뢰하였다. 2007년 10월 중국공산당 제17차 전국대표대회에서 시진핑이 국가부주석으로 승진하자 위정성兪正聲이 상하이시 공산당 서기로 부임하였다. 이때도 상하이시에서 한정이 교체될 것이라는 풍문이 있었으나 한정은 여전히 상하이시장으로 활동하였다. 한정은 상하이시장으로 재직하면서 2010년의 상하이 세계박람회를 성공적으로 치르면서 다시 한 번 그 능력을 인정받았다. 2012년에 위정성 당서기가 정치국 상무위원으로 승진하자, 한정 역시 상하이시 공산당서기로 승진하였다. 한정은 상하이시의 위상을 국제적으로 드높이는데 많은 기여를 하였으며, 2017년 중국공산당 제19차 전국대표대회에서 정치국 상무위원으로 선출되면서 고향 상하이를 떠나 중앙무대에서 활약하게 되었다. 한정 상무위원은 여타 상무위원보다 젊기 때문에 금후의 활약도 기대된다고 하겠다.

제4장

현대중국의 경제

중국의 현대경제사

신중국-문화대혁명 기간

1949년, 중화인민공화국이 성립되었을 때, 중국의 1인당 국민소득은 겨우 27달러로 아시아에서 가장 낮은 수치였다. 국공내전의 결과, 중국공산당은 전국을 장악하였으나 오랜 전쟁의 영향으로 각종 공업시설은 심각하게 파괴되었고, 통화팽창으로 인한 물가폭등·시장혼란·실업가중 등등으로 말미암아 국민경제는 거의 파탄직전에 도달하였다. 가령, 둥베이東北·베이징北京·톈진天津 등의 물가는 1950년 3월에 1948년보다 42배 뛰었으며, 상하이上海의 경우 1950년 2월에 약 20배의 물가상승이 있었다. 이러한 물가상승은 모리꾼이나 투기배들의 투기적 투자로 인한 경우가 많았으므로, 인민해방군은 도시를 접수하자마자 이런 투기배들을 강력히 단속하였다. 또 국민당의 화폐를 인민폐로 교환하는 조치를 취하여 인민폐가 시장에 유통되도록 하였다. 국가는 대도시의 관료자본들에 대해 강제로 몰수조치를 취하는 한편, 주요상품을 통제하고 집중적으로 방매하여 악질적인 투기자본에 대해 일대 타격을 주었다. 이처럼 신중국 성립이후, 대도시의 문제는 시장의 혼란과 물가폭등에 있었으므로 물가안정을 지키는 것이 당시 중국지도부의 일차적 목표였다.

한편, 마오쩌둥毛澤東의 신민주주의 혁명전략에서 가장 중요한 위치를 차지하는 것은 3억 명이 넘는 수많은 농민인구를 공산당의 지지계층으로 만들고 또 혁명의 주도적 역량으로 만드는 것이었다. 따라서, 농촌 각지에 공산당의 하부조직을 파견하여 전국적인 토지개혁운동을 전개하였다. 이른바, 토지개혁이란 결국 지주계급이 소유한 토지·가축·농기구 등의 생산설비나 가옥 등을 일률적으로 몰수하여 농토가 없거나 조금 소유한 농민들에게 재분배하는 것을 말한다. 그 방법으로는 농민군중을 충분히 동원하여 지주나 부농을 타도하고 비판하게 하여 이른바 '착취제도'의 근절을 교육시키는 방법을 택하였다. 이리하여 1952년까지는 농촌 전인구의 90%가 토지개혁을 완료하는 성과를 거두었던 것이다. 그런데 1949~1952년의 경제 조정기에 한국전쟁이 발생하였다. 한국전쟁의 발발은 중국지도부로 하여금 이른바 첫째가 국방, 둘째가 물가안정, 셋째 기타의 사업이라는 방침을 정하게 만들었다. 항미원조抗美援朝의 기간 중, 중국지도부는 중앙재정위원회와 운수지휘기관을 세워 면사·가제의 생산이나 분배, 군수품 및 각종 생필품 등의 수요·공급을 통일하고 수요에 따라 적절히 배분하였다. 또한 공산당중앙위원회에서는 도시와 농촌, 지역과 지역간에 물자교류를 확대하고, 도·농경제를 활성화하기 위해 토산품회의를 소집하였다. 이러한 각종의 노력으로 인해 1951년의 경우 전쟁으로 말미암아 전년에 비해 국방비가 80%나 증가하였으나, 오히려 10.6억 원의 잉여자금이 발생하는 등, 재정수지가 평형을 이루는 성과를 이루었다. 한편으로 각종 공업시설의 증산에 의해 공장을 운영하는 당 간부나 사영자본가가 높은 이익을 독점하거나 빼돌리는 경우가 발생하였으므로 이른바 삼반운동三反運動(반부패·반낭비·반관료주의)과 오반운동五反運動(반뇌물·반탈

세·반국가재산절취·반산업물자횡령·반관료주의) 등을 제창하여 생산력을 약탈해 가는 각종 부조리와 부패현상을 타도하였다.

이 기간(1949~1952)은 결국 사회주의 국영경제의 확립·농업생산의 집체경제·국유화 등과 철도·도로 등 기간산업의 확립 등을 통하여 파탄지경에 이르렀던 건국 초기의 경제구조를 어느 정도 회복시켜 사회주의경제로 발전시킬 수 있는 토대를 마련했던 시기라고 하겠다. 1953년, 마오쩌둥은 건국 초부터 꾸준히 진행해 온 사회주의 경제건설의 경험을 토대로 해서 새로운 국가건설지표를 설정하였는데 '과도기의 총노선'이라는 전략이 그것이다. '과도기의 총노선'이란 마오의 설명에 따르면, "중화인민공화국의 성립에서 사회주의개조를 기본적으로 완성하기까지의 시기는 하나의 과도시기이다. 이 과도시기 당의 총노선·총임무는 상당히 긴 시간이 필요한 것이며, 국가의 공업화와 농업·수공업·상업 등을 사회주의식으로 개조하는 것이다"라고 하였다. 과도기의 총노선이 제기된 후, 중국공산당 중앙위원회는 주로 소련식의 공업발전모델을 근거로 하는 1차 5개년 경제개발계획(약칭 1·5계획 : 1953~1957)을 수립하였다.

1952년 이전, 국민경제의 회복을 어느 정도 달성한 마오쩌둥은 1·5계획을 수립하면서 급격한 사회주의개조보다 점진적이고 순서에 의거한 경제구조개편을 단행하였다. 우선 농촌에서는 1953년'중공중앙 농업발전 생산합작사의 결의'를 통과시켰다. 그 내용은 공동노동을 위주로 하는 임시 호조조互助組(협동농장보다는 규모가 작은 공동의 경작방식)의 단계를 지나 농민의 토지를 합작사合作社('호조조'보다는 규모가 더 큰 공동의 경작방식)에서 모두 모아 통일된 경영을 한다는 것이다. 마지막에는 더욱더 재산공유의 비중이 높은 고급생산합작사(농민집단소유제)를 건설하도록 하였다. 대체로 1955년에 이르기까지 63만여 개의 합작사가 성립되어 농업분야에 상당한 생산력 발달을 가져오게 된다. 그런데 1955년 여름, 마오쩌둥이 '농업합작화에 관한 문제'라는 글을 통해 이른바 우파사상에 비판을 가하면서 합작사운동의 빠른 속도를 지시하자, 갑작스럽게 합작사운동이 고조되어 1957년에는 96.2%의 농민이 고급합작사에 가입하게 되었다. 결국 1955년까지 순조롭게 발전하던 농촌의 생산력 발전은 국유화의 시행정도가 높은 고급합작사제도가 실시되자 갑자기 낮아졌다. 왜냐하면 어제까지 자신의 소유이던 토지·가축·농기구 등이 합작사 전체의 공동소유가 되어 버린 데다가 노동력에 따라 생산력의 분배가 이루어지지 않고 모두에게 균등한 분배가 실행되자, 갑자기 농민의 생산의욕이 낮아져 급격한 생산력의 저하를 가져왔기 때문이었다. 1·5계획이 소련식의 공업모델을 따랐다고 하는 점은 앞에서 거론한 바 있는데, 이른바 소련식모델이란 중공업과 대형건설 프로젝트 위주로 경제계획을 세워 공업을 우선적으로 발전시키고 농업을 부차적으로 발전시키는 전략을 말하는 것이다. 이 기간 중에 소련은 156개의 대규모 건설프로젝트에 기술자를 파견하거나 계획을 입안하는 등, 중국의 경제계획을 지원하였다. 대체적으로 평가하자면 1차 경제계획 기간의 중공업건설은 비교적 성공적인 것으로 제트비행기의 시험제작·트럭생산·도로·철도건설 등등 적지 않은 성과를 거두었다. 그러나 공업·상업경제의 국유화를 지나치게 서두른 결과, 1956년에 벌써 국영·합영경제가 전체의 93%에 달하였으니 이른바 사회주의 개조작업은 과도할 정도로 급하게 이루어졌음을 알 수 있다. 게다가 1957년부터 반우파투쟁을 주도하여 사회분위기를 계급투쟁의 방향으로 인도하던 마오쩌둥은 1958년 중국공산당 제8차 전국대표대회에서 '최대한 빨리' 중국을 현대화된 사회주의국가로 발전시키자고 주장하면서, 이른바 '대약진운동'과 '인민공사'를 제창하였다. 마오쩌둥은 '자본주의국가들이 앞서간 시간을 어떻게 단축할 수 있는가를 생각하면 하루가 20년 같다'고 말하면서 생산력 발전을 '더욱 많이, 더욱 빠르게, 더욱 좋게'하는 방법으로 '대약진운동'을 제창하였다. 이는 당시 중국의 생산력 수준을 감안하면 지나치게 극좌적인 주장이었으며, 군중운동을 통해 불과 몇 년 이내에 영·미와 선진자본주의국가를 추월하자는 식의 과도한 경제목표를 설정하였던 것이다. 예를 들면, 마오쩌둥 등 중국지도부는 단기간에 중공업을 발전시켜 선진공업국을 추월하려면 철강을 보다 많이 증산해야 한다고 여기고, 1958년 한해동안 과도한 철강증산운동을 벌였다. 중앙과 지방의 지도자들은 앞다투어 대형제강시설은 물론 구식의 풀무공장을 총동원하여 1958년 한해동안 전년도의 두 배에 해당하는 1,108만 톤의 철강과 1,369만 톤의 주철을 생산하였다. 그런데 문제는 1,108만 톤으로 증산된 강철중에서 308만 톤(27.8%)이 불량강철이었고, 1,369만 톤의 주철가운데에서 416만 톤(32.4%)이 불량주철이었다. 이러한 심각한 생산낭비와 비효율은 경제계획 전반에 파멸적 결과를 가져오게 되었다.

다음으로 인민공사의 주요특징은 '일대이공一大二公'이라는 것인데, 대大라고 하는 것은 이미 존재하는 농업합작사의 규모를 더욱 확대하여 농업·공업·상업·교육·군사가 하나로 결합되어 있는 농촌의 집단공동체조직, 즉 인민공사人民公社를 만든다는 것이다. 이들 인민공사는 일반적으로 4천 호 이상의 농가가 모여서 이루어졌는데, 만약 세계대전이 일어나더라도 독자적인 행정과 유격작전이 가능하도록 군대는 물론 교육시설·생산시설 등을 인민공사 자체에 다 갖추고 있었다. 또 공公이라는 것은 인민공사의 소유제도를 전인민공유제로 만드는 것이므로, 모든 사원의 땅·가축·생산시설 등 일체의 재산을 인민공사에 귀속시켜 사회주의 공유제를 확립한다는 것이다. 이리하여 공공식당·탁아소·경로당 등 공공시설을 활성화하였으며, 생산된 모든 상품은 일차적으로 국가에 귀속시키고 그 이외의 잉여물품은 인민공사의 사원에게 골고루 배분하였다. 인민공사의 대형화는 각종의 생산력 낭비·불필요한 지출 등을 증가시켜 국민경제를 크게 위축시키는 결과를 가져왔다. 엎친 데 덮친 격으로 중국의 농촌은 1958년부터 계속된 자연재해로 말미암아 대규모의 기근이 발생하여 국민경제를 더욱 곤란하게 하였다. 이러한 실정임에도 마오쩌둥은 새롭게 '대약진운동'을 강화하는 등 극좌적 노선을 취하였으나, 결국은 중공업 중시·통제 위주의 계획경제가 실행되어 나타난 국가경제의 심각한 파탄을 인정하지 않을 수 없었다.

마침내 1961년 제8기 9중전회에서 마오쩌둥은 경제에 대한 지휘를 류사오치劉少奇·덩샤오핑鄧小平 등에게 맡기는 한편, '조정·견고·충실·향상'이라는 8자八字방침을 채택하였다. 1962년 이후, 파탄지경이 된 국민경제에 대한 전면적인 조정이 시행되었는데, 그 주요 내용은 다음과 같았다.

① 기본건설의 투자규모 축소

② 대형 프로젝트의 정지 또는 연기

③ 공업목표의 하향조정과 기업정리 등

④ 농업·경공업·중공업 등의 비례 조정

이리하여 1961~1965년 사이는 피폐된 국민경제를 지속적으로 조정하는 작업이 이루어져 농업생산력은 정상수준을 회복하고, 농업·경공업·중공업의 비례가 균형을 찾았을 뿐 아니라 재정수지가 평형을 이루었으며 물가는 떨어지기 시작했다. 이 기간에 저우언라이에 의해 4개 현대화(농업·공업·과학·국방의 현대화)가 새로운 정책으로 제안되었고 핵무기 개발이 이루어지는가 하면 석유개발이 대대적으로 이루어졌다. 마오쩌둥은 선진자본주의국가를 추격할 야심으로 대약진운동과 인민공사 등의 정책을 추진하였으나 오히려 경제가 후퇴하게 되자, 그 주요원인을 당내에 존재하는 '한줌의 자본주의 추종세력' 때문이라고 돌렸다. 따라서 중국에 존재하는 자본주의계급과 우파분자를 쓰러뜨리지 않으면 공산당지배 자체가 흔들릴 것이라고 주장하였다. 이러한 마오쩌둥의 의도를 알아차린 장칭江靑과 야오원위안姚文元 등의 4인방은 '자본주의계급사상과 그 문화 소탕'을 주목적으로 하는 문화대혁명의 발동을 건의하였다. 1966년 5월 16일, 문화대혁명을 지지하는 마오쩌둥의 지시가 당 중앙정치국에 접수되어 4인방을 중심으로 하는 중앙문혁소조中央文革小組가 성립되자 반당·반사회주의·반마오쩌둥사상을 소탕한다는 거대한 정치투쟁이 전개되었다. 원래 1958년부터 개시될 예정이던 2차 5개년 경제계획(2·5계획)은 대약진운동의 전개로 인해 그 시행이 보류된 상태였는데, 문화대혁명의 발동과 더불어 기존의 모든 경제계획은 거의 폐기되었다. 1966년 한해동안 각종 신문과 잡지를 통해 주자파走資派에 대한 비판이 일어나면서 당·정의 간부들이 숙청되기 시작하더니, 1967년에는 4인방의 조종하에 각지에서 군중투쟁이 일어났고, 무기까지 동원한 대규모 폭력사태武鬪가 유행병처럼 번졌다. 1967년 이후에는 국가계획위원회가 사실상 마비되고 국무원 등 주요 부처의 경제관료와 당간부 등이 모조리 비판을 받아 현직을 물러나면서 경제발전계획은 거의 실종되고 말았다. 사태를 더더욱 악화시킨 것은 1968년 8월, 베이징에서 거행된 100만 명의 홍위병대회로, 이를 치르기 위해 모든 국가기관은 홍역을 앓았다. 이들 홍위병은 각지에서 제멋대로 기차를 타고 다니며 철도시설은 물론, 국가의 여타 주요시설을 파괴하는 과격한 혁명투쟁을 전개하여 모든 경제부문에 심각한 타격을 가하였다. 결국 정치와 계급투쟁을 국가사업의 최우선에 놓은 결과, 국가경제는 파탄 직전에 놓였으며 인민해방군을 제외한 사회의 전조직이 문화대혁명의 파도를 맞고 휘청거리게 되었다.

저우언라이周恩來총리는 문화대혁명의 와중에도 국민경제를 발전시키기 위한 4·5계획(1971~1975)을 세우고 그 목표를 다음과 같이 정하였다.

① 내륙을 전략적 후방기지로 발전시킨다.

② 철강공업을 빠른 속도로 발전시킨다.

③ 전국을 10개의 경제협력구로 구분하고 단계적으로 농업·경공업·교통운수업 등을 단계적으로 발전시킨다.

저우언라이 총리는 4·5계획의 목표를 관철시키려고 노력하였으나, 장칭 등 문혁소조의 계속되는 견제로 인해 소기의 성과를 거두지 못하였다. 1975년 1월, 심각한 중병에 걸린 저우언라이 총리를 대신하여 부총리에 발탁된 덩샤오핑은 문혁기간 중에 크게 파괴된 철도기간산업을 비롯하여 몇 가지 공업분야에서 조정과 정돈을 단행하였다. 그러나 저우언라이가 사망하면서 장칭 등은 끊임없이 덩샤오핑을 모함하였고 이에 따라 마오쩌둥은 다시 덩샤오핑을 파면하였다. 결국 조금 정돈되어 가던 국민경제는 다시 큰 타격을 입게 되었다. 가령 문혁 당시 농민들의 연평균수입을 비교해 보면, 당시에 중국경제가 얼마나 파괴되었는지를 알 수 있다. 1965년 농민의 연평균 수입은 인민폐 107원 정도였고, 1976년 농민의 연평균 수입은 인민폐 113원 정도였으니 10년 동안 농민수입의 증가는 겨우 인민폐 6원에 불과하였던 것이다.

개혁·개방시대의 경제

1976년 9월 9일, 마오쩌둥이 세상을 떠나자 마오쩌둥 이후의 당권을 노리던 장칭 등은 권력을 탈취하기 위해 화궈펑華國鋒을 압박하였으나,

덩샤오핑

화궈펑은 오히려 예젠잉葉劍英 등과 연합하여 10월 6일 장칭 등의 4인방을 체포하였다. 화궈펑은 공산당주석·국무원총리·중앙군위주석 등을 겸직하는 한편, 마오쩌둥을 기계적으로 추종하면서 경제방면에서는 양약진洋躍進의 전략을 채택하였다. '양약진'이란 화궈펑에 의해 추진된 일련의 경제정책을 가리키는데, 중국의 현실적 농·공업지표를 무시하고 막대한 외자도입을 추진하여 화학공업·중공업 등을 중심으로 하는 대형플랜트사업을 통해 낙후한 국민경제를 일거에 끌어올리려는 계획이었다. 이처럼 경제적 효율을 전혀 고려하지 않고 외자도입과 외국기술을 이용하여 지나치게 높게 책정된 경제목표를 달성하고자 하였으므로 덩샤오핑 등 개혁파는 이를 '양약진'이라고 비판하였다. 양약진정책의 추진은 경제전체의 비효율을 가져오게 되었고, 중공업 우선정책으로 인해 경공업·농업 등이 부진하게 되었다.

화궈펑에 대한 개인숭배 경향과 '양약진' 등, 일련의 그릇된 정책을 못마땅하게 생각하던 덩샤오핑은 복권되자마자 곧 당내의 보수파·개혁파 등과 연합하여 조심스럽게 화궈펑노선을 비판하는 작업을 시작한다. 드디어 1978년 12월, 공산당 제11기 3중전회에서 '실사구시實事求是, 해방사상解放思想'이라는 덩샤오핑의 슬로건이 채택되었으며, '계급투쟁'이라는 정치적 목표가 폐기되고 사회주의현대화건설을 추진하는 한편, 문화대혁명시기의 정책적 오류들을 재검토하기로 결정하였다.

1979년 중공당중앙은 당면한 경제문제를 전면 검토한 다음, 4개 현대화건설을 국가의 정책목표로 삼았다. 아울러 그 동안 '과대·분산·혼란·낭비' 등의 국면을 초래했던 각종 경제정책을, '조정·개혁·정돈·향상' 등의 목표에 맞추어 2~3년의 기간에 걸쳐 전면 재조정하기로 하였다. 따라서 1979~1981년의 기간에 걸쳐 다음과 같은 경제의 조정정책이 시행되었다.

① 소외되었던 농업발전에 보다 치중하고, 농·공업의 관계를 적절히 조정한다.

② 경공업·방직공업 등을 발전시켜 중공업과 더불어 균형발전을 도모한다.

③ 대규모의 프로젝트는 순서대로 진행시키되 급격한 외자도입은 하지 않는다.

④ 모든 공업건설과 설비는 공급과 수요에 맞추어 적절히 균형을 조절한다.

1979~1980년간의 경제조정기간을 거쳐 문화대혁명 시기의 그릇된 정책으로 말미암아 혼란과 파탄에 빠졌던 국민경제가 어느 정도 회복되자 덩샤오핑은 6·5계획(1981~1985)을 수립하는 한편, 점진적으로 농촌과 도시에서 경제개혁을 진행시킬 것을 구상한다. 덩샤오핑은 우선 농촌의 경제개혁을 시도하였는데, 그 주요내용은 인민공사와 생산대에 보다 많은 자율성을 부과하여, 생산이 증대하면 그 잉여 생산물을 장려금으로 지급하여 생산책임제의 범위를 확대하는 것이었다. 또, 인민공사를 해체하여 향·진 인민정부로 만들었으며, 향진기업鄕鎭企業을 적극 지원하여 농촌경제가 활성화 될 수 있도록 하였다. 이처럼 많은 자율성을 얻게된 농민들의 생산의욕이 증가하면서 농촌경제가 크게 발전하자, 덩샤오핑은 다음으로 도시경제의 개혁을 구상하였다. 그는 먼저 연해지구를 개방하고 외자를 유치한 후, 외국의 자본과 기술을 빌려 연해의 도시공업을 발전시키고, 이런 경험을 전국으로 확산시킨다는 전략을 구상하였다. 이런 계획에 따라 1980년에는 광둥성과 푸젠성의 4개 도시가 먼저 개방되었고〔선전深圳·주하이珠海·산터우汕頭·샤먼廈門〕, 계속해서 1984년에는 연해의 14개 도시가 잇달아 개방되었다. 농촌의 경제개혁과 연해도시의 경제특별구 설치가 크게 성공을 거두자, 자신감을 얻은 덩샤오핑은 1984년 중국

공산당 제12기 3중전회에서 '중공중앙의 경제체제개혁에 관한 결정'을 통과시켰다. 덩샤오핑은 이 문건에서 사회주의 경제를 '공유제의 기반 위에서 계획된 상품경제'라고 규정하고, 상품경제발전은 사회주의 경제현대화의 필요조건이라고 주장하였다. 이때부터 개혁의 방향은 농촌경제개혁에서 도시경제개혁으로 전이되어, 국유기업의 임대경영·생산책임제·자율성강화 등의 정책이 시행되고, 개체경제·사영경제·합작경제 등의 다양한 소유제 형태가 출현하였다.

이처럼 개혁·개방의 가동으로 인해 급격히 발전하게 된 중국경제의 현황은 여러 가지 경제지표에서도 확인된다. 가령 1978년에 10만 개 정도였던 도시의 개체상공업은 1986년말에 이르러 500만 개가 되었고, 도시인구 1인당 평균생활비 수입은 1978년의 인민폐 316원에서 1986년에는 828원으로 증가하였다. 농민가정의 변화를 보더라도 매우 큰데, 1978년 농민 100가구당 30.73대의 자전거 보유율이, 1983년에 이르면 63.41대로 증가하였으며, 라디오의 보유율도 1978년 100가구당 19.80대에서, 1983년에는 38.07대로 증가하였다. 텔레비전의 경우, 1978년 농민 100가구당 0대였으나 1983년에는 3.99대로 나타났으니, 농촌경제가 얼마나 신속히 발전했는지 알 수 있다. 6·5계획이 조기에 큰 성과를 거두고 종결되자, 중국지도부는 7·5계획(1986~1990)을 세우고 개혁·개방정책을 더욱 심화·확대시킨다. 그런데 1987년 이후, 중국경제는 상당한 문제에 부딪혔다. 즉 경기과열로 인해 총수요가 총공급을 초과하여 물가폭등이 일어났고, 지나친 과잉투자 때문에 신용대출이 급증하여 통화팽창을 발생시켰다. 이러한 경제적 문제는 결국 정치·사회의 민주화요구 등과 맞물려 1989년의 톈안문사건으로 절정에 달하게 된다. 덩샤오핑은 톈안먼天安門사건을 무력으로 진압한 뒤, 2년 정도(1989~1991)의 기간을 두고 전면적인 경제의 조정과 정돈을 실행한다.

개혁·개방경제의 심화

1989년, 중국이 톈안먼사건을 무력으로 해결하자, 미국을 중심으로 한 서방세계는 중국에 대한 경제제재를 결의하였다. 사실, 중국은 1988년 이후의 과잉중복투자와 통화팽창으로 인해 물가가 폭등하는 등, 서방국가의 경제제재이전에 이미 전례 없는 경제적 위기에 봉착했다. 이러한 대내외적 위기가 나타나자, 당내의 보수파는 기다렸다는 듯이 개혁과 개방의 문제점을 지적하며, 사상공작의 강화를 주장하였다.

덩샤오핑은 새로운 총서기로 상하이 시장 출신의 장쩌민江澤民을 발탁하는 한편, 국무원총리에 리펑을 선출하여 경제정책의 조정을 지시하였다. 또, 상하이 푸둥上海 浦東의 건설계획을 입안한 주룽지朱鎔基 상하이 시장을 주목하고, 부총리로 발탁하여 국유기업에 만연해 있는 삼각채三角債(국유기업과 국유은행 간의 부실 대출과 채무관계)문제를 해결하도록 지시하였다. 그러나 여전히 당내 보수파의 이론적 반격이 거세어지자, 덩샤오핑은 개혁과 개방을 독려하기 위한 특별한 방안을 구상한다.

1992년 2월, 남방의 상하이·선전·주하이 등을 순시하면서 개혁·개방의 성과를 직접 확인한 덩샤오핑은 개혁·개방을 더욱 더 '대담하고 빠르게' 진행할 것을 요구하는 담화를 발표한다. 이를 남순강화南巡講話라고 하는데, 남순강화의 발표 이후, 개혁·개방정책은 순풍을 만난 배처럼 급속도로 발전하였다. 중국경제에 대한 지나친 기대와 낙관은 1993년에 이르자, 각급 공산당기관·각급 지방정부·국유기업의 경영자 등에 이르기까지 무분별한 부동산 투자와 주식투기 등을 유발시켜 비정상적인 경기과열상태를 빚어낸다.

1993년 7월, 주룽지 부총리는 중국인민은행장 리구이셴李貴鮮을 해임하는 한편, 스스로 중국인민은행장을 겸직하고, 상하이 교통은행장交通銀

行長인 다이샹룽戴相龍을 중국인민은행 부행장으로 임명하여 경기과열의 조정 및 본격적인 금융체제개혁에 나섰다. 이 당시, 그는 전국금융업무회의에서 다음의 세 가지 사항을 금융기관들이 지키도록 요구하였다.

① 모든 위법대출을 중지하며, 만일 초과대출이나 비정상적인 대출을 하는 은행장은 자진 사퇴한다.
② 금리를 올려 예금유치경쟁을 벌이는 것을 금지하며 대출과 관련하여 수수료를 받는 행위를 금지한다.
③ 사적인 신용대출을 금지하며 인간관계에 의한 부정대출을 금지한다.

강경한 금융대출억제로 인해 부동산 경기과열이 어느 정도 진정되자, 주룽지는 외국의 기업들에게 두통거리로 생각되던 이중환율제도를 폐지하였다. 그는 1994년 초에 외회권外滙卷(외국인 전용상점에서 물건을 살수 있는 인민폐)제도를 폐지하고, 인민폐로 통일하는 한편, 인민폐를 달러와 1:8.7의 비율로 평가절하하였다. 화폐의 통일 및 인민폐의 평가절하는 불법 외환시장을 봉쇄하고, 비정상적이던 금융질서를 바로잡게 되었다. 그 결과로 외국인투자가 증가하고, 수출이 급증하여 외환 보유고가 크게 늘어났다.

한편, 1990년 이래로 지방재정은 날로 강해지고 중앙재정은 날로 약해지는, 이른바 제후경제諸侯經濟(지방의 관료들이 중앙의 명령을 거부하고 독자적으로 지방경제를 키우는 방법을 모색함)현상이 심화되었다. 주부총리는 이를 조정하기 위해 1993년 말, 지방재정수입의 60%를 중앙이 전담하고 나머지 40%를 지방정부가 운용한다는 분세제分稅制를 통과시켰다. 1995년, 8·5 계획이 끝나는 해의 경제지표를 보면, 수출 1488억 달러·수입 1,321억 달러·외국인의 직접투자 377억 달러·외환보유고 736억 달러에 달하는 등, 중국경제의 대형화에 따라 성장추세가 증가되고 있음을 알 수 있다.

9·5계획(1996~2000)은 시장경제의 건설이라는 8·5계획의 성과를 바탕으로 중국경제의 비약적 성장을 목표로 세워졌다. 8·5계획이 사회주의 시장경제건설을 위해 기업환경·외국인 투자환경·국유기업의 경영관리제도 등에 초점을 맞추었다면, 9·5계획은 전세계의 대기업과 경쟁이 가능한 전략산업의 육성·첨단산업의 건설(전자·통신·자동차·컴퓨터 등)·국유기업의 구조조정 등에 초점을 맞추었다. 9·5계획의 기간 중, 동남아 금융위기와 양쯔강의 대홍수 등 많은 위기가 일어났으나, 중국은 이러한 내외의 어려움을 극복하고 년 8% 이상의 고속성장을 달성하였다. 2000년 중국의 수출액은 2,492억 달러·외환보유고 1,656억 달러를 기록, '세계의 공장'으로 등장하게 되었다. 10·5계획(2001~2005)의 기간, 중국이 노리는 전략목표는 대규모의 외자유치를 계속하면서, 외국기업의 첨단기술수입을 통해 중국의 산업구조를 첨단산업중심으로 바꾸는 것이다. 과학교육科教興國의 강조와 첨단기술의 개발은 중국이 최고로 역점을 두고 있는 정책적 목표이다. 2001년의 9·11테러와 2003년의 SARS(급성호흡기증후군)확산은 중국경제의 성장에 제동을 거는 외부적 충격이라 할 수 있으나, 중국의 거시경제는 여전히 고속성장을 하고 있다. 이미 중국공산당은 민영기업가들을 공산당원으로 받아들이고 있고, 2007년에는 개인의 재산보호를 골자로 하는 '물권법物權法'을 전인대에서 통과시켰다. 2011년부터 중국은 12·5계획(2011~ 2015)을 추진하고 있다. 12·5계획기간의 중국의 경제전략은 기존의 경제개발계획과 크게 달라진다. 그 주요포인트는 성장일변도 전략을 바꾸는 것이다. 이미 후진타오시대에 조화사회론을 공산당의 주요목표로 내세울 정도로 중국사회의 빈부격차와 계층간의 차이는 심각한 문제이다. 개혁·개방 이후 개인의 경제활동을 보장하고 각종 관련법규를 제정하여 개인의 소유문제라든지 경제적 권리 등의 측면에 많은 진전이 있었고 이러한 경제정책들이 고도의 경제성장을 일구어 왔음은 주지의 사

실이다. 그러나 각 계층간 경제이윤의 부조화로 인한 사회적 갈등과 모순은 잠시도 이 일의 해결을 더 늦출 수 없는 지경에 이르고 있다. 베이징이 스모그의 공격으로 위험에 빠진다든가 조류독감의 발생이 환경을 무시한 공업 발달에 그 원인이 있다든가 등등의 진단이 나타나는 이유에 대해 중국공산당이 주목하기 시작한 것이다. 시진핑習近平과 리커창李克强은 이러한 문제의 해결을 위해 공산당 개혁이라는 강경정책을 구사함과 동시에 경제정책은 기존의 문제점을 검토해가며 새로운 방향으로 나아가고 있다.

시진핑시대의 중국경제 전망

11.5규획(2005-2010)·12.5규획(2010-2015)이 성공적으로 진행된 이후, 13.5규획(2015-2020)이 전개되면서 중국경제는 이전과는 완전히 다른 새로운 단계로 진입하게 되었다. 장쩌민 시대의 중국경제는 비교적 낙후한 단계에서 경제개발을 진행했기 때문에 해마다 10% 이상의 고도성장이 가능하였다. 그러나 후진타오 시대 10년 동안 중국경제는 양적으로 또 질적으로 비약적인 성장을 하였고 이러한 상황에서는 장쩌민 시대와 전혀 다른 접근법이 요구되었다. 후진타오 총서기가 조화사회론과 과학적 발전관을 제기한 것은 중국경제가 예전처럼 고도의 성장이 불가능한 상황에서 부득이 새로운 방향을 모색한 것이라고 할 수 있다. 즉 장쩌민 시대에 추진된 연해도시의 대규모 개발과 서부내륙지대의 개발 등 대규모의 투자를 통해 부양한 건설경기의 부작용이 후진타오시대부터 점점 드러나기 시작한 것이다. 전국각지의 환경오염, 빈부격차, 도시와 농촌의 균형발전 문제 등 수 많은 문제가 발생하면서 경제개발에 투자하는 비용 못지않게 별도 비용이 끊임없이 투입되어야 하는 상황이 나타났다. 2003년 SARS 위기, 2008년 미국 금융위기, 점증하는 에너지 수요의 증가 등의 악재도 이러한

어려운 상황을 더욱 어렵게 만들기도 했다. 2012년 시진핑·리커창 체제가 시작되면서 중국의 고속성장시대는 그 막을 내리게 되어 신창타이新常態라는 새로운 경제정책 조정시기를 맞이하게 되었다. 2014년의 중국경제성장율은 7.5%였으며 2015년에도 여전히 계속적인 성장률의 하락이 있었다. 7% 이하의 경제성장이란 중국정부의 입장에서는 악몽같은 일이지만 세계 경제성장율과 비교해 보면 여전히 상당히 높은 수치이다. 2015년 11월 중국공산당 제18기 5중전회에서 13.5규획이 통과되었는데 그 주요내용은 다음과 같다. 2020년까지 1인당 GDP는 1만 달러를 달성하며 국민총생산은 12조 8천억 달러를 달성한다는 것이다. 수도인 베이징의 수도기능을 강화하기 위해 징진지京津冀 협동발전계획을 통해 베이징을 정치중심·문화중심·국제교류중심·과학기술혁신중심의 도시로 만든다는 계획을 추진하고 있다. 또 장차 위안화를 세계 3대 기축통화로 발전시킨다는 계획을 가지고 추진중이다. 제조업 2025계획을 실행하여 이후 중국을 세계제일의 제조업 선진국으로 만든다는 계획도 추진 중이다. 제조업 2025에서 중점을 두는 것은 차세대 정보기술·고정밀수치제어기술과 로봇산업 및 첨단궤도교통설비· 신에너지자동차산업·전력설비·농업기계장비·신소재 바이오의약 및 고성능의료기기 등 10대 신산업의 육성과 발전에 주력한다는 계획이다. 또한 제4차 산업혁명을 앞두고 이와 연관된 기반기설에도 많은 관심을 쏟고 있다. 이미 IT 산업에서 바이두·알리바바·텐센트 등의 검색과 유통업체들이 부상하고 있으며 빅데이터 및 인공지능분야도 빠르게 발전할 것으로 예상되고 있다. 이미 중국은 13.5계획이 진행되면서 SUV 자동차, LNG선, 고급스마트폰, 메모리반도체, LCD TV등의 분야에서 제품들을 출시하고 있으며 이는 대부분 우리나라의 생산품들과 겹치는 것으로 앞으로 세계시장에서 중국은 우리나라의 가장 강력한 산업경쟁국이 될 것으로 예상된다.

제5장

현대중국의 사회문제

부패문제

개혁·개방 이후 중국인들의 배금주의 의식이 팽배해지면서 부패의 정도가 대단히 심각하게 나타나고 있다. 1996년 중국정부는 당면 목표를 경제건설과 반부패운동으로 정했다. 이는 중국이 얼마나 부패되어 있으며, 그것을 중국정부가 얼마나 심각하게 받아들이고 있는가를 여실히 보여주고 있다.

중국에서 부패문제가 사회현상으로 등장한 것은 1978년 개혁·개방정책의 실시 이후라고 할 수 있다. 사회주의 체제와 이념이 가장 이상적인 것으로 선전되는 그 이전의 상황 아래서는 자기당착적인 부패문제가 공개적으로 거론될 수 없었음은 물론이다. 체제 선전의 도구인 언론도 "좋은 소식만 전하고 나쁜 것은 보도하지 않는다"는 관행 아래 부패가 은폐됨으로써 결과적으로 부패를 조장하는 가장 유리한 조건이 제공되었다고 할 수 있다. 이 같은 과정에서 부패에 대한 민중적 불만이 폭발한 1989년의 6·4 톈안먼天安門사건은 개혁·개방에 수반된 부정적인 현상 이외에도 그 동안 집적된 모순이 분출된 것으로도 볼 수 있다. 6·4 사건이 당국에 의해 '반혁명폭동'이며 서구적 민주화의 요구로 규정됐던 사실에서 당·정지도층의 부패현상에 대한 비판이 곧바로 반체제로 규정되고 있음을 알 수 있다.

덩샤오핑鄧小平은 1992년 초 개혁·개방의 가속화를 선언했다. 이른바 남순강화南巡講話와 1992년 말의 중국공산당 제14차 전국대표대회와, 1993년 3월의 제8기 전국인민대표대회 이후는 부패문제가 개혁·개방의 가속화에 밀려남으로써 결과적으로 부패현상이 전국화 내지 전면화를 가져왔다고 해도 과언이 아니다. 1993년은 중국에 있어 개혁·개방의 실적이 가장 눈부시게 전개되는 한편 부패현상이 가장 심각한 사회문제로 동시에 자리 잡기 시작한 해라 할 것이다.

중국의 부패문제는 정치권력은 기존 당·정간부들이 장악한 채 경제 분야만 개혁이 이루어지기 때문에 발생하는 체제전환기적 현상으로 요약할 수 있다. 중앙계획경제가 시장경쟁원리를 토대로 하는 사회주의 시장경제로 바뀜에 따라 많은 혼란과 부패현상이 수반되었다. 중국의 각 기관은 이제 중앙에서의 재정지원 대신 스스로 시장에 나가 돈을 벌어 자체 수요의 상당부분을 해결해야 하는 현실에 봉착한 것이다. 각 기관 별로 창출한 이윤을 연말 성과급으로 지급하거나 복지에 사용할 수 있는 제도가 시행되면서 각 기관의 경제활동은 보편화되었다. 이 같은 실정에서 이루어지는 경제활동을 곧 부패로 보는 것은 무리다. 그러나 정상적인 고유기능을 벗어나 돈벌이에 급급한 것이 곧 부패의 한 요소를 구성하거나 부패의 온상을 제공한다는 데 문제가 있다. 기관별·분야별 돈벌이 산업은 다양하다. 중앙당교에서 무역회사를 차리거나 베이징北京대학이 3개 그룹을 설치하여 돈을 버는데 이어 학교 담을 헐어 2백여 개의 상점을 지어 전세를 주기도 한다. 지방검찰원·중앙TV 방송국·군대에서도 앞을 다투어 호텔을 열거나 중소기업을 사들여 자산을 확대하고, 이윤을 추구하고 있다. 심지어 조직 자체의 기능이나 장기를 살려 돈벌이에 노력하는 이상으로 노골적인 불법 활동을 예사로 저지른다. 차량 밀수입의 예를 보면, 성정부·육해공군·공안·업자가 망라되어 있는 것으로 전해진다. 육군경비대가 경비를 서주고 공군이 넘쳐나는 밀반입 차량을 격납고에 보관하는가 하면, 해군은 함정을 동원하여 밀수차량을 운반한다. 수 년 전, 현 중국 공산당 정치국 상무위원 겸 인민정치협상회의 주석(당시 베이징시 서기)이며 장쩌민江澤民의 측근인 자칭린賈慶林의 부인 린여우팡林幼芳이 대규모 밀수사건과 관련, 체포된 적이 있었다. 그녀와 푸젠福建성 고위직 간부 수십 명이 샤먼厦門시 위안화그룹遠華集團밀수사건에 관련된 사건이다. 이 사건은 타이완과 인접한 샤먼시 간부들과 업자들이 짜고 미화 총 50억~100억 달러의 석유·자동차·총·생필품 등을 밀수했다는 것이다. 이밖에 중국 건국 이래 최대 규모라 할 수 있는 밀수사건이 역시 샤먼시에서 적발된 적이 있는데, 밀수 총액이 인민폐 800억 위안元에 달하고 비리 공무원이 250명을 넘는 초대형 밀수사건이었다. 이 사건은 한 홍콩 기업가가 샤먼시에 회사를 설립한 뒤, 푸젠성과 샤먼시 당국 및 현지 공안·세관·변방부대·상품검사국·은행 등 모든 기관을 끼고, 컴퓨터 부품에서부터 석유·화학제품·오토바이·자동차·건자재·군사무기에 이르기까지 수백억 대의 제품을 밀수하다 적발된 것이다. 이 사건과 관련, 주목되는 것은 전 정치국 상무위원이자 중앙군사위 부주석을 지낸 류화칭劉華淸의 맏며느리 정리鄭莉가 이 사건과 관련돼 체포됐다는 점이다. 그녀의 체포는 이 사건에 대한 중앙 고위 지도층의 연루설을 뒷받침하고 있다. 이 사건 역시 중앙과 지방의 수많은 엘리트 관료들이 '권력과 금전을 거래權錢交易'하여 엄청난 치부를 하였을 뿐만 아니라, 지방의 성·시 행정조직이 일개 밀수기업의 돈 앞에 와해됐다는 점에서 충격을 주었다. 그 밖에 중공 베이징시 서기였던 천시퉁陣希同, 상하이시 서기였던 천량위陳良宇 등도 부정부패 혐의로 체포되어 처벌을 받았다.

국영기업 간부들이 유령회사를 설립, 국가재산을 유용해 외국으로 몰래 빼돌리거나 치부를 위해 부동산에 투자하는 등 막대한 국가재산 손실을 초래한 사례가 빈발, 심각한 국가적 문제가 되고 있다. 1990년대 중반 이래 부패간부들이 해외로 도피한 자금은 약 8,000억 위안(한화 160조원)에 이르는 것으로 추정된다. 간부들은 자신들이 기업을 세운 뒤, 국영기업 자산을 임의로 출자케 하고 기업의 불량채권과 채무까지 국영기업에 떠넘기는 방법으로 재산을 빼돌리고 있다. 물론 이 기업들은 등록만 되어 있고, 생산 활동은 전혀 하지 않는 유령회사들이다.

이렇듯 중국에 만연되어 있는 부패 가운데 가장 심각한 것이 권력형 부패라고 하겠다. 권력형 부패란 권력이 이질화異質化된 극단적인 표현방식으로서 공직자들의 권력행위의 변질, 즉 권력을 이용하여 개인의 이익을 도모하는 것이다. 그러나 많은 부패행위들이 공직자 이외의 일반 국민들에게도 나타나고 있다. 그렇다면 이것은 권력형 부패와는 어떤 관련이 있는가? 일반 국민들의 부패현상을 자세히 분석해 보면, 상당수가 배후에 직·간접적으로 권력과 결탁한 권력의 부패현상과 밀접한 관계가 있음을 알 수 있다. 일반 국민들은 그 권력의 정도는 다르지만 관료들과 혈연·지연·인맥 등의 관계를 갖고 있다. 기존에 이런 관계가 없었다 하더라도 전혀 상관없다. 술자리를 만들고 '봉투'를 건네기만 하면 금방 권력자들과의 거리를 좁히고 사회적으로 낮았던 선천적 지위를 단번에 만회할 수 있다. 이것이 바로 '권력과 금전의 거래'이다. 따라서 사회 대다수의 부패현상은 크던 작던 공권력을 손에 쥔 관리들의 여러 가지 부패방식을 이용하여 보호·참여·결탁하는 범위 내에서 발생하고 있다. 권력은 이런 관리들의 수중에서 이미 사적私的 이익을 창출하는 자본과 상품으로 변질·부패되었다. 일찍이 장쩌민은 "관료의 부패와 사법의 부패가 바로 최대의 부패"라고까지 지적한 바 있다. 현 국가주석인 후진타오도 "반부패운동이 국가발전과 사회조화의 가장 중대하고 긴박한 임무"라고 규정하였다.

그러나 한 가지 분명한 것은 2007년 부패 예방국을 설치하고, 26만 건의 부패사건을 사법처리한 것에서 볼 수 있듯이 중국 자신이 법제와 제도의 완비를 통해 통치방식을 '인치人治'에서 '법치法治'로 전환을 시도하고 있으며 스스로 부패현상에 공개성을 더하여 척결주의를 보이고 있다는 사실이다.

시진핑 체제가 수립된 후, 중국은 반부패 투쟁에 역점을 두고 있다. 반부패 투쟁은 그 범위와 수준 및 방식이 이전과는 크게 달라졌다. 특히 고위 당·정 간부에 대한 부패처벌이 크게 강화되었다. 2014년 10월까지 약 2년 동안 모두 18만 여명의 당원이 각종 부패 혐의로 처벌을 받았다. 2013년 부패처벌의 경우 2012년에 비해 36.2%가 증가했다. 이 과정에서 전체 부장과 부부장 급 간부들의 1/3은 부패혐의로 조사를 받았고, 약 70여 명이 자살을 했다. 시진핑 정부 초기 가장 강도가 높았던 것은 저우융캉周永康 전 중앙위원회 정치국 상무위원과 쉬차이호우徐才厚 전 중앙군사위원회 부주석의 조사와 처벌로, 바로 '호랑이'를 때려잡은 것이다. 2012년 시진핑은 제18차 전국대표대회 후 1중전회에서 연설을 통해 '국가를 멸망시킬 수 있는 권력형 부패를 엄단하고', '부패한 호랑이(고위직 공무원)든 파리(중하위직 공무원)든 전원을 척결하겠다'고 밝혔다. 한 가지 주목할 점은 시진핑 정부는 고위 간부의 부패 척결을 위해 중국 공산당 내에 존재하는 감찰 기구 중앙기율검사위원회의 권한을 강화하였다는 것이다. 이 기구를 총괄했던 사령탑은 바로 왕치산 현 국가부주석이 맡았었다.

대표적인 부패척결의 사례를 살펴보면, 2013년 류즈쥔劉志軍은 전 철도부장 재임 8년 동안 철도건설 브로커를 통해 23개 기업으로부터 4,900만 위안의 뇌물을 받아 사형선고를 받았다가 무기징역으로 감형되었다. 또 그의 최측근 부하였던 허훙다河洪達는 1997-2004년까지 수차례에 걸쳐 매관매직 행위를 했으며 1,425만 위안의 뇌물을 받아 2009년 징역 13년을 선고받았고 30만 위안의 재산을 몰수당했다. 또 2015년 국무원 국유자산관리감독위원회 전 주임 장제민蔣濟敏은 국유기업에 측근을 심어두고 부패 네트워크를 통해 엄청난 액수의 뇌물을 챙긴 부패혐의가 인정되어 징역 16년을 선고받았다.

2018년 제13기 전국인민대표대회 제1차 회의에서는 헌법 상 최고 감찰기구인 '국가감찰위원회'를 신설하고 기존의 국무원 감찰부와 국가부패예방국을 여기에 편입시켰다. 이 기관은 중앙기율검사위원회의 하위 기관으로 볼 수 있으며, 중앙기율위의 감찰 대상이 당원이라면, 국가감찰위의 감찰 대상은 비 당원이라고 볼 수 있다.

범죄문제

중국 공안부公安部 자료에 의하면 톈안먼 사건 이후 2013년까지, 중국의 치안문제는 갈수록 악화된 것으로 밝혀졌다. 이 기간 동안 중국에서는 강력형사사건이 눈에 띄게 증가했다. 총기를 소지하고 금융기관·지폐수송차량·금은방 등을 습격해 거액의 재물을 강탈한 악성사건이나 사회적 영향이 매우 심각한 살인사건, 범법자들이 사회에 대한 보복행위로 자행하는 폭탄테러사건·전국 각지에서 만연하고 있는 마약제조판매 및 복용·인신매매·매춘·음란물제조판매·도박 등, 상당한 수량의 총기·탄약·폭발물 및 금지된 무기류를 불법으로 사회에 유통시키는 현상 등. 심지어 조직폭력배와 연계된 사건도 적지 않은 실정이었다. 이러한 사건들이 끊임없이 발생하면서 사회치안을 매우 심각하게 교란시켰다. 2013년을 기점으로 전반적으로 범죄가 줄어들기 시작했으며, 2017년 한 해 동안 전국 공안기관에 입건된 형사 사건의 수는 120여 만 건으로, 전년도에 비해서 다소 하락하였다. 2017년에는 방화·폭발·살인·상해·강간·강도·납치 등 강력사건이 2016년도 대비 15.6% 감소했으며, 2012년도 대비 51.8% 감소한 것으로 드러났다. 2013~2017년 검찰이 기소한 형사사건의 피의자 수를 보면 재산 침해 범죄, 사회질서 방해 범죄, 공공안전 위해 범죄, 시민권 침해, 민주권리 침해 범죄, 사회주의 시장경제질서 파괴 범죄 등이 주요 유형으로 나타났다. 특히 재산침해 범죄가 여전히 주를 이루고 있는 가운데 사이버공간에서의 재산 침해 범죄가 꾸준히 늘고 있다.

중국은 일찍이 범죄예방과 단속에 높은 성과를 보여 온 나라였다. 중국은 줄곧 낮은 청소년 범죄율과 성공률 높은 교도행정을 명예로 여겨 왔다. 그러나 1980년대에 들어서면서 사회범죄는 지속적으로 증가하는 추세를 보였다. 특히 1990년대에 와서 범죄문제는 이미 상당히 심각한 상황에 이르렀고, 사람들의 보편적 우려와 관심을 불러일으켰다. 사유재산이 없는 공동분배를 하는 사회주의 국가에서 일반적인 범죄는 발생하기 힘들었는데, 개혁·개방이 되면서 사유재산이 인정되고 또한 배금주의가 사회에 팽배하면서 범죄가 급증하고 있는 것이다.

러시아의 영향을 많이 받는 하얼빈哈爾濱 같은 도시에서는 많은 조직폭력배들이 있으며, 그들은 공안과 연계되어 있으며 또한 무기까지도 소지하고 있다고 한다. 중국의 많은 기업들은 이런 조직폭력배들을 끼지 않고는 사업을 제대로 할 수 없는 실정이다. 남방의 개방 특구지역 역시 이권과 관련된 부분에 반드시 조직폭력배들이 개입되어 있다. 이들의 범죄행위는 마약이나 매춘과도 관련을 맺고 있다. 1990년 한 해 동안 전국에서 체포된 범죄조직이 10만 개가 넘으며 여기에 관련된 조직원만 해도 36만 명이 넘는다고 한다. 2006년의 집중단속 기간에도 1,347개의 폭력조직이 적발되었고, 관련 조직원은 이미 100만 명이 넘는 것으로 추산되고 있다.

중국 내 마약 밀거래와 이에 따른 마약 중독인구가 빠르게 늘면서 중국이 '제2의 아편전쟁'을 치르고 있다. 특히 경제 성장에서 뒤진 중서부 지역 소수민족들이 생계를 위해 마약거래에 앞을 다퉈 나서고 있고, 마약

주 소비층인 대도시에서도 소외계층을 중심으로 마약을 일종의 '탈출구' 처럼 여기는 분위기가 확산되고 있다. 160여 년 전 아편전쟁에서 중국이 서구 제국주의에 무너졌다면 지금 중국은 자본주의의 그늘에서 고통 받고 있는 셈이다. 중국의 마약중독자는 700만~1,200만 명으로 추산되며, 매년 평균 25%의 속도로 증가하고 있다고 한다. 현재의 증가속도라면 5년 안에 중국 마약중독인구는 주요 경제국들 가운데 선두를 차지할 전망이다. 중국 마약거래 중심지는 베이징이나 상하이上海 등 동부 대도시에 비해 소득 수준이 한참 떨어지는 중부 간쑤甘肅성이다. 별 다른 생계수단이 없는 일부 소수민족을 중심으로 거래망이 형성돼 있다. 50g만 소지해도 사형이지만 생계와 500%가 넘는 이윤을 위해서 죽음을 무릅쓴 거래에 나서고 있는 것이다. 미얀마·라오스·태국 인근의 이른바 '골든 트라이앵글'에서 생산된 아편이 소수민족을 통해 윈난雲南성으로 건너와 쓰촨四川성까지, 다시 간쑤성까지 운반되는 것이 통상적 마약 루트다. 전통적으로 이 지역은 기타 아시아 지역의 마약 운반 통로로 이용돼 왔지만 점차 중국 국내 판매가 늘고 있다. 수입 마약의 중국 내 소비는 5년 전의 10%에서 25%까지 늘었다. 이에 따라 아편 재배도 성행하고 있다. 최근에는 중국 국내의 마약제조 공장도 점차 늘어나고 있다. UN 마약통제위원회 UNDCP에 따르면 중국은 이미 미얀마, 필리핀과 함께 아시아 최대의 마약 제조국으로 부상하고 있다. 중국 내 마약 제조 공장은 주로 동남부 지역 산간지역에 분포하고 있으나 정식으로 약품회사를 설립하여 생산하는 경우도 있다. 2002년 3월 중국공안은 국영기업인 타이위안太原 제약창에서 마약성 물질 2,000Kg과 무기·실탄 등을 적발한 일도 있다. 그런데 중국 당국의 단속망은 아직도 허술한 곳이 적지 않다. 경찰이 직접 고객을 마약 원산지로 안내할 정도로 부패가 구조화되어 있다. 마약을 나르다 걸려 사형을 선고받고도 경찰에 9,000달러만 건네면 풀려날 수 있다. 생계를 위해 8세 어린이와 임산부·대학교수 등 남녀노소 직업의 귀천을 가리지 않고 너도나도 마약거래에 뛰어들다보니 단속 인원이 절대적으로 부족하다. 마약중독으로 인한 질병과 범죄 역시 심각한 수준이다. 2000년 중국 내 2만 2,517명의 에이즈 감염자 가운데 마약정액주사로 감염된 환자가 71%에 달한다. 주요 마약통로의 하나인 쓰촨성은 지역 형사사건의 70% 이상이 마약중독으로 인한 것으로 보고돼 있다.

개혁·개방 이후, 자본주의 문화가 물밀 듯이 밀려오면서 향락산업과 퇴폐문화도 중국에 상륙했다. 특히 개방 특구지역과 대도시를 중심으로 야간업소가 우후죽순처럼 생겨나고 향락산업이 번창하기 시작했다. 중국은 지금도 매춘을 불법으로 규정하여 엄격하게 금지하고 있으나, 돈을 벌고자 하는 여성들은 법의 제재를 받을 각오를 하고 음성적으로 매춘을 한다. 심지어 현지처라 할 수 있는 '승포여인承包女人'들이 개방특구를 중심으로 많이 활동하고 있다. 오직 돈을 벌겠다는 생각으로 많은 젊은 여성들이 외국인 주재원이나 사업가들의 현지처가 되고 있다. 중국 공안당국의 대대적인 단속에도 불구하고 퇴폐문화는 점점 늘어나고 있는 실정이다. 2000년 중국 정부가 작성한 비공식 통계에 따르면, 성性산업에 종사하는 여성이 2,000만 명에 달한다. 중국 정부는 일찍부터 '퇴폐음란 불법 행위에 대한 집중 단속'을 실시하고 있는데, 조사과정에서 색정복무色情服務(성 서비스)에 종사하는 것으로 추정된 매음여성이 1999년에 500만 명에 달했다는 것. 이들 주변에 평균 3명 정도의 동료가 있다고 볼 때, 전체 매음여성의 규모는 2,000만 명

위폐소각

정도(많게는 4,000만 명 정도로 추산하는 사람도 있음)로 추산할 수 있다는 것이다. 이들의 평균수입은 연간 인민폐 25,000위안 내외, 총수입은 인민폐 5,000억 위안에 달한다. 이는 국내총생산GDP의 6%에 해당된다고 한다.

또 한 가지 범죄문제와 연관시켜 언급해야 할 것은 바로 가짜상품의 문제이다. 조금이라도 이름이 있고 인기 있는 상품에는 거의 모두 가짜가 있다고 봐도 무리가 없을 것이다. 중국제품뿐만 아니라 외국제품에 대한 가짜는 더욱 많다. 술·담배뿐만 아니라 식품에도 가짜가 있다. 돈벌이가 되면 공업용 원료로 술을 만들고 식용기름을 만든다. 최근 중국뿐만 아니라 전 세계적으로도 문제가 된 멜라민 분유사건 역시 가짜 식품으로 인한 파동이었다. 2018년 KOTRA '중국 위조상품 유통분석-식품편' 자료에 의하면, 중국 Openlaw에 구축된 판결문을 통해 파악한 위조식품 판결 사건은 13,395건이며, 지역별로는 광둥성에 가장 많은 위조식품 사건이 발생했음을 알 수 있다. 최근 중국 정부는 식품안전에 대해 관심을 가지고 표본조사를 강화하고 있으며 식품첨가제의 함량초과, 상표권 위반, 허위광고 등을 단속하고 있다.

그리고 공무원들의 주된 범죄 형태인 공금횡령이나 뇌물수수에 관한 범죄는 직무상의 편의를 이용해 범법행위를 저지르는 것으로, 이는 종종 관료조직의 부패와 깊은 관련이 있다.(앞의 내용 참조)

중국은 2018년 주식시장, 주택시장 등 중점분야의 경제범죄 리스크에 대한 조기경보를 강화하고 불법자금 모집, 인터넷 다단계 판매 등 굵직한 경제범죄에 대한 예방을 지속적으로 강화하여 사회안정을 이루고자 한다. 그러나 식품의약품 안전과 생태·환경 문제는 여전히 지속적 관심이 필요한 분야이다. 최근 중국은 식품의약품 안전과 관련한 형사사건이 계속 늘어나고 있는 실정이며, 생태문명 개혁과 환경오염 방지 정책의 추진에 따라 환경오염과 생태법 위반 건수가 계속 늘어날 것으로 예상되고 있다.

농촌문제

지금 진행되고 있는 중국의 개혁·개방과 시장화 노선이 장미빛으로 가득 찬 것은 아니다. 고도성장에 따른 물가의 급상승·지역계층 간의 격차 심화 등 각종 부작용이 야기되고 있는 사실 또한 부정할 수 없다. 그 중에서 농촌문제는 가장 전형적인 것으로, 많은 문제점을 드러내고 있다.

1993년 6월, 쓰촨성 런서우현仁壽縣의 농민 1만5천 명이 지방정부의 과도한 부담금 징수에 항의해 도로를 가로막고 현 청사에 난입한 농민폭동 사건이 있었다. 이 사건은 그 동안 빈번하게 일어났던 농민저항의 한 사례에 불과하다. 농민들의 정부에 대한 항의는 주로 과도한 분담금이 대상이었다. 이러한 분담금의 부과로 인해 국가에 대한 농민들의 신뢰도는 급격하게 떨어지게 되었다. 2005년 중국에서 일어난 군중시위는 87,000여 건에 달하는데 그 중 50% 이상은 농촌에서 일어난 것이었다. 중국 농촌의 가장 큰 불만은 가속화된 개혁·개방정책에 농촌이 완전히 외면당했다는 데 있다. 1980년대 농촌과 도시의 수입격차는 1.8:1이었지만 2010년에는 농민과 도시민의 수입이 각각 5.919위안과 19.109위안으로 나타나 그 격차가 1: 3.23으로 확대되었다. 순수입 외에 도시주민이 누리는 의료, 교육,

사회보장 등 각종 공공서비스를 고려한다면 실제 도시와 농촌의 격차는 6-7배에 달하는 것으로 파악된다. 최근 중국인민은행의 통계에 의하면 9억에 달하는 농민 1인당 연평균저축액이 불과 인민폐 295위안인데 반해 전 인구의 3%에 불과한 개인상공업자는 인민폐 5,400위안으로 18배의 격차를 보이고 있다.

이러한 농촌 현실 때문에 수많은 농민들이 돈을 벌기 위해 도시로 몰려드는 현상이 일어나고 있다. 중국에서는 이런 사람들을 흔히 '민공民工'이라 부르며, 이런 사람들이 물결처럼 밀려드는 현상을 '민공조民工潮'라 부른다. 중국 국가 통계국이 발표한 '2017년 농민 모니터링 조사 보고'에 의하면 2017년 말 농민공의 수는 약 2억 8천만 명에 달한다. 2016년에 비해 481만 명이 증가하여 1.7%가 늘었다. 중국은 2020년까지 4억여 명의 농민이 도시로 추가 이주할 것으로 예상하고 있다. 이들 민공들은 특히 생활수준이 낮은 빈곤지역인 중서부 내륙 출신들이 압도적으로 많다. 목적지는 대부분 상하이·광둥廣東·푸젠 등 연안지역의 경제발달지구이다. 이 지역의 경쟁이 치열해지면서 북쪽의 베이징이나 랴오닝遼寧성과 지린吉林성 등이 위치한 동북지역, 기타 중소도시로도 많이 옮겨가고 있다. 이중 80% 정도는 18~35세의 젊은 층이고, 70%는 초·중등 졸업자이며, 학교 문턱에도 못 가본 10대의 노동자童工들도 적지 않다. 이들의 상당수는 무작정 도시로 올라온다. 그래서 민공들은 대개 합법적인 신분증명서·고정된 거처·직업이 없는 이른바 '三無人員'에 해당된다. 이들은 변변한 직장을 구하기가 하늘에 별 따기처럼 어려우므로 온갖 허드렛일을 하면서 도시 빈민으로 힘겹게 살아가는 경우가 태반이다.

또한 민공들은 많은 도시문제를 야기하고 있다. 안 그래도 부족한 도시의 주택문제를 더욱 악화시켰으며, 도시 치안문제와 실업문제 등 여러 가지 문제를 발생시키고 있다. 특별한 기술도 없고 학력도 변변찮은 민공들

중에는 살아갈 길이 막막하여 끝내 도둑이나 강도 등 범죄자가 되거나 부랑자·매춘부 등으로 전락하기도 한다. 그리고 도시로 몰려드는 이들 때문에 중국에서는 지금 실업자가 엄청나게 늘어나고 있다. 2008년 말 경기 불황의 영향으로 실직한 민공의 수가 3천만 명에 달하는 것으로 파악되고 있다. 아무리 많은 일자리를 만들어도 이렇게 많이 늘어나는 실업자들을 모두 소화할 방법이 없다.

산업화·도시화에 따른 탈농촌 현상인 중국의 민공조는 앞으로도 계속될 전망이다. 중국의 한 시사주간지는 "지금 중국 농촌은 최대의 위기에 직면해 있다"며, "농촌을 살려야 중국이 산다"라고까지 역설하고 있다. 중국의 인구는 세계의 22%를 차지하는데 반해 경지면적은 불과 9%로, 그나마 현재 농경지가 여타 산업에 의해 잠식돼 절대면적이 감소하고 있으며, 양질의 노동력도 도시로 지속적으로 유출돼 농촌은 그야말로 황폐화되고 있으며 전국적으로 매일 70여개의 촌락이 사라지고 있다고 파악된다. 또한 농촌자금이 비농업 분야로 운용되는 등 농촌에 대한 투자가 현격하게 줄고 있는 점 역시 심각하다 하겠다. 이 처럼 현재 중국의 농촌은 민공의 증가, 촌락의 소멸, 농토의 감소라는 이른바 "新三農問題"로 고통받고 있다.

최근 중국 농촌은 또한 풍작으로 인해 오히려 피해를 보고 있다고 한다. 중국은 5년간 계속된 풍년으로 국유창고에 비축된 농산물이 약 5억 톤에 달하고 있다. 1999년의 농업생산량은 당초 계획(4억9,500만 톤)을 넘어서는 5억여 톤이었고, 1998년에도 5억 1,230만 톤을 기록했었다. 그러나 풍작으로 인해 정부의 농산물 구입예산이 늘어나고 있고, 40개월 연속 농산물 가격이 하락해 농민들이 피해를 보고 있다는 것이다. 중국 정부는 이와 관련 증산정책을 감산으로 전환하면서 쌀과 밀 약 8천만 톤에 대해 정부가 보호가격으로 매입하지 않는다는 방침을 중국 전역으로 하달했다고 한다. 2005년 이후 농산물의 가격은 상승하였지만 물가의 동반상승으로 인해 실질적인 소득증가의 효과는 거두지 못하고 있다.

중국 농촌은 이처럼 이중 삼중의 위협을 받고 있다. 그러나 막대한 재정적자를 안고 있는 중국 정부가 이에 대처할 능력이 있는지는 두고 봐야 알겠지만, 그렇게 낙관적이지만은 않는 것 같다. 이러한 문제들을 일거에 해결할 묘수는 아직 발견되지 않고 있다. "중국이 지금 걷고 있는 사회주의 시장경제의 길은 역사상 그 누구도 밟아보지 않은 유례없는 것"이고, "도중에 문제가 생기면 이를 해결하면서 가야 할 수밖에 없다"고 자주 강조할 수밖에 없는 상황에 처해 있는 것이다. 3백80만 개의 촌, 9억 인구를 가진 농촌을 구하는 길은 생산성이 낮은 자급자족형 농업을 어떻게 탈피해 근대적인 농업으로 바꾸는가에 달려 있을 것이다. 애초 많은 중국학자들은 향진기업鄕鎭企業과 3차산업을 육성시켜 농민들 태반을 농업에서 분리시키는 적극적 이농정책과 시장경제에 기반을 둔 고능률농업의 형성을 중국농촌의 미래 모델로 제시하였다. 그러나 향진기업 정책은 사실상 실패하였고, 관광 등의 3차 산업 육성 또한 중복투자와 경기 침체 등의 영향으로 소기의 효과를 거두지 못하고 있는 현실을 감안할 때 농촌의 개혁은 결코 쉬운 일이 아닐 것이다. 중국은 개혁·개방 이래 중국의 농촌이 안고 있는 3가지 문제인 삼농(농업·농촌·농민)문제에 주목해 왔다. 2004년부터 15년 간 중국 공산당 최대 역점 사업 의미하는 '중앙 1호 문건'이 바로 삼농문제이다. 이것은 90년대 중엽부터 생겨난 개념이며, 농업문명이 공업문명으로 전환되는 과정에서 생겨난 문제이다. 중국 정부는 농업의 현대화를 통해 농촌을 발전시켜 부유하게 만들어 이 삼농문제를 해결하고자 한다. 당분간 삼농문제는 중국 정부가 첫 번째로 해결해야 할 국정과제일 것이다.

중국 공산당은 중국의 현대화와 2021년까지 전면적인 샤오캉사회 건설을 위해 삼농문제를 해결하고 농촌을 활성화시키는 것이 역사적 과제라고 밝히고 있다. 제19차 전국대표대회에서 농촌 활성화의 핵심은 도시와 농촌 간의 관계를 다시 설정하는 데 있다고 밝힌 바 있다. 또 삼농문제 전문가인 중앙농촌공작영도소조 주임 한쥔韓俊은 최근 연설에서 "도시 주민이 농촌의 부동산을 획득하기보다는 사용하지 않는 농가 주택을 농촌 관광 등으로 활용하는 방안이 추진될 것"이라고 강조했으며, "고품질의 농산물 수출을 늘리고 일대일로一帶一路 프로젝트와 함께 하는 국가나 지역과 농촌 협력을 확대하는 방안도 추진할 것"이라고 밝혔다.

개혁·개방 초기 1978년 농촌인구는 전체 인구의 80%를 차지했으나 현재는 55%에 불과하다. 중국은 전 국민을 출생지를 중심으로 도시 주민과 농촌 주민으로 이원화시켜 분류하는 호구제도를 운영하고 있는데, 개혁·개방 이후 시장경제가 확산된 지금까지도 이 호구제도가 존재하기 때문에 도농문제가 심화될 수밖에 없다. 농촌에서 도시로 온 이주민인 농민공은 도시에서 진행되는 거대한 건설계획을 위한 대부분의 노동력을 충당하고 있다. 그들은 저임금을 받으면서 장시간의 노동에 종사한다. 그러나 이들은 도시 호구가 없기 때문에 주택·의료·교육·보험 등 행정적으로 각종 혜택을 받지 못하고 있다. 또한 이들은 도시인들에게 외지인이라고 사회·문화적으로 차별을 받고 있다. 향후 10년 내 중국의 대부분의 농촌사회는 도시사회로 변화하는 도시화가 진행될 것이다. 2000년 이후 삼농문제의 심각성이 공식적으로 제기되면서 중앙정부도 호구제도 개선의 필요성이 인식되고 있다. 2005년까지 11개의 성이 호구제도를 완화하였으며, 2010년 이후 베이징, 상하이, 광저우, 선야 등 대도시에서는 농민공에게 '임시 거주증'이 아니라 '거주증'을 발급하는 제도를 시행하고 있다. 2015년까지 이 문제에 대한 정부의 개혁 내용을 살펴보면 소도시의 경우 호구를 개방하였고, 중소도시의 경우 안정적인 주거와 취업 등 자격을 갖춘 사람에게 도시 호구 신청 자격을 주었으며, 대도시의 경우 도시발전에 필요한 인재들부터 호구를 개방하고 있다. 2015년 선전의 경우 점수적립제 호구제도를 실시해 적립점수가 100점을 넘으면 호구를 신청할 수 있도록 허용하였다. 이처럼 최근 중국은 호구 취득기준을 낮추거나 취득절차를 간소화하는 방향으로 나아가고 있다. 이 외에도 농민공을 보호하기 위한 조치들을 취하고 있다. 베이징에서는 30만에서 50만 명에 이르는 농민공의 자녀들을 위한 학교가 세워졌다.

시진핑 정부는 2020년까지 1억 명의 농촌 인구를 도시 인구로 전환한다는 방침을 내세우고 있어서, 적어도 60%의 인구가 도시나 읍에서 살게 될 것이라 전망했다. 2017년 농촌 주민 1인당 가처분 소득이 1만 3432위안으로 전년도 대비 7.3% 상승했으며, 전국 식량 총생산량은 6조 1791만 톤을 돌파해 0.3%의 증가율을 보여주었다. 2018년 '중앙 1호 문건'에는 2020년까지 모든 중국인을 현재의 빈곤선 위로 끌어올리고 2035년까지 기본적인 농업 및 농촌 현대화를 구축한다는 목표를 담았다. 최근 알리바바의 농촌 전자상거래 플랫폼 농촌타오바오農村淘寶도 농민의 소득증가에 기여했는데, 1호 문건에도 삼농문제의 해결을 위해 농촌 전자상거래를 적극 활용하라는 내용이 담겨 있다.

빈부격차문제

중국의 개혁·개방정책은 격심한 빈부의 격차라는 심각한 사회문제를 발생케 하였다. 경제적 평등을 제일의 목표로 삼고 있는 사회주의 국가 중국에서 자본주의 사회의 모순점이라 할 수 있는 빈부격차가 나타난 것이다. 이른바 신흥 부유층과 신흥 빈민층의 병존이 중국 사회의 또 하나의 새로운 문제로 떠오른 것이다. 이와 같은 두 계층의 병존이라는 틀은 그리 빨리 사라질 수 없을 것이다. 사회구조의 분화는 이미 사실이 되어 버렸고, 그 중 가장 주목을 끄는 것이 바로 경제소득수준의 변화 추세에서 출현한 서로 상반되는 이 두 계층이다.

이 두 계층은 두 개의 거대한 사회집단이라 할 수 있는데, 그들의 출현이 서로 인과관계에 있다고는 말할 수 없다. 하지만 그들은 현재 중국사회에 공존하며 사회계급·계층의 구조 변화에 많은 불확정의 요소를 가져오고 있다. 1949년 이후 중국사회에는 줄곧 이와 같은 규모의 부유층이 존재한 적이 없었다. 그 치부의 과정이 어떠하든 그들의 출현은 한 측면에서 일종의 강렬한 도전이었다. 즉 중국사회에서 부자가 출현할 수 있는 토양이 형성되기 시작하였고, 이는 원래의 계급·계층구조 및 그 관념에 있어

빈부격차를 상징하는 승용차와 리어카

매우 큰 충격이었다. 문제는 또한 이와 동시에 소득수준이 지극히 낮은 계층이 출현하였다는 것이다. 그들의 출현은 상당 정도 사회구조의 변동의 결과이지 개인적 측면에 원인이 있었던 것은 아니다.

중국의 4대 격차는 도농·지역·계층·민족 간 격차이다. 2011년 중국은 세계 2위의 경제 대국으로 부상했지만, 상위 10%의 소득계층이 중국 전체 자산의 80%를 차지하고 있고, 부유층과 빈곤층의 소득격차는 40배에 달하는 것으로 나타났다. 또 세계은행 보고서에 따르면 중국은 상위 1% 가구가 전 국민 자산의 41.4%를 거머쥐고 있어 세계에서 빈부격차가 가장 심한 국가 가운데 하나로 부상했다. 2013년 상위 10% 계층과 하위 10% 계층의 소득격차는 23배가 되었다. 또한 2010년 12월 중국사회과학원의 조사에 의하면, 소득 불평등의 정도를 나타내는 지표인 지니계수[28]가 0.5 수준에 도달해 소득분배의 불평등으로 인해 사회가 불안정하고 각종 시위를 유발할 수 있는 상태가 되었었다. 2008년 베이징올림픽을 전후로 부동산 가격이 폭등하면서 자산 기준 지니계수도 2002년 0.538에서 2012년 0.739로 급등했다. 이처럼 소득분배 불평등이 확대되면서 노동자 등의 집단시위 건수도 1990년대 초 연 1만 건에서 2010년엔 18만5000건으로 19배 가까이로 급증했다. 2013년 국무원은 중국의 지니계수를 0.43으로 발표하였으나, 2015년부터 다시 상승했으며, 2017년에는 0.465로 세계 최고 수준에 이르렀다. 최근 중국에서는 고급 승용차나 전용 비행기 등에서 내리려다가 자신이 가진 명품 가방이나 고가 시계, 보석, 현금 등을 바닥에 쏟으면서 일부러 넘어지는 상황을 연출해 인증샷을 인터넷에 올리는 '폴링 스타 챌린지(falling stars challenge)'가 유행처럼 번지고 있는데, 중국어로 '쉬안푸탸오잔炫富挑戰'이라고 불리는 이 행위는 일종의 부를 과시하기 위한 놀이다. 이것이 중국 사회에서 갈수록 심각해지는 빈익빈 부익부 현상을 반영한 것이라는 부정적 시각들이 많다.

지역적으로 보면, 중국에서 빈민층이 많이 사는 곳은 서부와 북부 등 내륙의 변방지방이며, 부유층이 많이 사는 곳은 동남부 해안의 대도시와 개방특구지역 등이라 할 수 있다. 그 중에서 특히 상하이·광저우廣州·선전深圳 등에는 부유층이 대단히 많다. 2002년 가장 잘 사는 상하이시와 가장 못 사는 구이저우시의 1인당 GDP차이는 13배였지만 2011년 5배의 차이로 줄었다. 2017년의 베이징 시민의 1인당 GDP는 1만 8860달러로 가장 못 사는 서부 간쑤성의 4배를 넘었다. 이처럼 지역 간의 격차뿐만 아니

28 지니계수(Gini's coefficient)는 어느 한 국가 또는 특정 지역의 소득이 어느 정도 균등하게 분배되는가를 나타내는 소득분배의 불균형 수치로서 0에서 1 사이의 값을 가지며, 1에 가까울수록 소득 분배가 불평등한 것이다.

라 앞에서도 언급했던 도시와 농촌간의 격차도 앞으로 더욱 심화될 것으로 예상된다. 1995년부터 중국 정부는 이러한 빈부격차가 단순한 사회문제로 그치지 않고, 정권의 존립 여부에도 영향을 줄 정도로 심각하다고 여겨 이의 해소에 많은 노력을 쏟고 있다. 하지만 정부의 이와 같은 노력에도 불구하고 이 심각한 빈부격차는 좁혀지기는커녕 더욱 벌어질 것으로 전망된다. 어떤 면에서는 이러한 빈부격차가 시장경제체제로의 전환으로부터 야기된 하나의 과도기적 현상이기도 하지만, 문제가 그렇게 단순하지만은 않는 것 같다.

중국 내 80%의 부를 움켜쥔 상위 10% 부자들은 중국 내 부동산 투기 붐을 일으키며 해외로 나가 명품 쇼핑을 즐기고 있다. 영국 언론들은 비싼 명품을 구매하는 중국인을 '구찌(Gucci) 세대'라고 지칭하며, 이들이 런던의 호화 주택, 최고가 예술품, 와인 등을 싹쓸이하고 있다고 보도했다. 2010년 영국의 바겐세일 시즌 중에 중국인 관광객의 소비액은 16억 2,000만 달러에 이르렀고, 루이뷔통, 구찌, 버버리 등 대표적 명품 브랜드의 영국 내 전체 매출에서 중국인 관광객들의 구매가 차지하는 비중이 3분의 1에 달했다. 중국 쓰촨성 청두시의 한 영유아 전문 영어학원에서 개발한 시간당 1,800위안짜리 VIP 교육 프로그램은 폭발적 반응을 보이며 출시 이틀 만에 모집 완료됐다. 베이징의 한 사립 기숙학교에서는 미국식 교육제도를 도입한 영어 교육과 함께 해외 유학을 지원하는데 연간 학비가 약 5만 위안으로, 이것은 중국 노동자의 연간 평균임금의 두 배를 초과하는 금액이다.

이와는 대조적으로 중국 내 수천만 명에 이르는 하위 10%에 속하는 계층의 어린이와 청소년들은 공장에서 노동 착취에 시달리며 기본적인 인격적 대우도 받지 못하고 있는 실정이다. 제조업이 몰려 있는 광둥성 주장 삼각주의 공단 지역에서는 아동노동 착취문제가 해마다 사회 이슈가 되고 있다. 중국신문망中國新聞網에 따르면, 광둥성 둥관東莞의 MS 마우스 하청업체인 둥관쿤잉컴퓨터에서 아이들은 노동계약서도 없이 고용되어 한 달 280시간의 중노동을 했으며 시간당 0.8위안의 야근수당을 받은 것으로 나타났다. '개미족蟻族'이라 불리는 20대 대졸 저소득층은 상하이, 베이징 등 대도시 인근 농촌지역에 거주하며 고학력임에도 불구하고 월 평균소득이 4,133위안이며, 이들 중 67.8%는 10㎡이하의 주거공간에서 생활하고 있다. 1990년대 말 이후 중국 내 대학정원 확대로 늘어난 졸업생에 비해 일자리가 그만큼 늘지 않으면서 이들 개미족이 등장하였는데, 이들 대부분은 보험판매, 요식업 등 분야의 임시직에 종사하며 복지혜택 및 노동계약 등에서 부당한 대우를 받기도 한다. 중국사회과학원은 '2013 중국청년 발전보고'에서 베이징에 약 16만 명의 개미족이 살고 있다고 발표했는데, 전국적으로 100만 명에 이를 것으로 추정되고 있다.

더군다나 빈민층의 대다수 국민들은 부유층의 사람들이 정상적으로 부를 축적했다고 보지 않는데 더 큰 문제가 있다. 실제로 부유층 중에는 관시關係에 의하여 혹은 권력을 이용하여 졸지에 부자가 된 사람들이 많다. 이들 부유층의 사람들은 또한 금전을 이용한 비합법적 경로를 통해 권력 혹은 사회적 명망을 실현하고 자기 자식들을 유리한 조건의 학교에 보내며, 특수한 소비방식을 통해 풍족한 생활과 그러한 기회를 펼칠 수 있는 더 많은 기회를 갖는다. 이러한 원인들로 해서 빈민계층은 사회적 소외감을 더 느낄 수밖에 없을 것이다. 최근 중국의 포탈사이트인 신랑新浪과 중국청년보中國青年報의 합동 여론조사에 따르면 중국인의 84.6%가 현재의 빈부격차를 참을 수 없는 수준에 이르렀다고 대답하였다.

중국 정부는 사회보장제도 정비, 실질소득 증대 등 민생안정에 힘을 쏟고 있다. 양로보험·기업연금·의료보험 등 사회보험제도를 강화하고 최저생활보장 기준의 인상과 최저임금제도의 확립을 통해서 사회복지제도의 완비를 지향하고 있다. 또한 공공주택 보급 확대, 부동산 경기과열 억제, 부동산시장에 대한 감독 강화 등을 통해 주거안정 대책을 강화해 나갈 방침으로, 시 정부는 2015년까지 보장성 주택 즉, 서민형 주택 3,600만 가구를 건설해, 서민들의 주택 확보하겠다는 방침을 밝혔다.

환경문제

환경문제는 현재 전세계적인 관심사인 동시에 인류의 생존과도 직결되는 문제이다. 중국과 인접한 우리 나라의 입장에서 보면 중국의 환경문제가 또 다른 관심거리가 아닐 수 없다. 당장 우리 나라는 중금속 오염물질이 섞인 황사와 산성비 피해뿐만 아니라 황해의 해양오염 등 월경성越境性 환경오염문제에 직면하고 있다.

중국의 환경문제는 기본적으로 중국의 거대한 인구 및 생활기질 상에서의 불결성과 저개발상태에서 개혁·개방정책의 도입 이후 이루어지고 있는 급격한 산업 및 소비활동의 증가에 따른 것이다. 중국은 아직 매우 낮은 1인당 소득으로 인하여 환경에 대한 투자의 우선 순위가 낮은데, 이러한 상태는 중국이 중진국 수준에 도달할 때까지 지속될 전망이다.

중국의 중요한 환경문제로는 대기오염·산성비·수질오염·토지사막화·산업폐기물 등을 들 수 있는데, 이 중에서 대기오염 문제는 중국 에너지원의 주종을 이루는 석탄의 사용에 기인하며, 산성비가 발생하는 원인 역시 석탄 연소에 의한 황산화물의 배출·토양의 산성도·지형 및 기후조건 등을 꼽을 수 있다. 산성비가 내리는 면적은 280여 만km2에 달하고, 주

토지의 사막화를 막기 위해 조성한 방사림

요도시의 54.2%에도 산성비가 내리는 것으로 추산되었다. 수질오염과 고체폐기물 문제는 경제성장에 따른 인구의 도시집중화와도 밀접한 관련이 있다. 중국의 수질오염 상태를 보면 도시주변의 오염이 현저하고, 큰 하천보다는 작은 하천의 오염이 심하며, 남부도시보다 북부도시의 하천 오염이 더욱 심하다. 2014년 현재, 정제를 해서 생활용수로 사용이 가능한 1-3급수는 주요 강과 하천의 69%, 주요 호수의 32.5%에 해당한다. 중국 7대 수계(주장, 창장, 쑹화장, 황허, 화이허, 랴오허, 하이허) 가운데 주장과 창장만 양호한 것으로 나타났다. 나머지는 음용 가능한 수질 점유율이 40~60%밖에 되지 않는다. 그중에서도 허베이성을 관통하는 하이허는 37.5%가 음용에 적합하지 않을 뿐만 아니라 신체에 접촉하는 것도 위험한 수준이라고 한다. 이러한 수질오염의 주요 원인은 화학유기물질·중금속 등이 포함되어 있는 공업폐수이며, 생활오수·농업폐수(가축 분뇨 등) 등도 증가하고 있다. 중국의 산업폐기물은 주로 석탄재·폐석탄·야금제련폐기물·화공폐기물 등으로 구성되어 있는데, 앞에서 언급한 것처럼 중국은 에너지 자원의 대부분을 석탄에 의존하고 있으므로 석탄재가 산업폐기물의 가장 큰 비중을 차지하고 있다. 그리고 이러한 폐기물로 오염된 경지가 1994년 2월 초 조사에 따르면 무려 1억 5천 무畝(약 200평)로 집계되었다. 또 화학비료·농약·플라스틱 등 화학용품의 경지오염 면적은 1억 1천 7백 60만 무에 달한다. 기타 연해지역의 양식업에서 배출되는 분뇨가 미처리된 채 방출됨으로써 해양 및 수질오염을 가속하고 있으며, 핵폐기물의 오염도 적지 않을 것으로 보고되고 있다.

자연조건에 의한 환경파괴의 경우도 적지 않다. 먼저 하천에 의한 토지유실면적이 1995년 1월에 367만km2로 전국토지면적의 38.2%나 된다. 토지사막화의 경우는 매우 심각한데, 중국 영토의 18.2%(174만km2)가 이미 사막이고, 해마다 서울시의 5배나 되는 면적(3,463km2)이 사막으로 변한다. 중국 정부가 2005년까지 서부 대개발 사업을 추진하면서 가장 역점을 두고 있는 것 중의 하나가 사막화 방지를 위한 조림사업이다. 황사 등 환경문제는 차치하고 빠르게 진행되는 사막화로 인한 경제적 손실은 연간 인민폐 642억 위안에 달한다. 사막화를 막으려는 중국 정부의 노력은 필사적이다. 사막이 많은 북부지역을 동과 서, 중부로 나눠 방사림防沙林을 조성해 산림 비율을 13%에서 25%로 끌어올린다는 계획이다. 우리 정부는 황사 공동대책 차원에서 2001년부터 5년 동안 500만 달러를 지원하며 조림사업을 돕고 있으며 동북아산림포럼 등 시민단체들도 최근 산림조성 지원에 나섰다.

그리고 무리한 토지개간과 남벌은 삼림과 초원의 황폐화를 야기하여 사막화현상을 가속화하는 악순환으로 이어지고 있다. 환경의 파괴는 동식물의 생태계에도 영향을 끼쳐, 현재 중국에만 서식하는 희귀동·식물이 심각한 멸종 위기에 처해 있다.

2000년, 중국의 만리장성萬里長城 조사단은 현재 만리장성의 3분의 1 정도만이 완전한 모습을 갖추고 있을 뿐, 3분의 1은 궤멸 중에 있으며, 나머지 3분의 1은 완전히 파괴돼 소멸되었다고 발표하면서, 생태환경 악화에 따른 자연풍화와 사막화의 진행, 인공적인 파괴 등이 그 원인이라고 지적하였다. 2014년 중국은 전체 토지면적의 27%가 이미 사막화 되었다고 한다. 사막화 토지는 주로 신장·네이멍구·티베트·간쑤·칭하이 등 5개 성에 분포되어 있다.

과거 중국의 환경정책은 환경보호와 자연보호를 동일시하는 수준이었으나, 1992년 스톡홀름에서 열린 'UN인간환경회의'를 계기로 환경에 대한 인식이 제고되기 시작하였다.

중국에서 환경 관련 행정조직이 정비되기 시작한 것은 1984년 이후부터라고 볼 수 있으며, 본격적인 관심은 1988년 국가환경보호국이 국무원 직속으로 승격되면서부터라고 할 수 있겠다. 그러나 중국의 환경 관련 행정조직은 크게 중앙과 지방으로 이원화되어 있는데, 중앙이 강력한 지도력을 발휘한다기보다는 다소 느슨한 협조관계를 유지하고 있는 것으로 평가되고 있다. 중국의 환경보호 관련 법률체계는 비교적 완비되어 있는 편으로 평가된다. 1979년의 '환경보호법'을 모체로 하여 1989년에는 '환경보호법'이 공포되었다. 이밖에 '해양환경보호법'(1982)·'수질오염방지법'(1984)·'대기오염방지법'(1987) 등 환경보호 관련 기본적인 법 체제가 마무리되었다. 이외에도 시행계획과 법률·규칙·조례 등을 포함한 비교적 완비된 법률체계를 가지고 있다고 할 수 있다. 중국은 오염배출방지를 위해 설계·건설·가동의 3단계에 걸쳐 환경영향을 반영시킬 것을 의무화하는 '3동시三同時'제도를 시행하고 있으며, 각종 오염부담금 및 벌금징수를 시행하고 있다.

그러나 이러한 행정·법률체계와는 달리 환경정책 집행력은 다소 미흡한 감이 있다. 이를테면 1992년의 환경 관련 투자액은 인민폐 2백억 원이라고 중국관리가 밝히고 있는데, 이 숫자가 1990년의 환경 관련 투자액 인민폐 1백 9억 위안과 비교해 볼 때 비교적 높은 금액(1992년 GNP의 0.84% 점유)인데, 그 구체적 투자내용은 알려지지 않고 있다. 국가환경보호국의 사업성 예산액도 1991년의 경우 인민폐 4천 8백 17만 위안으로 전체 예산의 1.3%에 불과하여 환경에 대한 관심이 표면적으로는 높으나 실제로는 아직 높지 않는 것으로 판단할 수 있다. 또한 환경 관련 법 위반자에 대해서도 엄격한 처벌이 내려지지 않고 있으며, 집행도 엄격하지 않아서 별 실효를 거두지 못하고 있는 실정이었다.

그러나 몇 년 전 중국 정부는 '녹색 GDP계획'을 제정했는데, 환경보호를 실시할 1,000개 항목을 정해 185억 달러를 투입한다는 대규모 계획이다. 환경보호 관련 지출을 GDP의 1.5%까지 늘렸지만 5~10%까지 끌어올릴 생각인 것이다. 그리고 중국은 환경보호에 관한 법제와 관리를 개선하고 생태학적 환경의 악화에 제동을 걸기 위해 2001년부터 2005년까지 환경보호 5개년 계획을 실시하였다. 중국은 또 많은 도시들을 생태학적 환경을 유지하는 청정지역으로 전환시키는 계획도 세우고 있다고 한다. 특히 베이징 올림픽의 준비를 위해 1,400억 위안을 투입하여 오염물질의 방출량을 줄이고, 환경오염 기업 등을 이전하였다. 이러한 조치는 물론 베이징을 중심으로 올림픽 경기 개최도시에 한정된 것이었지만, 심각한 환경문제나 환경보호 전반에 대한 중국 정부의 인식이 달라지고 있음을 나타내는 것이어서 주목할 만하다 하겠다.

2014년 중국의 이산화탄소 배출량은 106억 톤으로 세계 1위이다. 중국환경상황공보中國環境狀況公報에 따르면, 전국 161개 도시 가운데 16개만이 기준치를 넘지 않았다. 중국의 145개 도시는 기준치를 초과한 것이다. 대기오염 문제가 중국 국민들에게 심각하게 인식되기 시작한 것은 2015년 2월 말 전 CCTV(중국중앙방송국) 아나운서 차이징柴靜이 제작한 한 편의 다큐멘터리 『돔 지붕 아래서(穹頂之下, Under the dome)』가 공개되면서부터이다. 이것은 중국 대기오염 및 스모그의 심각성과 환경보호 의무를 제대로 이행하지 않는 대형 국유에너지기업을 비판하는 내용을 다루었는데,

공개 일주일 만에 누적 조회수가 2억 건을 넘으면서 중국인들의 폭발적인 관심을 끌었다. 2014년을 기준으로 베이징은 스모그로 인해 365일 가운데 175일만 맑은 하늘을 볼 수 있었다고 한다. 중국은 경제성장과 환경문제라는 딜레마에 빠져 있다. 공기오염이 산업의 확대 및 자동차 소유의 급속한 증가에 따라 확대되고 있으며, 스모그는 중국 대부분의 도시에서 흔히 볼 수 있는 현상이 되었다.

최근 중국은 환경오염의 심각성을 인지하고 혁신적인 환경오염방지책을 발표하고 있다. 2016년 중국의 환경보호산업의 매출액은 무려 1200억 위안에 달했으며, 환경보호산업 가치를 2조8000억 위안까지 끌어올리겠다고 발표한 바 있다. 또 2018년부터 중국 정부가 환경보호세를 시행하면서 친환경산업이 확대될 것으로 보인다.

최근 중국의 환경오염방지책을 살펴보면, 2016년 5월 중국 국무원은 '토양오염 방지 계획'에서 2030년까지 중국 내 오염된 경지·토지 이용률을 95% 이상까지 끌어올릴 것이라고 밝혔다. 또한 각 지방 정부에서 책임자를 정해 지역 내 강·호수를 전면적으로 관리하게 하는 제도인 하장제河長制를 전국적으로 시행하기로 발표했다.

중국은 2016년 11월 '환경보호 13·5규획'을 발표하였는데, 주요 정책으로는 중점지역 16개 도시와 중점산업 석유·유기화학 공업 및 인쇄·포장 공업에 대한 규제를 중심으로 2020년까지 VOCs(휘발성유기화합물) 현 배출량(2500만-3000만 톤)의 10%를 줄이겠다고 밝혔다. 현재 VOCs 배출량의 60%를 줄여야 푸른 하늘을 볼 수 있다고 한다. 특히 2017년 6월 '저장성 VOCs 오염에 대한 처리방안 의견'을 발표해 VOCs 배출량 상위 4위를 기록하고 있는 저장성에 대해 2015년 대비 20% 감소시키겠다고 밝혔다. 또한 2017년 중국 환경보호부는 '핵 안전과 방사성 오염방지책 13·5규획 및 2025년 장기 목표'를 통해 2025년까지 핵 안전을 선진국 수준까지 끌어

올리고 관리·감독을 현대화하겠다고 발표하였다. 또한 2017년 7월 '정부 참여 오수·쓰레기 처리 프로젝트 전면 PPP방식[29] 실시에 관한 통지'를 공표하였다. 특히 8월에는 '베이징·톈진 및 주변지역 2017-2018년 추동계 대기오염 종합관리 방안'을 통해 이 지역 PM2.5 평균 농도와 심각한 오염 일수를 각각 동기대비 15%씩 낮추겠다고 발표하였다.

---

29 'PPP 방식'이란 공공 기초시설사업에 있어 민간자본이 설계, 건설, 운영, 기초시설 유지의 대부분 작업을 담당하는 것을 말한다. PPP 방식 안에는 건설 후 일정기간 운영 후 정부에 돌려주는 BOT(Build, Operate, Trasfer)방식, 유지 보수하는 O&M(Operation & Maintenance)방식, 건설 후 소유권을 직접 가지는 BOO(Build, Own, Operation)방식 등이 있다.

제6장

중국의 현·당대문학

중국의 현대문학

문학혁명

중국현대문학은 혼란한 중화민국 초기에 탄생하였으니, 그 선봉적 역할을 했던 것이 잡지《신청년新青年》이다. 창간의 중심이 되었던 천두슈陳獨秀는 이 잡지 창간의 목적을 신해혁명이 확실하게 성공하지 못한 원인을 반성하고 중화민국에 알맞은 문화와 사상을 도입하여 그것이 정립될 수 있도록 하기 위하여 출판한다고 밝혔다. 문학에 있어서 혁명의 도화선이 된 것은 후스胡適의 <문학개량추의文學改良芻議>(1917)였다. 그는 중국이 문학개혁을 하지 않으면 안될 이유와 개혁의 방안을 여덟 가지 항목으로 나누어 제창하였는데, 그것의 주지는 백화문白話文의 사용이었다. 이어 천두슈가 <문학혁명론文學革命論>에서 귀족문학·고전문학·산림문학 등을 타도하고, 국민문학·사실문학·사회문학을 건설해야 한다며 문학의 전면적인 개혁을 주장하였다. 후스의 제창은 문학의 내용보다 표현 형식에 중점을 두고 있었으나, 당시 중국에 있어서 이 제창이 갖는 의미는 결코 형식에만 그치지 않았다. 구舊중국에 있어서 문장은 단순히 표현 수단만이 아니라 그것 자체가 문화적 가치체계의 중심이었다. 그래서 백화문 제창은 그러한 문화적 가치체계 그 자체의 비판이라는 의미를 지니고 있었다.

백화문 제창에서 시작하여 1920년대에 계속된 문학·사상 전반에서 일어난 혁명운동을 일반적으로 '문학혁명'이라고 부르는데, 그것의 또 하나의 중요한 사실은 유교비판이었다. 천두슈·우위吳虞 등은 유교비판의 논문을 발표하여 민주주의와 과학의 기치를 높이 들었다. 1917년 베이징北京대학 총장이던 차이위안페이蔡元培는 천두슈를 초청하여 동대학의 문학부장 직을 맡겼으며, 이후 후스·리다자오李大釗·첸쉬안퉁錢玄同 등 네 사람의 베이징대학 교수들에 의해 《신청년》 편집위원회가 결성되어, 베이징대학은 문학혁명의 중심지가 되었다. 보수파의 반발도 강하여 린수林纾는 문학개혁을 반대하는 공개장公開狀을 발표하기도 했으나, 차이위안페이는 사상 자유의 원칙을 앞세워 이것을 공격하였다.

문학혁명이 문학으로 뿐만 아니라 정치적·사회적으로도 성공에 이르게 된 것은 1919년 5월 4일 베이징에서 학생과 지식인들에 의해 시작된 '5·4운동' 때문이었다. 문학적 성공은 이미 1918년 5월에 발표된 루쉰魯迅의 소설 《광인일기狂人日記》로 예견되었으며, 5·4운동으로 문학개혁운동은 마무리되고 문학은 신문학의 발전단계에 접어들게 되었다. 1921년 12월에 발표된 루쉰의 대표작 《아Q정전阿Q正傳》은 중국 현대문학을 대표하는 소설이다. 주인공 '아Q'의 형상을 통하여 중국 농민의

루쉰

우매하고 낙후한 요소들을 깊이 있게 들추어내고 있을 뿐 아니라 우매하고 나약한 국민성의 전형으로 삼아 매서운 비난을 하고 있다.

1921년 1월, 드디어 중국 최초의 문학단체인 문학연구회文學硏究會가 탄생되었다. 문학연구회는 정전둬鄭振鐸·쉬디산許地山·저우쥐런周作人·마오둔茅盾·예사오쥔葉紹鈞 등 12인에 의해 발기되었으며, 종래 상무인서관商務印書館의 오락성 문학잡지였던 《소설월보小說月報》를 개편하여 기관지로 삼았다. 이들은 <문학연구회선언文學硏究會宣言>에서 다음과 같이 주장하였다. "문학을 기쁠 때의 유희물 혹은 실의에 처했을 때의 기분전환물로 취급할 때는 이미 지났다. 우리들은 문학도 일종의 일이며, 인생에 있어서 절대적으로 필요한 작업임을 확신한다. 문학에 종사하는 사람들은 이 일을 농사짓는 일과 똑같이 종신사업으로 여겨야 한다."

문학연구회는 일치된 문학적 주장을 가진 결사가 아니라 오히려 동업조합적인 성격을 가진 조직이었으나, 당시에 있어서는 역시 구문화 비판의 일익을 담당하였다. 문학연구회를 이론적으로 리드한 사람은 마오둔으로, 그는 문학의 사회성을 주장하고, 해외의 문학이론 특히 사실주의를 중심으로 열심히 번역·소개하였다.

두 번째로 탄생한 문학단체는 창조사創造社이다. 창조사는 1921년 7월 궈모뤄郭沫若·위다푸郁達夫·청팡우成仿吾·톈한田漢 등 일본 유학생들에 의해 결성되었다. 이들은 1921년에서 1930년 사이 태동도서국泰東圖書局·광화서국光華書局·창조사 출판부에서 창조사총서創造社叢書로 궈뭐뤄의 시집 《여신女神》, 위다푸의 단편집 《침륜 淪》 등등을 출판했으니, 중국현대문학사상 가장 먼저 출판이 시작된 신문학총서이다. 또 기관지로 《창조》 계간季刊·《창조주보創造周報》·《창조일創造日》·《홍수洪水》·《창조월간創造月刊》·《문화비판文化批判》 등을 출간했다. 창조사는 '내심의 욕구'·'영감' 등을 중시하였으며 주정主情적인 경향이 강하였으니, 리얼리즘 경향의 문학연구회를 '인생파'·'리얼리즘' 경향파라고 부르는 것과 대조적으로 '예술파'·'로맨티시즘' 경향파라고 불렸다. 그러나 문학연구회의 리얼리즘은 뿌리 깊은 것은 아니어서 관념적인 로맨티시즘을 많이 지니고 있었으며, 예술파라고 불렸으나 창조사도 초창기에는 리얼리즘적 요소가 포함되어 있었다. 이때부터 중국문단은 문학연구회와 창조사라는 두 개의 문학단체가 주류를 이루어 신문학을 주도했다.

1923년 쑨원은 '연소·용공·노농원조連蘇·容共·勞農援助'의 신정책을 채용함으로써 국공합작國共合作이 이루어져 중국혁명은 새로운 단계에 접어들었으니, 1925년 상하이上海의 5·30사건은 노동운동을 중심으로 한 새로운 국면의 표현이라고 하겠다. 베이징에서는 일본의 간섭에 반대하는 학생·시민의 데모에 관헌이 발포하여 다수의 사상자를 내니, 3·18사건 등으로 정국은 더욱 격화되었다. 이러한 격동기 중에도 문예계는 매우 활발한 활동을 전개했다. 문학연구회와 창조사에 이어 많은 문학단체가 탄생했고, 또 많은 문학지를 통해 신진작가가 배출되었으며 우수한 작품들이 속속 발표되었다.

1925년에는 국공합작을 기반으로 한 국민정부가 광둥에서 성립되었고, 1926년 7월 장제스蔣介石를 총사령으로 하는 국민혁명군은 베이징의 군벌정부 타도를 위하여 북벌을 개시하였다. 북벌군은 광범위한 민중의 지지를 받으며 진격을 계속하여, 1927년 1월에는 국민정부가 우한武漢으로 옮겨갔다. 궈뭐뤄가 국민혁명군 총정치부 비서장으로 종군하고, 창조사의 다른 사람도 광둥에 설립된 국민혁명군의 간부양성학교인 황푸군관학교黃浦軍官學校 교관이 되었으며, 마오둔·장광츠蔣光慈 등이 우한정부에 참가하는 등, 문학가 중에도 국민혁명에 직접 참가한 자가 적지 않았다. 국민혁명이 그들에게 있어서도 큰 희망이었던 점을 나타내는 동시에 중국현대문학이 갖는 정치성을 선명히 드러내는 것이었다. 3·18사건 후 베이징을 떠나 샤먼厦門대학에 있던 루쉰도 1927년 초 혁명의 본거지인 광둥의 중산中山대학으로 옮겼다.

○ 중국 현대소설 작품(1)

《광인일기狂人日記》(1918년)

주인공인 '나'는 피해망상증 환자이다. 그는 주변 사람 모두를 적대시하였으며, 또 책을 펼쳐보아도 '仁義道德'·'食人' 등의 글자만 발견할 수 있을 뿐이다. 그는 심지어 자신을 진찰하러온 의사·형兄 등도 모두 자신을 '잡아먹으러 오는' 존재로 인식한다. 큰 형을 비롯, 주인공의 주위에 있는 존재들은 '나'를 미치광이로 단정하고 몰아내고자 한다. 주인공은 이 식인食人과 봉건문화封建文化가 자신을 광인狂人으로 몰았다는 것을 의식하면서 "아이들을 구하라!"라는 독백을 남긴다.(주인공 '나'는 곧 고독한 혁명가의 상징임)

《아Q정전阿Q正傳》(1921년)

주인공 아큐는 떠돌이 농민이다. 웨이좡未莊이라는 작은 도시에 살고 있는 날품팔이 농민이다. 그는 머리에 난 부스름자국 때문에 열등감을 가지고 있으며 동네 건달들과도 자신이 '점잖으니' 시비하지 말자고 마음먹는다. 어느 날 아큐는 길을 가다가 역시 별 볼일 없는 날품팔이 신세인 왕털보를 만난다. 아큐는 왕털보를 욕하다가 시비가 벌어져 도리어 그에게 두들겨 맞고, 그 화풀이를 가짜 양놈에게 하려다가 그의 지팡이에 맞아 혼비백산한다. 그는 패배를 만회하고자 이번에는 징슈암靜修庵의 비구니를 욕하고 놀리다가 여인이라는 것이 무엇인가에 눈뜬다. 그는 엉뚱하게 자신이 막일해주는 주인집 자오趙나으리댁의 하녀 우吳씨 아줌마에게 느닷없이 '잠을 자자'고 말했다가 조나으리댁 하인들에게 쫓겨나는 신세가 된다. 게다가 중재를 맡은 보안원地保은 일방적으로 조나으리의 편을 들어 그나마 남은 외투와 이불로 변상을 하라고 윽박지른다.

또 小D라는 녀석이 그의 일감마저 빼앗아 가서 견딜 수 없게 된 아큐는 일거리를 찾으러 성도省都로 달아난다. 성도에 간 아큐는 도둑들의 무리에 끼여 망보는 일을 맡게 되나 겁이 나서, 그들이 던지는 보따리를 채어 도로 고향으로 달아난다. 한동안 아큐는 훔친 물건을 사람들에게 파는 등, 고향에서 윤택한 생활을 누리지만 곧 그가 도둑질에도 가담하지 못한 한심한 존재라는 것이 탄로 난다. 아큐가 사람들의 관심에서 멀어질 무렵, 신해혁명이 일어나고 아큐는 제 세상을 만난 듯 "혁명이다!"라고 외치며 설친다. 얼마 후에 조나으리 댁에 도둑이 들어 많은 물건을 훔치자, 아큐는 도둑의 일원으로 몰려 체포되고 처형당한다.

혁명문학

국민혁명에 참가하였던 문인들은 4·12정변으로 국·공이 분열되자 다시 상하이에 모여들기 시작하였다. 상하이에 돌아온 창조사의 궈뭐뤄는 루쉰·정보치鄭伯奇·장광츠 등을 모아 과거의 창조사와 같은 문학단체를 구성하려 하였으나 청팡우의 반대로 무산되었고, 청팡우는 일본에서 새로 데리고 나온 리추리李初梨·펑나이차오馮乃超 등과 함께 프롤레타리아 문학의 새로운 기치를 들고 창조사를 재건하였다. 또 같은 시기에 첸싱춘錢杏邨·장광츠 등도 프롤레타리아 문학의 기치를 들고 태양사太陽社라는 문학단체를 결성하였다.

창조사나 태양사는 루쉰이나 마오둔이 과거의 암흑만을 묘사하고 미래의 광명은 보여주지 못하는 소부르조아 문학가라고 비난을 퍼부었다. 루쉰과 마오둔은 이들에게 한 걸음도 물러나지 않고 반론을 제기하였다. 마오둔은 '혁명문학'이 실제는 청년학생들에게 밖에 받아들여지지 않는 것임을 지적하여 오히려 중소상공업자나 농민 등 생활인 속에 뿌리를 내려야 한다고 주장하였다. 이 당시의 논쟁을 '혁명문학논쟁'이라고 부른다. 이 논쟁의 의미는 국민혁명의 좌절과 중국의 현실을 도외시하고 기계적인 마르크스주의에 혹한 젊은 문학가들이 신해혁명부터 시작하여 혁명의 역사를 살아온 루쉰·마오둔 등을 공격, 그들이 현실을 절실히 느끼게 한 일이었다. 루쉰은 이 논쟁 중 주로 일본어 번역본으로 된 소련의 문학이론이나 작품을 중역中譯한 것과 또한 4·12정변 전후 광둥에서 계급투쟁의 현실을 체험한 것을 통해서 마르크스주의에 접근하여 갔다. 1929년 후반부터 혁명문학논쟁은 수습되기 시작하였다. 국민당에 의한 탄압이 강화되고, 또한 문학계 내부에도 후스·쉬즈모徐志摩·량스추梁實秋·원이둬聞一多 등이 신월사新月社를 만들어 예술지상주의를 제창하며, 문학과 정치의 결합 그 자체에 반대하는 등 좌익 작가 내부의 통일이 요구되는 상황이 생겨나게 되었다. 이리하여 공산당 내부에서도 창조사·태양사의 루쉰 공격에 대한 비판이 강해지기 시작하였다. 이러한 움직임은 1930년 3월 '좌익작가연맹左翼作家聯盟 : 左聯'이 결성됨으로써 그 열매를 맺는다.

좌련 가입자는 창립 당시 50여 명이었으나 2년 후에는 150여 명이나 되었다. 좌련은 '무산계급 혁명문학'의 기치를 높이 걸고 활동을 계속하여 1931년에는 '민족민주문학'이라고 칭한 어용문학을 비판하고, 1932년에는 문학의 정치성·계급성을 경시하는 '자유인自由人'·'제3종인第三種人' 등과 논쟁하였다. 좌련은 결성 직후부터 국민당 정부에 의한 심한 탄압을 받아 1931년에는 러우스柔石·후예핀胡也頻·인푸殷夫 등 '좌련 오열사左聯五烈士'가 다른 공산당원 약 20명과 함께 처형당한 사건을 시작으로 문인들이 10명 이상이나 죽음을 당했다. 이런 탄압 속에서도 그들은 90% 이상이 문맹이라는 중국의 현실을 알고서 문예의 대중화로 그들을 일깨우기 위해 엄청난 노력을 기울이나, 심한 탄압으로 인해 그들이 실제로 노농勞農대중과 접촉하여 연대 결합할 기회는 거의 없었다. 또 1920년대 말부터 1935년에 걸쳐 중국공산당이 극좌노선의 지도를 받게 되자, 좌련도 그 영향을 면치 못하고 내부의 분열이 겹쳐 조직적 운동으로서 충분한 역량을 보이기에는 부족했다. 그러나 그들의 대부분은 지식청년으로, 노동대중이 스스로 입을 열지 못하는 시기에 그들을 대신하여 목소리를 높인 역사적 의의는 평가되어야 할 것이다.

마오둔

좌련시기의 작품 가운데 가장 주목받는 것은 마오둔의 《자야子夜》이다. 1930년 상하이를 무대로 매판買辦적 금융자본에 밀려나는 민족자본가를 주인공으로 당시의 사회구조와 그 속에서 생활하는 인간을 방대한 스케일로 묘사해 낸 장편소설로, 마오둔의 대표작일 뿐 아니라 중국 현대문학의 대표작품 중 하나이다.

○ 중국 현대소설 작품(2)

《한밤중子夜》(1933년)

《한밤중》은 1930년초의 상하이를 배경으로 민족자본가의 탄생과 몰락을 제재로 한 소설이다. 소설은 상하이에서 성공한 우쑨푸吳孫甫가 아버지인 우나으리를 상하이로 불러오지만, 우나으리는 상하이의 현란한 도시문명과 윤리로 납득하기 힘든 여인들의 옷차림 등을 보고 충격을 받아 사망한다. 우쑨보는 중국의 민족공업을 일으키겠다는 강철 같은 의지를 가진 자본가이며 이 목표의 달성을 위해서는 무슨 일이라도 하는 인물이다. 고향 솽차오진雙橋鎭에 세운 방직공장을 운영하면서 노동자 투웨이웨屠維岳를 그의 편으로 만들어 가차 없이 노동자의 파업을 탄압한다든지 몇 몇 자본가와 이중신탁공사益中信托公司

를 만들어 큰 이익을 얻고자 공채시장에 뛰어든다든지 등의 행동은 그의 수단을 잘 보여주고 있다. 그러나 그의 반대편에 서 있는 매판 자본가 자오보타오趙伯韜는 우쑨푸가 상대하기에는 너무나 노련한 인물이었다. 자오는 우쑨푸 주변의 인물들을 모조리 매수하여 정보를 알아내는 한 편, 이 인물들을 조종하여 이중신탁회사는 물론, 방직회사들이 몰락의 위기에 처하도록 한다. 우쑨푸는 조그만 이익에는 가차 없는 돌진성을 발휘하는 민족자본가이지만 그의 방법은 결국 국제정치의 흐름을 읽지 못해 공채 투기의 대규모 손실과 함께 몰락하고 만다.

항전문학

1931년 9월 18일 만주사변과 1932년 1월 28일 상하이사변을 시작으로 일본의 중국 침략은 점점 본격화하였다. 특히 1932년의 '만주국' 건립은 중국인민의 민족적 위기감과 항일의식을 강하게 하였는데, 문학 방면에서는 동북東北작가라고 불리는 일군의 젊은 작가들이 그 대표이다. 그들은 '만주국'이 건립되자 고향을 떠나 상하이에 모인 작가들로서 잃어버린 고향에의 그리움을 담아 동북의 현실과 그곳 인민의 투쟁을 묘사하여 크나큰 반향을 일으켰다. 그 대표적 작품이 샤오쥔蕭軍의 《팔월의 향촌八月的鄕村》과 그의 처 샤오훙蕭紅의 《생사장生死場》이다.

일본의 침략은 동북에 머물지 않고 화북華北에 괴뢰정부를 수립하려고 하였다. 이러한 움직임에 반해 중국 국내에서는 항일을 요구하는 소리가 높아지고 있었지만, 국민당 정부는 "먼저 안을 편안히 하고 나중에 외적을 물리친다"는 방침을 고수하고 소비에트 지역에 대한 포위공격을 계속하였다. 한편 중국공산당도 항일을 위한 통일전선은 외치고 있었지만 전체적으로 극좌노선을 취하고 있었으며, 통일전선의 구상도 그 실현에의 구체적 방침이 확립되지는 못하였다. 결국 국민당 정부의 5차에 걸친 포위공격에 견디지 못한 중국공산당은 장시江西소비에트 지역을 버리고 '대장정大長征'을 하고 산시陝西성에 새로운 근거지를 만들었다. 1936년 말 장쉐량張學良이 장제스를 감금하여 내전 정지와 항일을 요구하는 시안西安사건을 일으키게 되자, 국민당도 항일의 주장을 받아들여 제2차 국공합작이 시작되었다. 1937년 7월 루거우차오蘆溝橋사건이 일어나자 중국은 본격적인 항일통일전선시기에 들어갔다.

이러한 과정 속에서 1936년 공산당의 문예이론가가 저우양周揚은 '국방문학國防文學'을 주장하면서 좌파와 우파 문인 모두가 일본의 제국주의 침략을 막는데 앞장서야 한다고 하면서 좌련의 자발적인 해체를 주장했다. 이에 루쉰은 분개하여 그들과 소위 '국방문학논쟁'을 하게 되었다. 이 논쟁은 루쉰의 기본적인 태도를 분명히 밝힌 3편의 문장으로 수습되었다. 1936년 10월 루쉰·바진巴金·마오둔 등과 논쟁 권외圈外였던 린위탕林語堂 등 21인의 문학가가 모여<문예계 동인의 외적 방어를 위한 단결과 언론자유를 위한 선언文藝界同人爲團結禦侮與言論自由宣言>을 하였다. 이와 때를 같이 하여 루쉰이 사망하였다.

루거우챠오에서 시작한 전투가 8월에는 상하이로 퍼져 일본은 중국에 대한 전면적 침략에 돌입하였다. 일본군은 부분적으로 강한 저항을 받으면서도 강력한 군사력으로 중국군에 승리를 거두어, 1938년 가을까지 베이징·상하이上海·난징南京·광둥廣東·우한 등지를 점령하였다. 이 일본군 점령지역은 '윤함구淪陷區', 충칭重慶으로 옮긴 국민정부 치하의 지역은 '국통구國統區', 옌안延安을 중심으로 하는 공산당 지역은 '해방구解放區', 상하이 외국 조차지租借地는 '고도孤島'라 불리는데, 이렇게 중국은 네 개의 지역으로 나누어지게 되었다. 문학가의 대부분은 국통구 혹은 해방구

마오쩌둥과 옌안문예좌담회에 참석한 작가들

로 이동하였으나, 이런저런 동기나 사정으로 일본 점령 지역에 머무른 자도 있었고, 문학의 존재방식도 문학가의 생활방식에 따라 서로 다른 양상을 보이게 되었다. 일본 점령지에 머무른 자의 대표적 존재가 저우쭤런이다. 그가 베이징에 머무른 시기를 포함하여 그 후의 행동양식이 단순하지는 않았지만, 일본 점령하의 괴뢰정부에서 교육부장을 지냈다. 그로 인해 '한간漢奸'으로 비판받게 되었다.

항전 초기에는 문학가도 선전선동에 몰두하여 짧은 보고문학報告文學이나 격렬한 어조의 시가를 많이 발표하였다.

1938년 3월 문예계의 통일조직인 중화전국문예계항적협회中華全國文藝界抗敵協會가 우한에서 성립되어 기관지 《항전문예抗戰文藝》를 간행하였다. 그리고 마오둔이 편집한 《문예진지文藝陣地》도 광저우廣州에서 발행되었다. 중일전쟁中日戰爭이 시작되자 곧 상하이에서 발행된 《구망일보救亡日報》도 샤옌夏衍을 편집장으로 하여 발행지를 광저우·구이린桂林으로 옮기면서 1941년까지 계속 발간되었다.

우한이 함락되자 국민정부는 충칭으로 옮겨갔다. 이와 함께 국통구의 문인들도 대부분 충칭에서 활동을 하게 되었다. 홍콩香港에 옮겨 창작을 계속하던 작가도 많아서 충칭과 홍콩이 문학의 중심지가 되었는데, 제2차 세계대전 중 두 지역도 일본에 점령되자 구이린이 문학계의 중심이 되었다. 또 베이징대학·칭화淸華대학·난카이南開대학이 연합한 서남연합대학西南聯合大學이 위치하고 있던 쿤밍昆明에도 원이둬·주쯔칭朱自淸 등이 활약하고 있었다.

중일전쟁이 대치단계에 접어들면서 국민당은 공산당에 대한 경계와 압박을 강화하였으며 지식인에 대한 언론 통제도 강화하였다. 그리고 특무기관의 테러공작도 잦아졌다.

문예강화文藝講話와 인민문학

중일전쟁의 시작과 함께 수많은 청년이나 문학가가 도시를 떠나 해방구로 모여들었다. 먼저 국통구에 갔다가 그곳의 부패와 압제에 실망하여 해방구로 옮긴 자도 있었다. 문학자를 포함한 대다수의 지식인과 지식청년들이 해방구에 모여 중국문학 전체의 존재방식을 크게 변모시켜 놓았다. 중국의 현대문학은 5·4시기부터 민중의 경제적·문학적인 빈곤함, 지식인과 민중의 괴리라는 현실 속에서 그것이 실제로 민중 속에 뿌리를 내리기는 어려웠다. '문학의 대중화'를 앞세우고 활동한 좌련도 이 벽을 완전히 타파하지 못한 채 문학은 도시의 그것도 지식청년들의 소유물에서 벗어나지 못한 상태였다. 대도시의 함락과 해방구에 대량의 지식인들이 모이자 이러한 상태에 큰 변화를 가져왔다. 해방구 속에서는 문학가도 변화를 가지지 않을 수 없었다. 해방구의 현실은 지식인들에게 있어 엄격한 것이었다. 물질적 조건은 물론 어려웠으며, 인민이나 간부의 사상 수준과 교양도 그들이 바깥에서 '자유의 천지'로 생각하던 그런 것은 결코 아니었다. 그들의 불만은 때때로 '관료주의 비판'으로서, 또 어떤 때는 더욱 완전한 평등의 요구로서 표출되었다.

이러한 상황에 대해 토론하기 위해 개최된 것이 1942년의 옌안문예좌담회延安文藝座談會였다. 이 좌담회는 집합이라고 하는 것이 더 적절한 표현일 것이다. 마오쩌둥毛澤東 주석이 문제제기를 하고 결론을 내린 것이 유명한 <옌안문예좌담회상의 강화在延安文藝座談會上之講話>로서, 보통 '문예강화'라고 약칭되고 있다. 마오쩌둥은 이 강화에서 "문학·예술은 인민 즉 노동자 농민·병사에게 봉사하는 것이 아니면 안 된다"고 하였다. 구체적으로는 "질의 향상보다도 보급을, 암흑의 폭로가 아니라 광명의 구가를"이라고 하여 인민의 생활과 투쟁이야말로 모든 문학·예술의 원천이며, 인민을 지식인의 위치로 높이는 것이 아니라 지식인이 인민에게로 높여지는 것이라고 생각해야 한다고 하였다. 또 그렇게 되기 위해서는 감정을 포함한 사상개조가 필요하다는 것을 설명하였다.

전술한 바와 같이 민중과의 거리가 멀었던 현실속에서 지식인들이 자신의 세계 속에 가만히 있지 않고 민중 속에 파고 들어가는 것이 바로 혁명의 출발점이었다. 지식인들이 의식적으로나 무의식적으로 자신들의 우수한 세계와 문화를 해방구에 들여놓기 위해 그들의 규격에 맞추어 해방구의 현실을 재단하려고 하는 경향이 일어났을 때, 이러한 것으로 장난을 치지 말며, 문화에 대한 논의를 하기보다 먼저 민중 속에 들어가 민중이 지식인에게 구하는 것이 무엇인지 먼저 대답하라고 말한 것은 현실의 정치 지도자이자 운동가로서 활동하던 마오쩌둥의 리얼리즘이었다. 또한 '문예강화'는 뛰어난 현실 정치가 마오쩌둥의 문예예술론이며, 풍부한 통찰력을 보여주고 있다. 이 강화는 중화인민공화국 정부 수립 후에도 문학예술의 지도이론으로 그 위치를 계속 유지하고 있으며, 혁명의 성공과 신중국의 건설이라는 사실을 배경으로 중국공산당 및 마오쩌둥 권위의 증대 속에 권력의 절대화에 일조를 하였다고 하겠다. 그러나 '문예강화'가 중국의 문학과 예술의 존재 양식에 적지 않은 악영향을 끼친 것도 부정할 수 없다.

1940년대에서 1950년대 전반까지의 중국 문학계에는 '문예강화'의 영향으로 대중적인 내용과 형식을 지닌, 소위 '인민문학人民文學'이라고 불리는 새로운 문학이 태어났다. 인민문학 최초의 작품으로 볼 수 있는 것은 자오수리趙樹理의《샤오얼헤이의 결혼小二黑的結婚》이라는 소설이다. 이밖에 그는《리유차이의 판화李有才的板話》등을 발표하였는데, 이들 작품들은 모두 단순한 스토리이면서도 농민들의 대범한 모습을 잘 묘사하였다. 그가 이용한 민화풍의 어조나 민요도 민중에게 친숙했던 것으로 주목을 받았다. 또한 40년대 해방구에서 환영받은 작품으로는 루쉰예술학원魯迅藝術學院의 집단창작에 의한 가극《백모녀白毛女》가 있다. 아버지의 빚 때문에 지주에게 끌려가 아이를 낳게 된 여자가 도망쳐 나와 산에 숨어 살면서 백발로 변한 후 해방의 날을 맞이하는 이야기로서, 민중들에게 전해 내려 오는 전설을 바탕으로 만들어진 것이다.

○ 중국 현대소설 작품(3)

《샤오얼헤이의 결혼小二黑的結婚》(1943년)

점술사 얼쭈거二諸葛의 아들 샤오얼헤이小二黑는 무당 산셴구三仙姑의 딸 샤오친小芹을 사랑한다. 샤오얼헤이는 부지런한 농민으로 일도 열심이지만, 공산당이 지도하는 농촌의 여러 문제를 열성적으로 해결하려는 청년이다. 그러나 얼쭈거와 싼셴구가 늘 티격태격하기 때문에 샤오얼헤이와 샤오친은 양친 몰래 만나 사랑을 나눈다. 그러나 샤오친에 대해 눈독을 들이고 있던 진왕金旺은 음모를 꾸며 샤오얼헤이를 감옥에 가두고 그 사이에 샤오친을 차지하고자 한다. 그들의 흑심을 눈치 챈 촌주임은 샤오얼헤이를 석방하도록 하고 진왕형제를 체포한다. 또 샤오친과 샤오얼헤이가 결혼 할 수 있도록 주선한다.

중국의 당대문학

중국공산당은 일본이 패망한 후 다시 시작된 내란을 승리로 이끌어 1949년 10월 중화인민공화국을 수립하였다. 한편 내란기를 통해 국민당 정치의 부패와 무능은 더욱 명백해졌다. 내전 반대·민주적 자유 요구 등의 운동으로 피살된 원이둬 등 많은 문인들이 핍박을 받았기 때문에 국민당과 함께 타이완臺灣에 이주한 문학가는 아주 소수에 불과했고, 대부분이 신중국을 지지하였으며 건국 직전에는 중화전국문학예술공작자 제1차 대표대회中華全國文學藝術工作者 第一次 代表大會(第一次 全國文大會)를 개최하고, 이어 문학·연극·영화·음악·미술 등 각 분야별로 공작자협회工作者協會가 결성되었다. 문학에는 중화전국문학공작자협회中華全國文學工作者協會(제2차 전국문대회 이후 '중국작가협회中國作家協會'라고 개칭됨)가 성립되고, 기관지로《인민문학人民文學》이 작품의 게재를 목적으로 창간되어, 중국 문학계의 최고의 지도적인 문학잡지로 군림해 왔다. '문예강화'가 해방구 시대의 정책에 머무르지 않고 전국적인 문학예술의 지도이론으로서 인정받은 것도 이 시기였다.

건국 후의 문학은 그런 대로 풍부한 성과를 거두었다. 건국 초기의 작품은 거의가 토지개혁 등과 그 후의 농업 집단화, 공업에 있어서의 제1차 5개년 계획 등 급속도로 변모하는 사회 현실을 대단한 놀라움과 환희를 담아 묘사한 작품이 많았으며, 아울러 그 속에서 일어난 인간 드라마는 대부분이 감동적인 것이었다. 그러나 건국 후의 문학·예술계는 이런 저런 파란곡절을 경험했다. 그 원인이 된 것은 정치적·사회적으로 거듭되는 비판활동이었다. 이를테면 청말淸末의 민간 교육자 우쉰武訓의 전기傳記영화가 민중교육 찬미라는 내용 속에 농민과 지주간의 계급적 모순을 엄폐하고 계급협조주의를 고취하였다고 한 영화 '《우쉰전武訓傳》의 비판'(1951년), 소설《홍루몽紅樓夢》연구를 중심으로 고전문학연구 분야에 해방전의 관념론이나 부르조아적 견해와 방법이 그대로 살아 있다는 '《홍루몽》 연구 비판'(1954년), 후펑胡風의 문예사상 즉 '반혁명집단'에 대한 비판(1955년), 반우파 투쟁(1957년) 등이 있는데, 문화대혁명文化大革命(1966~1976)은 이러한 비판의 종착점이라고 할 수 있다. 1956년에 '백화제방·백가쟁명百花齊放·百家爭鳴'방침〔'쌍백雙百'방침〕이 제기된 것은 같은 해 소련에서 있었던 스탈린 비판 직후 세계적으로 퍼진 '해빙'무드의 영향이었으며, 동시에 후펑비판사건 때문에 활기를 잃은 지식인의 입을 열도록 하려는 의도도 있었다. '쌍백'방침은 문예 발전의 합법칙성으로부터 제기되었다. 문예전선은 기계적으로 정리할 수 없고 소수가 다수에 복종할 수 없으며, 문예활동에는 반드시 개인의 창조성과 마음대로 발표할 수 있는 공간이 보장되어야 하며, 예술의 민주가 충분히 발양되어야 한다는 것이다. 독립적 사고를 제창하고 변론의 자유·창작의 자유와 비평의 자유를 허용하여야 하며, 행정적 수단으로 단일한 창작 풍격과 문학 유파를 강요하여서는 안 된다는 것이다. 그러나 거기에서 분출된 당에 대한 거센 비판에 놀란 마오쩌둥은 '반우파 투쟁'을 전개하고, 딩링丁玲·아이칭艾靑·펑쉐펑馮雪峰 등 다수의 문인들이 '우파분자'로 비판되어 문학계에서 모습을 감추었다. 이 '반우파 투쟁'으로 인해 '우파'로 낙인찍힌 사람의 숫자는 매우 많았고 또한 그것이 당에서 제기한 '백화제방·백가쟁명'의 외침에 대답하는 발언을 공격하였기 때문에 문학예술뿐만 아니라 중국사회 전반에 큰 손실을 가져왔다.

'반우파 투쟁' 이후 중국은 농촌의 인민공사人民公社를 중심으로 생산력의 급속한 발전을 목표로 하는 '대약진大躍進'운동(1958~1960)을 전개하였다. 이 운동은 오늘날 주관적인 과오가 있었다고 결론지어지고 있다.

'대약진'운동의 영향 아래 문학은 '혁명적 낭만주의'를 강조하는 형식이 유행하게 되었으며, 마오쩌둥의 '혁명적 낭만주의와 혁명적 현실주의의 결합'이라는 지도이념으로 말미암아 이 시기의 작품은 시대의 주관적 색채가 농후했다. 이러한 경향 속에서 1950년대 말부터 1960년대 초까지 노동자·농민출신의 새로운 작가가 많이 탄생하여 해방구시대 및 중화인민공화국 초기와는 다른 특색을 보여 주었다.

1966년 문화대학명이 시작되었다. 자본주의의 길을 걷는 당내의 실권파를 타도하기 위한 이 운동은 각지에 혼란과 무력충돌을 낳게 하고, 국가 주석인 류사오치劉少奇를 비롯하여 당과 정부의 많은 간부를 대상으로 삼아 투쟁하여, 몇몇은 생명을 잃기도 하였다. 문학 예술계에서도 문혁 초기부터 공격의 대상이 되어 문예계의 정치적·이론적 지도자였던 저우양周揚·마오둔 등 대부분의 작가가 공격받아 강제 수용소로 이용되고 있던 '5·7 간부학교'에 들어갔다. 라오서老舍·자오수리 같이 문혁으로 인해 생을 마친 작가도 매우 많았다. 문혁 전반에는 문학잡지가 모두 간행 정지되고 문학작품의 출판도 거의 금지되었으며, 마오쩌둥 부인 장칭江靑의 지도로 '혁명 현대 경극京劇'만 성행하였다. 작가 활동을 계속한 자는 소수에 지나지 않았다.

1976년 9월 마오쩌둥이 사망하고 10월에는 문혁을 추진한 중심인물이었던 '사인방四人幇' 즉 장칭·장춘차오張春橋·야오원위안姚文元·왕훙원王洪文이 체포·구금되었다. 그 후 중국 공산당은 계속 문혁을 부정하였는데, 1981년 6월 <건국이래 당의 약간의 역사문제에 관한 결의關於建國以來黨的若干歷史問題的決議>를 채택하여 공식적으로 문혁을 재평가함으로써 일단락 되었다. 문학예술계에서도 1979년 10월 중국문학예술공작자 제4차 대표대회에서 개개의 작품을 가볍게 정치문제와 연결시키는 경향, 문학예술의 비판을 대중적 정치선전으로 전개하는 경향 등이 비판되었으며, 1950년대 후반부터 문예정책이 극좌사상으로 일관되었다고 지적하고, 건국 이후의 문학 예술의 존재방식 전체가 재검토되어야 한다고 하였다. 1978년 사인방의 '사도의 존엄을 거부하자反師道尊嚴'는 운동이 끼친 해독과 청년문제를 고발하는 내용을 담고 있는 최초의 소설은 류신우劉心武의 《담임선생님班主任》이다. 스커트를 입어야 할지 바지를 입어야 할지와 같은 사소한 일에 이르기까지 전부 어른(요컨대 '당' 조직)이 정한 가치 기준으로 밖에는 생각할 능력을 갖지 못한 '모범생'인 여자중학생을 그린 이 단편소설은 오늘날에 와서 보면 거의 습작에 가까운 거친 작품이지만, 문혁이 초래한 인간정신의 황폐를 예리하게 고발한 최초의 소설로서, 작자의 예측을 뛰어넘는 충격을 던졌다. 이 작품의 출현이후 사람들은 원칙의 안경을 벗고, 우선 상식의 선으로 되돌아가 인간의 문제를 올바로 받아들이는 지평을 열었다.

뒤이어 상해의 푸단復旦대학 학생 루신화盧新華의 단편《상흔傷痕》이 발표되자, 홍위병紅衛兵의 좌절을 그린 그 내용이 유사한 체험을 가진 젊은이들의 공감을 얻었다. 이 소설의 주인공은 인간을 출신계급에 따라 차별하는 소위 '출신론'에 의해 질식되어 간다. 단지 문혁기에만 국한된 것이 아니라 권력 획득 후 일관되게 존재했던 중국공산당의 치부를 찔렀다는 것으로 해서, 이 작품은《담임선생님》을 뛰어넘는 리얼리티를 갖추게 된다. 이 작품을 계기로 문혁의 부정적인 면을 고발하는 형식의 작품이 연달아 발표되어 '상흔문학傷痕文學'이라는 말이 생겨났다.

또 한편의 작품은 희곡으로, 상하이 열처리공장의 노동자 쭝푸셴宗福先이 지은 화극話劇《소리없는 곳에於無聲處》이다. 76년 4월 5일 천안문사건을 '사인방'에 대한 민중의 반란으로 묘사한 이 희곡의 상연은 천안문사건의 평가가 역전되는 도화선이 되었는데, 거기에는 '정치'에 적극적으로 관여한다고 하는 '문학'측의 의지도 포함되어 있었다.

일찍이 '반혁명분자', '우파분자' 등의 꼬리표를 달고 있던 문학가들 상당수에 대해 명예회복이 진행되었고, 1979년 10월 30일부터 11월 16일까지 실로 19년 만에 중국문학예술공작자 제4차 대표대회가 열렸으며, 일찍이 당중앙 선전부의 책임자로 있으면서 문학가 규탄의 깃발을 휘두르던 저우양周揚이 참가자의 면전에서 사죄하는 등, 역사의 불행한 전개 속에서 서로를 비난했던 문학자의 대동단결이 우선적으로 실현되었다. 대회석상에서 당중앙을 대표하여 축사를 한 덩샤오핑은 "무엇을 쓸 것인가, 어떻게 쓸 것인가……함부로 간섭을 가해서는 안 된다"고 단언하여 만장의 갈채를 받았다.

이러한 분위기 속에서 봇물이 터지듯 대량의 작품이 나오게 되었다. 이 시기에 문학가들은 완전히 드러내 놓고 말하지는 않았다 해도, 지금까지와는 다른 자유로운 문학의 신시기가 도래할 것을 믿고 있었던 것처럼 보인다. '금구禁區(터부)'를 타파하라는 것이 그 당시의 표어였다.

'상흔' 문학계열로 말하면,《상흔》과 같이 문혁 자체를 고발한 단편들이 신인들에 의해 무수히 쓰여지게 된다. 그것에 그치지 않고 루옌저우魯彦周의《천운산전기天雲山傳奇》, 루즈쥐안茹志鵑의《잘못 편집된 이야기剪輯錯了的故事》등과 같이 1950년대의 반우파투쟁이나 '대약진' 정책의 폭주가 초래한 상흔을 그리는 쪽으로도 붓이 뻗었다.

그것과는 별도로 당시 작가가 서 있던 현실 자체를 고발한 작품도 또한 나타났다. 류빈옌劉賓雁의 《인간과 요괴사이人妖之間》(보고문학), 예원푸葉文福의 《장군! 그러시면 안됩니다將軍, 不能這様做》(시), 사예신沙葉新의 《내가 만약 진짜였다면假如我是眞的》(화극) 등이 대표적인 것으로, 이는 모두 현실에 있는 오직汚職사건(류빈옌), 군 간부의 부패와 타락(예원푸·사예신) 등을 제재로 한 작품이며, 독자의 반향도 굉장했던 만큼 고발당한 측의 반격도 격렬하여 첨예한 긴장관계를 만들어 냈다. 《챠오 공장장 취임기喬廠長上任記》등 일련의 공장장 때문에 전혀 진척되지 않는 '현대화' 현장의 모순을 그린 장쯔룽蔣子龍의 작품도 넓은 의미에서 이 계열에 넣는 것이 좋을 것이다.

한편 작가들이 그 시선을 자기의 내면으로 돌리기 시작했다는 것은 이 시기의 특기할 만한 현상인데, 《볼셰비키의 경례布禮》·《호접胡蝶》등 왕멍王蒙의 작품이 이 방면에서 새로운 영역을 개척해 냈다. 왕멍은 '반성'이라는 테마를 보다 효과적으로 추구하기 위해 이른바 '의식의 흐름'이라는 수법을 도입하는 데 있어 선구자적 역할을 했다. 다만, 왕멍의 그것은 《율리시스》처럼 극도로 실험적인 것은 아니었고, 등장인물의 심리의 주름에 작가가 바짝 몸을 댄다는 정도의, 근대소설로 말할 것 같으면 극히 평범한 수법에 지나지 않는 것이었지만, 그래도 당시에는 그 신기함이 사람들의 관심을 끌었고, 이후로 모방자가 속출했다. 반면 일부러 부패한 하이칼라 수법을 가지고 논다고 하여 그것을 비난하는 소리가 일어나기도 했다.

반성을 동반한 시선을 밖으로 돌릴 때 현실은 정감을 갖고 다가온다. 천룽諶容의 《중년이 되어人到中年》는 그런 점으로 말하자면 이 시기에 있어 최고 수준의 작품이다. 책임감이 강하고 묵묵히 직무에 힘쓰면서도 보답을 바라지 않고, 마침내는 업무와 생활의 과중한 부담으로 인해 심근경색으로 쓰러진 비당원非黨員 여성 안과의사의 이미지는 독자를 자극했다.

《상흔》이 홍위병세대의 마음을 사로잡았다 한다면 이 작품은 중년지식인의 마음에 사무쳤다.

이 밖에 가오샤오성高曉聲의 《천환성 도시에 가다陳奐生上城》에 의해 개척되었던 농민소설 계열이나 《포류의 사람蒲柳人家》을 지은 류사오탕劉紹棠이 제창했던 '향토문학' 등 언급해야 할 것은 얼마든지 있지만, 우선적으로 지면을 할애하여 다음 두 작품만을 열거해 보기로 한다.

그 중 하나는 장제張潔의 《사랑은 잊을 수 없는 것愛, 是不能忘記的》이다. 처자 있는 사람을 계속 사랑하는 미망인의 플라토닉한 사랑을 그린 이 단편은 기본적으로 그때까지 '금기'였던 '사랑'이라는 테마를 중국 현대문학의 세계에 부상시켜 작품의 완성도와는 별도로 획기적인 의미를 가졌다.

다른 하나는 다이허우잉戴厚英의 《사람아 아, 사람아人啊, 人!》이다. 서간체의 이 장편은 그 제목이 나타내는 것처럼 전편이 '인간'에 관한 담론들로 가득 차 있는데, 작가는 여기에서 계급의 레테르를 떼고 '인간일반'의 의미를 생각한다고 하는 '금구'에 발을 들여놓았다고 평가되고 있다.

긴 겨울의 시대를 견뎌왔던 중국문학계가 이 시기에 와서 단숨에 다채로운 꽃을 피웠던 것은 이상의 내용만으로도 추측할 수 있는 것이다.

1979년 10월의 중국문학예술공작자 제4차 대표대회에서 덩샤오핑이 당의 일방적인 문예지도를 억제하겠다고 하는 취지의 인사말을 회의 참석자에게 했을 때, 그것을 일정 정도의 문예 '자유화'로 받아들이고, 그에 고무되어 앞서 기술한 것처럼 '금기'를 깬 작품이 차례차례 나타나게 되었던 것이다.

그러나 사실상 그로부터 4개월 후에 덩샤오핑은 '네 가지 기본원칙(사회주의의 길, 프롤레타리아 독재, 당의 지도, 마르크스·레닌주의와 마오쩌둥 사상)의 견지'를 엄숙한 어조로 주장하고 있었던 것이다. 이는 당연히 문예에도 적용되어야 했고, 그리하여 '네 가지 기본원칙'의 틀내에서의 '자유화'라고 하는 지점으로 돌아오게 되었다.

그 이후의 전개는 보다 자유를 찾아 힘차게 매진하겠다고 하는 문학측과, 그것을 틀내에서 억제시켜야 한다고 하는 정치측의 줄다리기였다고 할 수 있겠다. 그 결과는 문학상의 수법이나 새로운 장르의 창출 등 작은 상황들에서는 이전보다도 자유롭게 되었지만, '네 가지 기본원칙'이라는 큰 상황의 벽은 더욱 더 두텁게 되었다는 것이 실정이 아닐까.

예컨대, '의식의 흐름'이라는 수법에서조차 비난의 눈을 돌리고 있던 현상은 차츰 줄어들어 지금은 많은 작가가 그것을 받아들이고 있다.

베이다오北島·수팅舒 ·구청顧城 등 일군의 청년시인에 의해 쓰여 졌던 시는 그 상징성이 지나치게 난해했기 때문에, '몽롱시朦朧詩', 즉 의미를 알 수 없는 시라 하여, 한때는 일부 기성시인들로부터 집중공격을 받았다. 머지않아 그것은 보통으로 받아들여지게 될 것 같고, 최근에는 더욱 전위적인 시를 쓰는 젊은 그룹까지 출현하고 있다. 전위적이라고 하면 2000년 노벨 문학상을 수상한 가오싱젠高行健의 《순간瞬間》·《영혼의 산靈山》 등 일련의 작품을 위시하여 모더니즘적 시도가 활발한데, 장신신張辛欣의 인터뷰문학 《북경인北京人》, 류신우劉心武의 기실문학紀實文學 《영탄조 북경 버스 이야기公共汽車詠嘆調》 등 새로운 장르의 개척도 진행되고 있다.

작은 상황에 있어 이 시기의 문학계는 건국 이후의 어느 시기보다도 확실히 '자유'를 누려왔다. 그러한 의미에서 이것은 문학상의 '신시기'임에 틀림없다. 그러나 일단 '네 가지 기본원칙'에 저촉되었을 때의 준엄한

가오싱젠

분위기도 역시 이 시기에 나타났다.

1981년에는 바이화白樺의 영화 시나리오《고련苦戀》비판으로 중국 문예정책의 문제점이 표면화하는 등 심각한 현상을 나타내기도 하였다.《고련》은《태양과 사람太陽與人》이라는 제목으로 영화화되었는데, 이에 대하여 1981년 4월《해방군보解放軍報》가 비판을 개시했다. 비판의 요점은 이 작품이 사회주의 중국을 부정하고, 당을 부정하고, 마오쩌둥의 이미지를 손상시켰다고 하는 것이었다. 이 작품은 조국을 사랑하면서도 조국으로부터 버림받은 화가의 비극을 그리고 있다. 국민당에 의해 추방당해 미국으로 망명하여 그곳에서 저명한 화가가 된 주인공이 중화인민공화국의 탄생과 함께 불타는 조국애로 귀국하여 국가건설에 참가하지만, 문혁의 틈새에서 온갖 박해를 받고 결국은 죽어간다는 이야기이다. 그런데 이 작품이 비판을 받게 된 것이다. 즉 "《고련》은 조국에 대한 '사랑'이 아니라, '사랑'을 위장하여 우리 당과 사회주의 조국에 대한 원한·고통을 진술한 것이다"라고. 그러나《고련》의 애국에 대한 묘사는 진실성을 지니며, 그렇기 때문에 비판받았다고도 말할 수 있다.

1984년 '심근尋根문학'이 생겨나면서 많은 청년작가들은 아청阿城의《장기왕棋王》의 뒤를 이어 마치 경쟁이라도 하듯 민족문화의 유구한 전통과 그것의 현대적 의미를 추구하였고, 이를 통하여 문학을 문화적 반사反思의 단계로 진입시켰다. 아청은《장기왕》외에《아이들의 왕孩子王》을 썼으며, 장청즈張承志는《북방의 강北方的江》이라는 작품을 썼다. 이 세 작품은 '심근문학'을 대표하는 작품이라 할 수 있다. 이 작품들은 중국문화의 뿌리 찾기를 소수민족이 거주하는 지역의 신비로운 자연환경, 고대문화의 원류 찾기 등에서 추구하고 있어 현실로부터 과거로의 도피 행각이라는 비판도 동시에 받았다. 이후로 문화적 자원은 많은 작품들의 풍부한 광맥이 되어 갔다.《나오那五》·《담뱃단지煙壺》·《전족 이야기三寸金蓮》·

《음양팔괘陰陽八卦》·《미식가美食家》·《우물井》 등은 모두 이 계열의 작품들이다. 또 1986년 이후에 나온 《투명한 붉은 무透明的紅蘿蔔》·《붉은 수수밭紅高粱》·《고비사막瀚海》·《풍경風景》·《번뇌하는 인생煩惱人生》 등의 작품에서는 생활의 원생태原生態에 보다 가까이 갔을 뿐만 아니라, 실제로 작가의 생명의식의 각성을 나타내고 있기도 하다. 이로부터 인생체험 및 인성본능의 절규는 점점 더 많은 작품들과 맞닿았고, 작가들이 추구하는 바가 되어 갔다. 이러한 방면에서는 장셴량張賢亮의 《남자의 반은 여자男人的一半是女人》(1985)는 식食과 성性의 기갈을 냉엄하리만치 진실되게 그린 작품으로, 생명에 대한 반사를 추구한 문학의 선구적인 작품이라 할 수 있다. 이처럼 장셴량을 포함하여 이 당시 작가들은 서구의 모더니즘 예술수법을 기초로 하여 다의성多義性·몽롱성朦朧性 및 사회학적 창작관에 대한 초월 등을 추구하는 작품들을 쓰기도 하였다. 이들 작품들은 개혁·개방정책에 따라 서구의 창작사조 및 문예작품을 받아들이고 서구의 모더니즘 문학과 그 기교를 흡수하는 과정에서 출발하였으니, 서구의 인도주의·실존주의·개인주의·허무주의·의식의 흐름·인권 및 인본론 등의 논조가 문예계 각 영역에 영향을 끼쳤다. 물론 인간에 관한 문제가 모더니즘 문학만의 주요한 고민은 아니었지만, 새로운 창작기법을 이용하여 이제까지 부르조아의 전유물로만 취급되었던 인물의 심리묘사를 긍정적으로 수용했다는 데서 그 의의를 찾을 수 있다.

1990년대가 시작되자 문예현상들은 대중매체의 각종 신상품 광고처럼 관중을 향해 쏟아져 나왔다. 즉 왕궈전汪國眞현상·왕숴王朔현상·장이머우張藝謀현상·《폐도廢都》〔자핑와賈平凹 지음〕현상 등등. 1990년대 이전 문예현상이 연출해 내던 도식은 논쟁 승리의 형태였다. 이 논쟁은 기본적으로 '좌左'적 의식형태와 변혁적 문예사조 사이에서 진행되었다. 그런데 1990년대 이후 문예현상이 연출해 내는 과정은 인기 비판으로 변하였다.

왕궈전·왕쒀·장이머우·쟈핑와 모두 엄청난 인기를 누린 후에 맹렬히 비판을 받았다. 그 원인은 매우 많겠지만, 외면에 드러나는 것으로는 문예에 대한 대중매체의 개입을 들 수 있다.

아무튼 1990년대의 중국문예는 일종의 특수한 상황에 처해 있다. 이러한 상황들은 이미 형성된 현실이기는 하나, 그렇다고 해서 운명적으로 정해진 것은 아니다. 그것은 무한대의 가능성들이 현실의 무수한 모순적 역량과의 충돌 속에서 우연적으로 생겨난 결과이다. 그것의 존재이유와 논리는 규율성이나 필연성보다는 사실성事實性 혹은 사건성事件性으로 설명해야 할 것이다.

최근 몇 년 동안 중국에서는 '문학과 인문정신의 위기'라는 주제가 문단에서 가장 인기 있는 화제였다. 이 위기감은 1993년 초여름, 상하이 화둥華東사범대학의 왕샤오밍王曉明 교수를 비롯한 몇몇 책임감 넘치는 청년학자들에 의해 처음으로 제기되었다. 그들은 시장경제의 충격으로 인해 중국문화의 영혼과도 같은 인문정신이 실종되고 있고, 그 뚜렷한 조짐이 바로 문학의 위기라고 보았다. 왕샤오밍 교수는 "지금 문학의 위기현상은 이미 매우 분명해졌다. 문학잡지들이 잇따라 방향을 바꾸고 있는 가운데 새로운 작품의 질은 전반적으로 떨어지고 감상능력을 지닌 독자는 날로 줄어가고 있다. 반면 작가나 비평가 중에서도 스스로 직업을 잘못 선택한 것을 인식하고 이참에 돈벌이로 나서려는 사람이 오히려 날로 늘어나고 있으며……. 오늘날 문학의 위기는 주목할 만한 지표이다. 대중문화의 보편적인 질적 저하뿐만 아니라, 더 나아가 누대累代에 걸친 이들의 정신적 소양의 지속적인 악화를 나타내주고 있다. 문학의 위기는 실제 현대 중국인들이 겪는 인문정신의 위기를 단적으로 드러냈고, 문학에 대한 전사회적 냉대는 어떤 의미에서 우리가 이미 스스로의 정신생활 발전에 대해 흥미를 잃어버렸음을 증명해 주었다"라고 의미심장한 지적을 하였다.

○ 중국 현대소설 작품(4)

류신우劉心武의 《담임선생님班主任》(1980년)

광명중학교의 3학년 담임을 맡고 있는 장쥔스張俊石 선생님은 자신의 반에 새로 전학 온 불량소년 쑹바오치宋寶琦를 받아들이고 선도하려는 열망으로 가득 찬다. 장쥔스선생은 쑹바오치의 소지품을 조사하다가 보이니치의 《등에牛虻》이라는 소설을 발견하고 소년에게 책의 입수경위를 묻는다. 쑹바오치는 폐쇄된 학교 창고의 책더미에서 이 책을 훔쳤음을 고백한다. 장선생은 소년이 《등에》의 겉표지와 내면에 그려진 야릇한 그림을 보고 이 책을 '불량'서적이라고 단정 짓는데 놀란다. 그러나 더 놀라운 것은 이 반의 학생청년단 지부서기인 셰후이민謝慧敏 학생 역시 이 책이 '불량'서적이라고 단언하는 것이다. 장선생은 이런 현상이 문화대혁명으로 말미암아 사인방四人幇이 학생들의 교육을 황폐화시켰기 때문이라고 느끼면서 '사인방'이 남긴 독버섯을 하루빨리 학생들에게서 벗겨야 되겠다고 다짐하는 것이다.

선룽諶容의 《중년이 되어人到中年》(1980년)

선룽은 후베이성湖北省 한커우漢口 출신의 여류작가로 공산당 청년단원을 지냈으나 문혁시기에 농촌으로 하방下放되어 많은 체험을 겪은 뒤 국가와 사회를 다시 보게 되었다. 그의 작품은 문혁文革시기의 농촌을 다룬 것과 지식인의 생활을 반영한 것의 두 가지로 나눌 수 있는데 그 제재와 내용으로 볼 때, 문화대혁명 시기에는 발표하기 어려운 작품이 많았다고 하겠다. 《중년이 되어》는 1980년에 발표한 중편소설로 텔레비전 시리즈로도 제작되어 호평을 받았다. 이 소설은 중병으로 누운 여의사 루원팅陸文 이 과거를 회상하는 장면으로 시작된다. 그녀는 의대생 시절에 자신의 환자였던 야금학冶金學 연구가 푸자제傅家杰와 결혼한다. 그리고 두 아이가 태어나기도 했으나 문혁기간에 두 사람의 생활은 몹시 군색하고 어려웠다. 그러나 두 사람은 합심하여 문화대혁명의 고난을 잘 헤쳐 나왔다. 그녀는 촉망받는 안과의사로 자신이 심근경색에 걸린 줄도 모르고 세 건의 수술을 집행하다 쓰러지게 되었던 것이다. 추부장관의 눈수술, 젊은 처녀 왕샤오만의 사시교정, 장노인의 각막 이식 등, 3건의 수술이었다. 이런 과로가 원인이 되어 그녀는 쓰러졌던 것이다. 쓰러지기 전날, 그녀는 캐나다 이민을 앞두고 있는 동료여의사 장야펀姜亞芬 부부와 함께 저녁식사를 했다. 장야펀 부부와 루원팅 부부는 10년의 정치운동, 문화대혁명이 지식인의 삶을 어떻게 갉아먹었는지 성토한다. 루원팅 의사의 심근경색은 온 병원 의사와 환자들의 관심을 끌었고 만인의 염려 속에서 수술이 잘 되어 그녀는 완쾌한다. 퇴원하는 날, 그녀는 캐나다에서 온 장야펀의 편지를 받는다.

제7장

현대중국의 영화와 기타 대중문화

현대중국의 영화

중국 영화의 흐름

중국에서 최초로 영화가 상영된 것은 1896년 8월 11일 상하이上海에서였다. 당시 중국은 서구 열강들의 침탈이 극에 달했던 시기였고, 제국주의 국가들이 중국 내에 조차권을 하나씩 가질 때마다 중국의 산업경제 체제와 정치권력 체계는 붕괴의 위기에 몰리고 있었다. 이러한 역사적 상황은 중국 영화사에도 반영된다. 1911년 만주 왕조의 몰락 이전에도 미미하나마 중국인들의 영화작업이 있었다. 그러나 1911년 이전의 영화 제작과 상영은 대부분 외국인들에 의해 이루어졌다. 간혹 영화를 보여주었던 상하이 등지의 극장은 모두 외국인 소유였으며, 최초의 영화전문관을 개장한 사람도 외국인이었다. 그리고 영화 제작도 제임스 리칼튼James Ricalton에 의해 처음으로 시작되었다. 이 초기의 작품들은 거의 기록영화나 뉴스영화였으며, 그 어느 것도 중국에서 상영된 것 같지는 않다고 한다. 중국 사람들도 점진적으로 영화를 제작하기 시작하였다. 중국인이 직접 영화를 만든 것은 1905년으로, 베이징北京의 펑타이豐泰 사진관 주인인 런징

《할아버지를 구한 고아 이야기》

펑任景豐이 당시 유명한 경극京劇 배우였던 탄신페이譚鑫培의 몇 가지 경극 동작을 찍은 것이 중국 최초의 영화였는데, 제목은《정군산定軍山》이었다. 극영화로는 1913년 정정추鄭正秋가 제작한 무성영화《난부난처難夫難妻》가 최초이다. 이러한 초기의 시도보다 더 중요한 것은 중국 영화 제작의 중심이 된 아시아 영화회사Asia Film Company가 미국인 벤자민 브로드스키Benjamine Brodsky에 의해 그 당시 세워진 것이다. 그는 1913년 미국으로 돌아가면서 그 회사를 중국인에게 넘겨주었다. 그리고 1918년 상무인서관商務印書館에 활동영화부가 생긴 이후, 여러 영화사가 설립되었다.

1910~20년대의 영화는 계몽·애정·무협·귀신·탐정·코믹영화가 주를 이루었으며, 그 외에 풍경영화·시대극영화 등도 있었다. 대다수의 영화는 반식민·반봉건 색채가 짙었다. 정정추의《난부난처》《할아버지를 구한 고아 이야기孤兒救祖記》《상하이의 어떤 부인上海一婦人》과 홍선洪深의《평

도련님馮大少爺》《애정과 황금愛情與黃金》그리고 톈한田漢의 《민간으로 가다到民間去》 등등이 비교적 유명한 작품이다.

1920년대 중국 영화산업은 미국 영화가 거의 완벽하게 지배하고 있었다. 예를 들어 1929년 중국에서 제작된 영화는 50편을 넘지 못했고, 이 영화들이 경쟁했던 영화시장에는 450편으로 추산되는 수입영화들(이 중 90%는 미국 영화)이 있었다.

그러나 중국 영화는 1930년대 좌익운동과 1940년대 항일전쟁을 겪으면서 현실생활과 민중에 깊은 관심을 가지고 현실주의 작품을 대량으로 생산하기에 이른다. 그리하여 중국 영화는 두 차례 즉 1930년대 중반과 1940년대 후반에 영화 창작의 고조기가 나타났으며, 우수한 작품과 감독·배우 등이 등장하였다. 1930년대의 주요 작품으로는 샤옌夏衍의 《봄누에春蠶》·톈한의 《세 현대여성三個摩登女性》·차이추성蔡楚生의 《어부의 노래漁光曲》(중국 최초의 해외 수상작)·우융강吳永剛의 《신녀神女》·위안무쯔袁牧之의 《길거리의 천사馬路天使》·선시링沈西苓의 《네 거리十字路頭》 등등을 들 수 있다. 이중 《신녀》는 '동방의 진주'라 불렸던 롼링위阮玲玉가 주연한 대표작이다. 그녀는 1920년대 후반에 영화계에 투신하여 10년 간 29편의 무성영화에 출연하였으며, 주요작품으로는 《이름만 부부掛名的夫妻》《세 현대여성》《장난감小玩意》《신여성新女性》 등등을 들 수 있다. 그녀는 당시 스캔들에 휩싸여 인생의 절정기에 자살을 함으로써 1930년대 중국 영화에 있어 빼놓을 수 없는 전설적인 배우다. 1991년에 홍콩의 영화감독인 관진펑關錦鵬은 그녀의 생애를 그린 영화 《롼링위》라는 작품을 만들기도 하였다. 1930년대에 중국 영화계에서 활동한 배우 중에서 우리가 기억해야 할 사람으로 한국인 김염金焰을 들 수 있는데, 그는 서울에서 태어나 의사였던 아버지를 일찍 여의고 상하이로 건너가 쑨위孫瑜 감독에게 발탁되어 주연으로 기용되었으며, 상하이 최고의 스타로 군림하게 되었다. 1934년에 제작된 그의 대표작 《대로大路》는 중국 항일영화의 고전으로 꼽히고 있을 정도로 호평을 받기도 하였다.

1930~40년대에는 영화를 관람하는 관객층도 영화를 만드는 예술가들만큼이나 제한되어 있었는데, 그들은 주로 상하이 같은 개항지에 거주하는 서구화된 사람들이었다. 영화미학적으로 볼 때, 이 시기는 연극과 영화의 유사성이 강조되던 때로서, 특히 1930년대는 작가나 연출가 혹은 배우들 자체가 위의 두 예술장르를 겸하거나 넘나드는 활동을 벌이고 있었다.

일본과의 전면전이 시작된 1937년 중반부터 1940년대 말까지의 중국영화는 이전 시대에 미약하나마 존재했던 예술가의 지적 표현보다는 인민에 대한 항일무장의 촉구를 중심으로 제작되었고, 그래서 이 시기의 관객과 예술가의 관계는 극히 원시적으로 친밀한 때였다. 국민당도 영화 제작에 있어서의 이러한 선전효과를 요구하기도 하였다. 그러나 관객과 예술가의 강한 결합은 30년이나 지난 뒤에야 제대로 이루어졌다고 보는 편이 옳을 것이다. 차이추성이 정쥔리鄭君里와 공동으로 연출한 《봄이 오면 강물은 동쪽으로 흐르고江春水向東流》(1948~1949)는 마치 중국의 《바람과 함께 사라지다》처럼 1940년대를 대표하는 영화이다. 멜로드라마의 구조를 취하면서도 항일전쟁 시기와 전후의 이상주의를 그려냄으로써 1920년대 이후 면면히 이어오던 전통문학의 계보와 중하층이 즐겨 찾던 대중적 소설을 연결한 것이다. 게다가 3시간이 넘는 2부작 구성으로 한 가족의 역사를 민족적 울림을 넣어 표현함으로써 명실공히 1940년대의 고전으로 인정받고 있다. 1940년대 초의 항일무장투쟁과 중반의 내전은 이처럼 영화에서 미래를 위한 현재의 투쟁으로 드러났고, 그래서 리얼리즘의 원칙에 입각하면서도 그들이 익히 알고 있었던 영화적 환상을 보이는 방법으로 이루어졌던 것이다. 이외에도 스둥산史東山의 《팔천 리 길의 구름과 달八千里路雲和月》·천바이천陳白塵의 《까마귀와 참새烏鴉與麻雀》 등등이

40년대 후반의 비교적 유명한 작품이다.

1949년 중화인민공화국이 성립 이후 중국 정부는 대대적으로 영화사업을 장려하여 문화대혁명文化大革命 이전까지 17년 간 약 650여 편의 영화가 제작되었다. 이 시기의 중국 영화는 혁명사상을 지도하고 혁명적 현실주의 창작방법을 운용하였다. 당의 정책 변화에 따라 번영과 좌절을 반복하는 혼란을 겪게 되는데, 당이 정책적으로 문화사업을 정치에 봉사하도록 요구하여 단순한 주제의식·유형화된 인물형상·스토리 발전의 단순화 등의 경향을 드러내었다. 이 시기의 주요 작품으로는 《백모녀白毛女》·《남정북전南征北戰》·《도강정찰기渡江偵察記》·《둥춘루이董存瑞》·《청춘의 노래青春之歌》·《린쩌쉬林則徐》·《다섯 송이 금화五朶金花》·《리솽솽李雙雙》·《무대자매舞臺姐妹)》·《갑오풍운甲午風雲》 등등을 들 수 있다.

그 뒤 10년 간의 문화대혁명 시기에는 영화사업 또한 다른 분야의 문화와 마찬가지로 발전할 수가 없었다. 실제로 문혁 시작부터 1970년까지 영화 제작이 정지상태였으며, 1970년부터 1972년까지 8편의 모범극様板戲 영화가 제작되었을 뿐이다. 모범극이란 경극 개혁운동을 거쳐 노동자·농민·병사의 생활을 반영한 현대화된 경극을 말한다. 그 뒤 1973년부터 다시 영화가 제작되기는 했지만 별 다른 성과는 없었다. 이렇듯 문혁 기간 동안의 중국 영화는 암흑기를 맞이했다고 할 수 있다.

1976년 문화대혁명의 암흑기에서 벗어난 중국 영화는 사막의 한가운데에 서 있었다. 혁명이 끝난 뒤에도 중국 영화가 본궤도에 오르기까지에는 수년의 기간이 필요했다. 1980년대에 접어들면서 재능을 갖춘 감독들이 많이 등장하기 시작하였고, 이들의 활약은 곧 '신중국영화'의 탄생을 가능케 하였다.

문혁 이후는 이른바 4세대와 5세대 감독들이 활동하는 시기이다. 중국의 영화감독들을 세대별로 구분하면, 1982년 이후 대학을 졸업한 감독들을 5세대라고 부르며, 문혁 전에 영화를 공부했었지만 문혁이 끝날 때까지 영화를 만들 수 없었던 이들이 4세대 감독들이다. 3세대 감독들은 영화를 공부하지 않았지만 중화인민공화국 성립 후 영화계에 투신했던 이들인데, 그들은 지금도 중견 작가군群을 형성하고 있다. 2세대는 주로 사회주의 리얼리즘을 개발시켰던 1930~40년대의 작가들이며, 1세대는 영화 개척자들이다. 4세대와 5세대는 종종 '아카데믹파'라고 불리는데, 그 이유는 그들이 영화산업계에 입문하기 전에 이미 영화를 매체로서 형식적으로 공부한 세대들이기 때문이다. 이들이 처음으로 영화를 만들어 데뷔한 때는 이미 나이가 많이 들었던 때이므로, 젊은 영화연출가라기보다는 새로운 영화연출가라는 말이 오히려 적당할 것이다.

대부분 1930~40년대에 청년기를 보낸 4세대 감독들은 가치관 형성에 있어 당과 조국이 크게 작용했기 때문에 그들에게는 인민과 국가의 운명을 걱정하는 시대의식이 강하게 나타났다. 또한 그들은 여러 차례 역사적 격동기를 보냈기 때문에 인간관계의 모순·여성의 지위향상·새로운 결혼제도의 직시·구세대와의 단절과 세대 차이·전통적 내지 보수적 타성과 변혁의 충돌 등을 영화의 주제로 선택하였다. 특히 그들이 활동하던 시기에는 영화기술의 획기적인 발전이 있었고, 수준 높은 영화교육과 1950년대 소련 영화의 영향·1970년대 말부터 1980년대 초에 등장한 다양한 영화사조의 영향으로 인하여 4세대의 영화언어 구사능력과 독자적인 양식을 형성하고 있다. 이들의 영화는 스토리 텔링이나 완벽한 구성을 중시하며 사실주의적인 경향이 농후하다. 4세대의 대표적 감독 및 그들의 작품으로 셰페이謝飛의 《우리들의 들판我們的田野》(1983)·《샹녀 샤오

장이머우

샤오湘女蕭蕭》(1986)·《운명의 해本命年》(1989), 장놘신張暖忻의 《갈매기沙鷗》(1981)·《청춘제青春祭》(1985)·《안녕! 베이징北京, 你早!》(1990), 우톈밍吳天明의 《오래된 우물老井》(1987) 등등을 들 수 있다.

4세대들이 오랫동안 기다린 끝에 데뷔할 즈음, 새로이 문을 연 베이징영화대학北京電影學院을 졸업한 5세대가 곧바로 영화계로 뛰어들어, 4세대 감독들과 동시대에 감독이 된 것이다. 그러나 출발시점이 거의 비슷하기는 했어도 그들의 영화는 차이가 날 수밖에 없었다. 결과적으로 4세대 감독들은 5세대인 후배들에게 영광의 자리를 넘겨주는 좌절을 겪어야 했다. 흔히 '신중국영화'와 동의어로 인식되는 5세대 감독들은 특이하게도 베이징영화대학 78학번 동기생들이다. 이들은 과거의 중국 영화는 물론 동시대의 4세대 영화마저도 부정하며 새로운 중국 영화를 부르짖었다. 그들의 공통점은 국가보다 인민에 대한 관심과 애정이 더 크며, 현재 생활의 리얼리티보다 민족문화에 더 관심이 많으며, 사회비판이나 정치문제 등 민감한 부분에 대한 언급은 가급적 피하고 운명·종교 등 삶의 진실에 더 치중하며, 시청각 요소의 표현영역에 관심을 가진다는 것이다. 5세대 감독들의 영화관觀은 영화를 선전도구로 생각하는 선배세대의 영화관과는 결별하고 개인의 체험이나 세계관의 표현도구로 영화를 인정하는 데서 출발한다. 그들은 영화를 언어로 이해하고 나름대로의 문법을 발견하려 했기 때문에 플롯을 극소화시키고 민속예술과 시적 이미지를 결합시킨 나름대로의 형식을 추구해 나갔다.

그러나 1990년대에 접어들면서 5세대의 이러한 미학관점은 균열이 생기기 시작하였다. 그 균열의 중심인물이 곧 장이머우張藝謀이다. 5세대 영화는 외국에서 먼저 알려졌고, 중국내에서 제작여건이 점차 어려워지자 외국의 자본을 끌려들어 영화를 만드는 경우가 많아졌다. 이러한 과정에서 장이머우의 영화는 조금씩 변화하기 시작하였다. 좀 더 정확히 표현하자면 그의 영화는 점차 서구화·상업화되는 경향을 보였다. 그 자신도 이러한 문제를 잘 인식하고 있는 것 같다. 그의 작품《추쥐 이야기秋菊打官司(직역하면 '추쥐의 소송'이 되는데, 우리 나라에서는 '귀주 이야기'로 번역하였음)》(1992, 베니스 영화제에서 황금사자상 수상)와《인생活着》(1994)을 보면 과거의 화려한 형식주의에서 벗어나 리얼리즘으로 방향전환을 꾀하였음을 알 수 있다. 그러나 무엇보다 5세대가 비판받는 부분은 동시대의 삶을 이야기하지 않는다는 것이다. 그들은 그들을 끊임없이 억누르고 있는 문화대혁명의 그림자를 늘 의식하면서 영화를 만들었다.

5세대 영화의 처녀작은 장쥔자오張軍釗 감독·장이머우 촬영의《한 사람과 여덟 사람一個和八個》(1983)이며, 5세대 영화의 대표작으로 꼽을 수 있는 작품은 천카이거陳凱歌의 데뷔작《황토지黃土地》(1984, 로카르노 영화제에서 중국영화사상 처음으로 은표범상 수상)이다. 이밖에도 장이머우의《붉은 수수밭紅高粱》(1987, 베를린 영화제에서 금곰상 수상)·《국두菊豆》(1990)·《홍등大紅燈籠高高掛》(1991)·《책상서랍 속의 동화一個都不能少》(1999, 베니스 영화제에서 황금사자상 수상) 등과 천카이거의《대열병大閱兵》(1985, 몬트리올 영화제에서 심사위원 특별상 수상)·《아이들의 왕孩子王》(1987)·《현 위의 인생邊走邊唱》(1991)·《패왕별희覇王別姬》(1993, 칸 영화제에서 최우수작품상인 황금종려상 수상) 등이 유명한 작품들이다. 이들 감독 외에도 장쩌밍張澤鳴·우쯔뉴吳子牛·저우샤오원周曉文·톈좡좡田壯壯 등등이 5세대 감독군群에 들어 있다.

1990년대 초, 5세대들의 영화가 국제무대에서 각광 받고 있을 때, 그들을 넘어서려는 새롭고 젊은 감독들이 대거 등장하였는데, 6세대(독립영화) 작가들이 바로 그들이다. 5세대가 문화대혁명세대라면 이들은 톈안먼天安門세대라 부를 수 있을 것이다. 이들은 중국 영화의 현실을 가장 잘 대변해 주고 있는 감독들이다. 6세대는 이전 세대들과 비교해 볼 때, 가장 개방된 사회와 다원화된 문화적인 배경 하에서 교육받고 성장해 온 세대였다.

이러한 그들이 학교 졸업 후 영화 제작에 뛰어들었던 당시의 중국 사회는 격변하는 역사적인 전환을 맞이하고 있었다. 1989년에 발생했던 톈안먼 사건은 그들의 작품 활동을 가로막는 거대한 장벽이었다. 또한 사회주의 시장경제 체제로의 변화 과정은 문화대혁명 이후 또 다른 공전의 시대적·문화적인 변화를 초래하였다. 따라서 그들은 중국 영화에 관련된 모든 분야에서 근본적인 변화를 추구할 수밖에 없었고, 이러한 시도는 필연적인 과정이었다. 6세대들은 졸업과 동시에 준비된 계획에 따라 중국 각지의 제작소로 발령, 배치 받았던 선배들의 경우와는 다르게 생존의 방법을 스스로 찾아야 했다. 그래서 그들은 처음부터 영화 제작 과정과 방식의 독특함으로 인해 전통적인 방식에서 벗어난 새로운 가능성을 보여주었다. 경제적인 문제를 해결하기 위해 제작자나 투자자를 스스로 찾아야 하는 제작 구조는 그들의 작품 활동을 억압하는 현실적인 문제였다. 게다가 영화 제작의 시작부터 상영까지 수 차례 이어지는 검열제도의 제약 또한 6세대 영화를 난관으로 몰아가는 주된 이유가 되었다. 6세대 감독들의 많은 작품들은 대부분 정부의 허가 없이 제작되었기 때문에 국외에서 개최되는 영화제에 출품하여 외국인들에게 소개될 수는 있어도 중국 내에서는 배급 금지 처분을 받는 경우가 많다. 이러한 현실은 한동안 6세대들의 보편적인 상황으로 이어졌다. 경제적인 제한과 사회체제와의 충돌은 그들의 자유로운 활동을 가로막는 주된 요인이 되었다. 6세대 감독들은 각자의 경험을 통한 자전自傳적 서술과 소재의 다양성을 표현하면서 주로 사회라는 울타리 안에서 소외계층에 속하는 주변인물들에게 초점을 맞추었다.

6세대의 대표적 감독 및 그들의 작품으로 장위안張元의 《북경 녀석들北京雜種》(1993)·《아이들의 훈장看上去很美》(2006), 왕샤오솨이王小帥의 《나날들冬春的日子》(1993)·《북경 자전거十七歲的單車》(2001)·《상하이 드림青紅》(2005), 장원姜文의 《햇빛 찬란한 날들陽光燦爛的日子》(1995)·《귀신이 온다鬼子來了》(2000), 자장커賈樟柯의 《샤오우小武》(1998)·《세계世界》(2004)·《스틸 라이프三峽好人》(2006)·《천주정天注定》(2013)·《산하고인山河故人》(2015) 등등을 들 수 있다.

《햇빛 찬란한 날들》

1990년대에 이르러 중국 사회는 대중오락문화가 주류를 이루는 시대로 진입하게 되었으니, 오락의 물결은 전 문화영역을 석권하였다. 영화 부분에서는 상업오락영화가 대단히 큰 세력을 발휘하였는데, 그 중에서 특히 펑샤오강馮小剛의 '신년 축하 영화賀歲片'가 관중 동원에 성공함으로써 지금까지 많은 인기를 누리고 있다. 이른바 '신년 축하 영화'는 많은 스타급 배우를 동원하여 제작한 후 연말연시에 상영하는 영화로, 주로 즐겁고 경사스러운 이야기를 통해 관중에게 기쁨을 주는 작품을 말한다. 이와 같은 영화의 성행은 예술과 시장경제가 결합된 필연적 산물이라고 할 수 있다. 그것은 시대적 조류와 유행을 추구하고 있으며, 또한 소재도 대부분 통속적인 것들로 선택하고 있다. 펑샤오강은 1997년부터 시작하여 일련의 '신년 축하 영화'를 제작하고 있는데, 이들 대부분의 작품은 흥행 면에서 큰 성공을 거두었다. 이 때문에 펑샤오강은 중국 영화계에서 주목받는 인물이 되었다. 특히 펑샤오강은 장이머우·천카이거와 더불어 중국 영화의 3대 감독으로 손꼽히고 있다. 그의 작품으로는 《갑방 을방甲方乙方》(1997)·《핸드폰手機》(2003)·《천하무적天下無賊》(2004)·《야연夜宴》(2006)·《집결호集結號》(2007)·《대지진唐山大地震》(2010)·《1942一九四二》(2012)·《나는 반금련이 아니다我不是潘金莲》(2016)·《청춘芳華》(2017) 등등이 있다.

주요 중국 영화작품 감상

여기서는 주로 4세대와 5세대 감독들의 유명한 작품을 몇 편 골라 감상하기로 하며, 아울러 6세대 감독들의 영화 중에서는 왕샤오솨이의 작품을 한 편 골라 감상하기로 한다.(대부분 우리나라에서 상영된 영화임)

- 천카이거의 《황토지》

1985년 홍콩영화제에서 상영된 이 작품은 이른바 '신중국영화'의 탄생을 세계에 알린 신호탄이었다. 이후 5세대 감독들의 영화는 전 세계의 각종 영화제에 초빙되었고 수상 실적 또한 엄청났다. 그리하여 이제는 중국영화가 빠진 국제영화제는 일류급이 되지 못한다는 말까지 나오고 있을 정도이다.

《황토지》의 줄거리를 보면 다음과 같다. 팔로군八路軍의 한 젊은 병사가 민요 수집의 임무를 띠고 어느 산촌 지방으로 들어간다. 그 지역 특유의 결혼식 광경이나 기우제 등 새로운 풍습들을 접하며 다니던 중 노래를 아주 잘 부르는 처녀가 산다는 이야기를 듣게 된다. 홀아버지와 동생과 함께 사는 그 처녀의 집에 머무르며 노랫소리를 듣고 중국 고유의 것들에 대해 생각하게 된다. 병사를 통해 여성해방에 관한 것·여자 스스로 결정하는 결혼에 대한 이야기를 들으며 새로운 문명을 접한 그녀는 병사를 사랑하게 된다. 병사가 임무를 마치고 귀대해야 할 때 처녀는 자신도 옌안延安으로 데려가 달라고 하지만, 병사는 홀로 부대로 돌아간다. 언젠가 돌아오리라는 말만 남긴 채. 그 병사가 다시 산촌 마을을 찾았을 때 처녀는 마을을 떠난 후였고, 병사의 귀에는 민요 가락만이 남는다. 병사가 떠난 후 처녀는 돈에 팔려 시집을 갔으며, 시집살이를 견디다 못해 옌안으로 도망가기 위해 강을 건넌 것이다. 그러나 감독은 그녀가 무사히 강을 건넜는지 빠져죽었는지에 대해서는 명확히 말하지 않는다.

처녀가 옌안으로 데려가 달라고 할 때 병사는 군에는 규율이 있으며 자신은 규율에 따라 허락을 받은 다음 다시 그녀를 데리러 오겠다고 말한다. 그러자 소녀는 이렇게 되묻는다. 그 규율을 바꿀 수 없느냐고. 이 작품은 전통적인 사회주의 중국 영화의 미학과 내용의 두 측면에서 바로 이 규율을 바꾸려 한 영화라고 할 수 있다. 특히 이 점은 형식적 측면에서 탁월하게 표현되었다. 감독인 천카이거와 촬영 담당인 장이머우는 전통적 농민의 삶과 인민해방군人民解放軍의 접점·민족해방과 여성해방의 모순을 광대하고 원근감이 깊은 화폭과 지루하리 만치 호흡이 긴 화면 그리고 토속 민요가 어우러진 강렬하고 독특한 시적 방법으로 담아냈다.

《황토지》

《황토지》는 땅에 관한 영화이다. 중국에서 땅은 떠날 수 없는 곳이며, 중국 사람들에게는 농업사회 고유의 '땅이 많으면 생활이 좋아진다'라는 생각이 깊이 뿌리 박혀 있다. 천카이거는 이 작품에서 지평선이 화면 상단 3분의 2 정도까지 올라가 있는 파격적인 구도를 많이 사용하였다. 이러한 구도는 땅의 중요성과 땅 혹은 자연이 주인이며 인간은 그 종속 관계에 있음을 상징하며, 아울러 대자연이 가진 위압감을 표현하고 있다. 자연 속에 포함되어 있는 사람들의 모습과 그에 대한 작가의 애정이 전편을 통해 드러난다.

《황토지》는 온갖 종류의 모호함으로 가득 찬 작품이다. 천카이거는 그

것이 현실의 모습이며 인간의 삶이며 최종적으로는 인간의 주체적 선택의 문제가 남는다는 답변을 내놓는 듯하다. 그러나 그것은 무책임하고 지식인적이라기보다는 민중의 생명력에 대한 체험적 믿음에 기반한 것이었다.

- 천카이거의《패왕별희》

경극京劇의 대표적인 레퍼토리로 사랑 받는 '패왕별희〔초패왕楚覇王 항우項羽와 그의 사랑하는 여인 우희虞姬와의 이별〕'를 소재로 하여 만든 이 작품은 경극《패왕별희》중에 출연하는 두 스타의 동성애적인 우정과 그 사이에 낀 한 여성의 사랑을 중국 현대사의 격변기 속에서 훑어가면서 예술과 인간 그리고 1924년의 군벌시대부터 문화대혁명을 거쳐 1977년까지의 중국의 역사를 살펴보게 한다. 그러나 중화인민공화국의 치부를 드러낸 이 작품은 중국에서 상연이 금지되었다.

이 영화의 주인공들은 중화민국시대·항일전쟁시대·내전시대·중화인민공화국시대·토지개혁운동·반우파운동·문화대혁명 그리고 개혁·개방의 시대를 거친다. 어린 시절, 매타작을 당하며 혹독한 훈련을 거친 뒤에 경극의 명성을 잇는 두 남자의 우정이 현란한 영상 속에서 전개된다. 그리고 굴곡 많은 중국사 속에서 남녀 양성의 사랑을 간직한 주인공이 끝내 경극과 우정의 순수함을 지키려고 자살하는 끝마무리는 비장하기 조차하다.

경극《패왕별희》가 중국 민중에게 사랑 받는 이유에는 여러 가지가 있겠으나 초패왕의 사랑과 죽음으로 그 사랑에 화답한 우희의 절개가 무엇보다 크게 작용했을 것이다. 특히 이런 충절과 애정을 주축으로 한 패왕과 우희의 사랑을 경극의 두 스타의 우정과 동성애적인 관계 속으로 옮겨와 허구로 만든 것은 원작자 리비화李碧華의 탁월한 상상력이라고 아니 할 수 없다. 천카거는 원작을 요령 있게 요약하면서 그 재미와 경극의 절묘함을 영상으로 보여주는 데 성공한 것이다.

- 장이머우의 《붉은 수수밭》

장이머우는 상업영화와 예술영화의 경계를 허물려고 했는데, 이 《붉은 수수밭》이 그 두 마리의 토끼를 잡는 데 성공한 작품이라 할 수 있다.

이 작품은 화면에 등장하지 않는 손자의 내레이션을 통해 20세기 초에서 일본의 침략기에 이르기까지 중국의 한 벽지 마을에 살던 조부모에 대한 이야기를 하고 있다. 도입부부터 이 작품은 관객들에게 강렬한 이미지를 심어준다. 쉰 살이 넘은 양조장집 주인인 문둥이에게 팔려가는 주얼九兒의 붉은 가마와 웃옷을 벗어 제친 건장한 가마꾼들의 춤과 노래는 시청각적으로 이국적인 느낌을 전달함과 함께 가련한 여인의 운명·건장한 남성에 대한 주얼의 은근한 눈길·중국의 봉건적 폐습 등 앞으로 전개될 이야기의 프롤로그로서 확실한 인상을 남긴다.

중국적이면서 동시에 세계적인 것, 이것이 장이머우 영화의 성공 비결이다. 이를테면 술은 중국 사람들에게 흔히 시적이며 낭만적인 이미지로 비친다. 이 작품에서도 고량주는 조부의 낭만적이고 남성적인 성격을 드러내는 모티브로 작용하는데, 이와 함께 병균을 물리치는 약의 역할과 일본군에 맞서는 폭탄의 역할까지 한다. 즉 고량주는 정열과 낭만·생산과 활력·단결과 의리의 상징이다.

《붉은 수수밭》은 분명 정치적인 영화가 아니다. 그러나 일면 1930년대 중국의 좌파 영화와 유사한 모습을 보인다는 점에서 유의할 필요가 있다. 30년대 중국의 좌파 영화가 그랬듯이 이 작품도 일본 제국주의에 대한 저항과 가부장제·여성 해방과 육체의 해방을 이야기한다. 반일항쟁에 관한 이야기는 다소 도식적으로 보이기도 하지만, 여성 주얼의 정체성과 연관

지워보면 달리 읽을 수도 있다. 주얼은 전통적인 여인상에서 벗어나 있다. 그는 양조장 주인이 살해된 뒤에는 양조장의 운명을 책임지는 반半모계 사회의 가장이 되며, 일본군에게 무참히 살해당한 자의 복수를 이끄는 지도자이기도 하다. 장이머우는 이런 개척적이고 능동적인 여인상과 함께 건장하고 낭만적인 남성상을 제시한다. 웃옷을 벗고 등장하는 조부와 양조장 일꾼들은 도덕적 틀에 얽매이지 않으면서도 자연스럽게 하늘과 땅의 도리를 알고 있으며, 또 자유롭다. 이들의 모습은 일본군의 제복과 뚜렷한 대비를 이룬다. 이들의 건장한 신체는 오늘날 갈수록 은밀해지고 심리적 문제로 치부되는 '육체'를 과거의 자유로운 집단의 영역으로 끌어내는 의미를 지닌다.

조부모의 개인적 경험은 곧 집단의 경험이 되고, 동시에 중국 역사의 알레고리가 된다. 그래서 이 작품은 비정치적이면서도 역사의 흔적이 배어 있고, 전통적이면서도 동시에 비전통적이다. 그것은 전적으로 장이머우의 연출 능력과 의도 덕분이다. 전통과 새로움의 조화는 결코 쉬운 일이 아니기에 《붉은 수수밭》은 더욱 돋보인다.

- **장이머우의 《추쥐秋菊 이야기》**

이 작품은 원제에서 볼 수 있듯이 주인공 추쥐의 소송사건을 다룬 일종의 법률영화라고 할 수 있다. 그렇다면 어떤 소송사건을 다루고 있는가?

아직도 반봉건적·공동체적 질서가 지배적인 중국의 한 작은 시골 마을. 추쥐 남편은 촌장에게 무심코 "암탉이나 키우며 살아라"라고 욕을 한다. 그러나 신아 제한이란 규제 속에서, 더구나 공무원의 신분으로 딸 넷을 낳은 뒤 아내를 원망하며 세월을 보내고 있던 촌장은 그 말을 자신의 남성적 능력에 대한 모독으로 받아들여 추쥐 남편의 사타구니를 걷어차 부상을 입힌다. 그 구타로 남편 성 기능의 일부가 훼손된 것을 안 추쥐는 혹시 아들을 영 못 얻으면 어쩌나 근심하면서 만삭의 몸을 끌고 상급 관료를 찾아가 촌장에게서 치료비와 더불어 정중한 사과를 받아줄 것을 요구한다. 하지만 그 관료의 명령에도 촌장은 돈은 주겠지만 아랫사람에게 사과는 할 수 없다며 지폐를 던져 그녀를 모욕한다. 그녀는 정부 조직과 법이 자신이 생각하는 평등할 수 있는 권리를 보장해 줄 것으로 믿는다. 그래서 농사지은 빨간 고추를 시장에 내다 팔아 여비를 마련한 뒤, 도시로 또 베이징으로 좀더 높은 상급기관들과 법정을 찾아다니며 자신의 처지를 호소하게 된다. 마침내 한 관료로부터 변호사를 소개받고 촌장을 재판에 걸게 된다. 그러나 결과는 그녀의 패소였다. 그녀는 오기가 나서 항소한다. 그러는 동안에 추쥐의 진통이 시작된다. 섣달 그믐날 밤이었다. 출혈이 심해 산파도 손을 쓰지 못할 상태였으나, 마을의 남자들은 이웃마을의 축제에 가고 없었다. 하는 수 없이 남편은 산파와 함께 추쥐를 데리고 촌장의 집으로 달려갔다. 이때 뜻밖에도 촌장은 그녀를 병원으로 데리고 가는 역할을 맡아주었다. 그 덕분에 무사히 남자아이를 출산한 추쥐는 촌장에게 감사한다. 그러나 그 아이를 이웃사람에게 보이는 날이 되자 촌장은 공안국公安局에 체포되고 만다. 항소 때 법원의 권유로 찍어두었던 남편의 X-레이 사진이 증거가 되어 촌장의 상해죄가 성립된 것이다. 추쥐는 촌장이 한마디 사과만 했으면 좋았을 텐 데라고 생각하면서 연행되어 가는 촌장을 망연자실한 표정으로 바라보고 있을 뿐이다.

마치 가부장제의 남근숭배에 관한 이야기처럼 보였던 영화는 추쥐의 도시여행이 시작되면서 다른 국면으로 나아간다. 이 작품은 야심만만하게도 중국의 근대적 자본주의화와 강한 남아선호사상 속에서 잔존하는 봉건제 그리고 그 사이에 불안정하게 동요하고 있는 전근대와 근대의 문제를 동시에 다루고 있다. 주인공 추쥐는 혹시 아들을 얻지 못할까 노심초사하면서도 다른 한편으로는 촌장과의 봉건적 관계를 근대적 법제도를 통해 전복시키려고 한다. 또한 영화에 자주 등장하는 붉은 고추는 남아에 대한 상징이면서 동시에 생산물의 화폐화·사유화가 가능해진 중국 경제 체제의 변화를 나타내고 있다. 장이머우 감독도 이 영화는 개혁·개방정책에 따라 차츰 머리를 들기 시작한 개인의식을 그린 것이라고 했다.

이 영화에서는 길의 모티브 역시 빈번하게 사용된다. 추쥐가 살고 있는 반봉건적 공동체에서 산업화되고 자본주의화 된 도시로, 또 베이징으로 나가는 여행길은 늘 불안정한 장면으로 구성된다. 감독은 이 흔들리는 여행길을 역시 불안정한 이행기에 있는 중국에 대한 알레고리로 사용한 것 같기도 하다.

그런데 이 영화를 둘러싸고 웃지 못할 사건이 일어났다. 영화에 얼굴이 비친 46세의 여성이 초상권 침해로 이 영화를 제작한 영화사를 고발한 것이다. 이 작품은 감독이 실제 장면을 원했기 때문에 중국 서부 산시성 바오지시陝西省 寶鷄市에서 몰래 찍은 실제의 농촌장면이 많이 사용되었다. 고발한 여성은 이 몰래 찍은 장면에 얼굴이 비친 것이다. 이 여성은 농촌의 공장 노동자로 어릴 때 천연두를 앓아 그 자국이 완연하게 남아 있었기 때문에 사진 찍는 것을 기피해 왔던 것이다. 그런데 그녀의 모습이 5초 동안이나 영화에 나왔다. 그것이 그녀의 자존심을 몹시 상하게 한 것이다. 이 소송은 지방에 살고 있는 한 평범한 여성이 베이징까지 와서 큰 영화사를 고발한, 그야말로 영화 《추쥐 이야기》를 실제로 옮긴 것 같은 이야기일 뿐만 아니라 그것도 영화의 영향을 받은 것이라 하여 큰 관심을 불러일으켰다. 영화 시나리오가 현실화된 것이다. 또한 중국에서는 매우 보기 드문 초상권을 둘러싼 소송이었기 때문에 중국 서민들의 법의식이 높아졌다는 것을 나타내는 증거로 평가되기도 했다. 재판의 제일심에서는 원고가 패소했다. 그러나 그녀는 거기에 굴하지 않고 항소를 제기하였다. 이것 역시 영화와 같은 길을 걷고 있는 것이다.

- **장이머우의《인생》**

이 작품은 1940년에서 1970년에 이르는 중국의 현대사를 연대기적으로 펼쳐 보인다. 또한 이 영화는 '닭이 거위가 되고 그 거위가 양이 되고 그 양이 소가 되며 또 그 소가 공산주의자가 되는' 진보와 발전에 대한 믿음과 좌절을 그린 역사적 풍경화라고도 할 수 있다.

1940년이라는 자막과 함께 지주의 아들인 남자 주인공 푸구이福貴가 노름에 빠져 재산과 아버지를 잃는다. 게다가 두 번째 아이를 임신한 아내마저 더 이상 남편을 믿을 수 없다며 집을 떠난다. 이제 푸구이는 거리로 나가 아버지가 남긴 도자기를 팔아 간신히 연명하는 처지가 된다. 하지만 아내가 아들을 낳아 돌아오자 가족을 위해 돈벌이를 하기로 결심하고 그림자 인형극을 공연하여 생계를 꾸려가게 된다. 그 뒤 중국이 마오쩌둥과 장제스蔣介石 간의 국공내전國共內戰에 휩싸이게 되면서 푸구이는 국민군과 공산군에게 차례로 그림자극을 공연해 주며 생명을 부지하다가 고향에 돌아온다. 하지만 대약진운동이 벌어지는 고향도 싸움터이긴 마찬가지였다.

그림자극은 이 영화의 주제의 틀이다. 푸구이는 그림자 인형처럼 아무런 힘도 실체도 갖지 못한 존재이다. 푸구이의 이 절망적 상황은 나아가 자신을 다스릴 힘도 실체도 없는 중국과 그 인민의 역사적 상황을 대변하고 있다. 그림자극 인형극을 공연하고 생계를 꾸려가게 되자, 푸구이는 자신의 생에 대한 책임을 지게 된다. 그러나 인형은 단지 인형일 뿐이다. 그것들은 힘도 없고 자신을 다스릴 수도 없었다. 대약진운동 기간 동안 그 인형들은 양철 조가리가 될 운명을 겨우 면했을 뿐이었다. 문화대혁명 기간에 그것들은 결국 불태워지게 된다. 공산주의자의 관점에서 보면 인형을 불태워 버린다는 것은 낡은 관습과 전통을 근절시킴으로써 새 출발을 시작하는 의미를 지닌 것이었다. 이런 점에서 인형은 죽은 과거의 절룩거리는 유산을 나타낸다. 그러나 인형을 푸구이의 집안에서 완전히 없어진 것이 아니었다. 그와 그 가족이 죽은 아들과 딸의 무덤을 찾아가는 영화의 끝 장면에서 푸구이는 손자를 위해 갓 태어난 병아리들을 넣을 상자를 집는다. 돌아오는 길에 그들은 병아리를 넣을 좀 더 큰 상자를 찾다가 지난 몇 년간 침대 밑에 버려져 있던 인형상자를 발견한다. 생명 없는 인형을 넣어두었던 인형상자는 이제 살아 있는 생명체의 집이 된 것이다.

이 작품에는 누구나 쉽게 짐작할 수 있는 것처럼 죽음과 탄생의 이야기가 있으며 부부애와 자식에 대한 사랑이 있고 또한 문화대혁명이 있다. 영화에서는 보통 사람들이 알고 있는 것 이상의 삶의 진실이 있노라고 주장하지 않는다. 다만 그 인생이라는 것이 어떻게 우연 같은 필연으로 촘촘히 혹은 필연 같은 우연으로 성기게 짜여 있는가를 조금 멀리 떨어져 생각하도록 만든다. 영화에 따르면 인생의 희비는 그 우연과 필연 속에서 앞으로 보면 웃고 뒤로 보면 울고 있는 가면처럼 서로 맞물려 돌아가고 있다. 감독 장이머우는 상황에 따라 해석이 전혀 달라지는 모티브를 설정해서 이 큰 삶의 이야기를 설득력 있게 들려주고 있다. 이를테면 남자 주인공은 노름으로 집을 잃어 폐인이 되는 듯했으나, 바로 재산을 다 날린 덕분에 지주에서 인민이 되며 그 결과 사형을 면하게 된다.

이 영화의 역사관이나 중국 사회를 바라보는 시각은 논쟁의 여지를 지니고 있다. 마지막 장면에서 손자는 할아버지(남자 주인공)에게 묻는다. 병아리가 크면 무엇이 되느냐고. 문혁 이전의 대답은 공산주의자였지만 이제 할아버지는 소에서 멈춘다. 그러면서도 비행기와 자동차를 마음대로 탈 수 있는 시대가 올 거라며 미래를 낙관한다. 하지만 장이머우가 천카이거만큼 1960~70년대 중국 사회에 대해 신랄하지 않는 것만은 확실하다. 《인생》은 그 시대를 오류도 많았지만 공동체적 꿈도 있었던 때로 재현하고 있기 때문이다. 이 영화의 장점은 바로 어떠한 성급한 판단도 유도하지 않고 이렇게 상황의 양면성을 성찰하게 하는 데 있다.

- 장이머우의《책상서랍 속의 동화》

한 자그마한 시골의 초등학교. 개혁·개방정책이 가져온 그늘의 '차가운 바람'은 예외 없이 이곳 시골에도 몰아친다. 40명이었던 아이들은 배고픔과 가난에 떠밀려 도시로 떠나고 28명으로 줄어들었다. 아픈 노모를 보살피기 위해 한 달간 학교를 비워야 하는 가오 선생은 마을의 촌장으로부터 임시 교사를 소개받는다. 임시 교사로 온 웨이의 나이는 겨우 13세. 가까스로 초등교육을 받은 그녀가 아이들에게 가르쳐줄 수 있는 것은 별로 없다. 기껏해야 중국공산당의 노래와 율동뿐이다. 가오 선생은 몇 가지를 부탁하는데, 무엇보다 중요한 당부는 "한 사람도 학교를 떠나지 못하게 하라(이 말과 연관 지워 원제목 '一個都不能少'를 직역하면 '한 사람도 적어질 수 없다'가 된다)"는 것이다. 소극적인 웨이에게 학급 반장은 적극적으로 교사의 역할을 다할 것을 요구하고 말썽꾸러기인 한 학생은 번번이 말썽을 일으킨다. 이렇게 서로 부대끼며 차츰 교사의 역할에 익숙해질 무렵, 달리기를 잘하는 친구가 도시로 떠나고 '눈에 가시'였던 그 말썽꾸러기마저 집안의 빚을 갚기 위해 도시로 떠나버린다. 비록 교사의 역할에 소극적이었지만 가오 선생의 당부를 마음에 새겨두었던 웨이는 그를 찾아 도시로 떠나기로 결심한다. 이때부터 영화는 그를 찾기 위한 웨이의 집요한 집념과 심리적인 동선을 따라가게 된다. 그녀는 한 남자로부터 방송국에 부탁해보라는 힌트를 얻는다. 하지만 학교를 떠나 도시의 삭막한 숲으로 사라진 아이들이 수없이 많은 중국의 현재 상황에서 그녀의 사연은 호소력을 가질 리 없었다. 방송국으로부터 문전박대를 당한 그녀는 굽히지 않고 방송국의 문을 두드리고 마침내 그녀의 사연은 전파를 타게 된다. 웨이에게 짓궂게 굴었던 그 말썽꾸러기는 자신을 찾는 그녀의 진심 어린 눈물을 보고 학교로 돌아온다. 그리고 한 시골 학교의 눈물겨운 사연이 널리 알려지자 각지로부터 성금이 답지하기 시작한다. 하루에 한 개의 분필밖에 쓸 수 없었던 웨이와 아이들이 색색의 분필을 듬뿍 들고 활짝 웃는 모습으로 영화는 끝이 난다.

이 작품은 장이머우 감독의 전작들에 비해 훨씬 대중적이고 재미가 있다. 그렇다고 그의 영화가 갖는 힘이 약해진 것은 결코 아니다. 오히려 인생의 무게와 경륜을 더한 거장의 '내공'은 현실의 일상적인 소재와 삶의 자그마한 에피소드를 통해 개혁·개방정책이 낳은 중국 사회의 어두운 단면과 그 안에서 살아가는 인간들의 절망감 그리고 연대적 정서를 유쾌하게 그리고 있다.

이 영화는 철저하게 다큐멘터리 기법을 이용해 영화의 사실감을 높였다. 장이머우 감독이 가장 심혈을 기울인 부분은 캐스팅이었다. 그는 전국을 돌아다니며 수천 명의 아이들을 인터뷰한 끝에 어렵게 임시 교사 역의 배우를 발탁했다. 이 영화에서 실명으로 등장한 가오 선생과 촌장 그리고 아이들도 모두 실제 인물이다. 영화 속 현장은 등장인물들이 실제 처한 현

《책상서랍 속의 동화》

실이기도 하다. 장이머우 감독은 배우들로 하여금 각본을 외우도록 하지 않고 특정한 상황을 설명한 후 실제 생활과 같은 자연스런 연기를 유도했다. 카메라를 숨긴 채 촬영한 것도 배우들이 카메라를 의식하지 않고 실제에 있는 것처럼 느끼게 하기 위해서였다. 이 영화가 생생한 사실성과 현실성을 미덕으로 감동을 줄 수 있었던 것은 감독이 의도한 다큐멘터리 기법에 힘입은 바가 크다고 할 수 있다.

더욱 놀라운 것은 전작들을 통해 중국적인 정서를 작가주의 화법으로 풀어냈던 장이머우 감독의 더욱 깊고 넓어진 통찰력과 이야기를 만들어 나가는 능력이다. 그는 중국 사회의 현실을 놓치지 않으면서도 일상의 미세한 결에 숨겨진 인간의 본원적인 정서를 더욱 따뜻하고 유연해진 화법으로 얘기하였다. 이 작품은 녹슬지 않는 현실 인식과 인간에 대한 따뜻한 가슴 그리고 인생에 대한 멋과 여유를 함께 가진 감독의 작품이라 할 수 있다.

장이머우 감독은《책상서랍 속의 동화》에 이어 최근 또 다시 학교 관련 소재로 한《집으로 가는 길(我的父親母親)》(1999)이라는 작품으로 베를린 국제영화제에서 심사위원대상을 받았다. 이 작품은 중국 시골마을 교사 부부가 처음 만나 사랑을 하게 된 과거와 남편을 저 세상으로 떠나보낸 뒤 그와 마지막 걸음을 함께 하고 싶어 하는 아내의 마음을 그린 현재가 흑백과 컬러로 교차한다. 이렇듯 화려한 색채감각과 형식미를 자랑했던 초기 작품세계에 비해 최근 그의 영화들은 점점 소박해지고 있다.

- **톈좡좡의《푸른 연**藍風箏》(1993)

주인공인 소년은 중국 베이징 근처의 한 평범한 가정에서 태어난다. 1950년대 도서관 사서로 일하던 아버지가 자아비판 회의에서 반동분자로 몰리면서 가족의 비극이 시작된다. 홀로 사는 어머니의 일을 도와주던 마음씨 좋은 아저씨가 사실은 아버지를 반동분자로 지목한 당사자라는 것을 알게 되지만 이미 아버지는 이 세상 사람이 아니다. 대약진운동의 혼란 속에서 지병을 앓던 아저씨마저 세상을 떠난다. 소년 가족의 삶은 '푸른 연'처럼 희망을 간신히 묶어놓은 가는 실과 같았다. 그것은 언제라도 뚝 끊어져 버릴 수 있다. 아니 어쩌면 끊어져서 날아가고 있었는지도 모른다. 그래도 삶은 지속되어야 한다. 각 가정들이 시련과 고난 속에서도 삶을 지속해야 하듯이 중국과 중국 인민 역시 살아나가야 했다.

어머니는 생활고를 해결하고자 좋은 환경을 가진 지식인 홀아비에게 재혼한다. 사춘기에 접어든 소년은 이것을 못 마땅해 한다. 하지만 정작 이 새로운 가정에 먹구름을 몰고 온 것은 다름 아닌 문화대혁명이라는 소용돌이였다. 우파분자로 몰린 양아버지는 숙청당하고 어머니마저 노동개조의 이름으로 홍위병紅衛兵에게 끌려간다. 소년은 어머니에게 살가운 애정을 표현하지 않는 무뚝뚝한 사람이었으나, 그에게 어머니는 마지막으로 남은 세상과의 끈이었다. 처절한 저항에도 불구하고 그는 어머니를 떠나보내고 만다. 소년은 줄이 끊어져 나무에 걸린 외로운 푸른 연처럼 홀로 남는다.

여기서 나뭇가지에 걸린 연의 영상은 이 영화의 중심 주제를 표현하고 있는 것으로, 곧 주제의 상징으로 사용되었다고도 할 수 있다.

영화는 시종일관 작은 방과 마당과 대문 밖 골목에서 계속된다. 혁명에 대한 언급은 많지 않고, 그 비판의 목소리 역시 낮으며 간혹 눈치 채기 어렵지만, 관객에게 깊은 공감으로 다가온다. 따라서 혁명을 목소리 높여 옹호하려는 사람에게는 그럴 만한 기회를 주지 않는다.

이 영화가 제작되자 중국 당국은 곧바로 상영 금지 처분을 내렸다. 중국당국자들로서는 하고많은 찬란한 혁명의 역사를 다 외면하고 자신들이 가장 설명하기 난처한 대약진운동의 시작 시기인 1957년과 문화대혁명의 시작 시기인 1967년을 꼭 집어내어 그린 감독이 미웠는지도 모른다. 톈좡좡 감독은 소년의 눈을 빌리는 방식으로 관객들에게 해야 할 많은 설명을 과감히 생략하면서도 영화의 주제에만 관객의 시선을 붙들어 놓는다.

- 왕샤오솨이의《북경 자전거》

이 작품은 2001년 제51회 베를린 국제영화제에서 심사위원 대상인 은곰상을 획득하였다. 이는 장위안의《17년過年回家》이 베니스 국제영화제에서 최우수 감독상을, 장원의《귀신이 온다》가 칸 국제영화제에서 심사위원 대상을 수상한 후에 또 다시 획득한 큰 상으로, 제6세대 감독의 작품들이 3대 국제영화제의 큰 상을 모두 차지하였다고 할 수 있다.

"작은 자전거에 중국을 실었다."

이 작품은 자전거에 얽힌 두 소년을 둘러싼 작은 에피소드를 그렸지만 자전거를 따라가다 보면 격변기의 중국을 만나게 해 준다.

영화 제목에서도 제시하였듯이, 자전거는 이 작품 중에서 가장 중요한 맥락으로 처음부터 끝까지 영화를 관통하고 있다. 궈롄구이郭連貴는 농촌에서 베이징으로 돈을 벌기 위해 온 시골 소년으로, 택배회사(자전거를 이용하여 배달하는 택배회사)에 취직을 하게 된다. 궈롄구이에게는 "자전거는 그의 생존 도구일 뿐만 아니라, 또한 그가 도시에 생존하고 있는 하나의 확증이다."(감독의 말) 그는 자전거에 미래 생활에 대한 기대와 몽상을 기탁하고 있다. 샤오젠小堅의 집은 베이징의 서민가정으로, 가정 형편이 좋지 않는 그는 실업계고등학교에 다니는데, 그의 친구들 사이에 자전거 경주 놀이가 유행이었다. 샤오젠으로서는 자전거가 그의 자존심과 허영심을 만족시켜 줄 수 있었다. 작품은 궈롄구이가 도난당한 자전거가 샤오젠의 수중에 들어간 줄거리를 통해 두 사람을 연계시키고 있다. 자전거가 연계시킨 것은 사실 현재 중국 도시에서 생활하고 있는 두 종류의 인간들이다. 한 종류는 농촌에서 온 노동자 혹은 민공民工으로, 그들의 생활수준은 매우 낮으며, 그들이 추구하는 것은 물질상의 온포溫飽이다. 다른 한 종류는 도시 주민들로, "결코 부유하지는 않지만 도시에서의 생활 자체가 이미 그들로 하여금 다른 일반 사람들을 능가할 수 있게 하였다."(감독의 말) 그들이 추구하는 것은 아마도 더욱 많은 정신적인 방면일지도 모른다. 예를 들면, 자존심과 허영심 같은 것이다. 그러나 그들의 공통점은 똑같이 곤경에 직면하고 있다는 사실이다.

영화 속의 자전거는 중국의 오늘을 보여주는 상징적인 코드다. 두 소년에게 자전거는 그냥 자전거가 아니다. 롄구이는 생계와 미래의 꿈을 위해 샤오젠은 베이징의 멋진 신세대가 되기 위해 반드시 필요하다. 그러면 이 자전거의 소유권은 누구한테 가야할까? 형편이 딱한 롄구이의 손을 들어줄까? 감독은 자전거의 소유권 다툼에 '번갈아 타기'라는 냉정한 협상카드를 제시한다. 이 작품은 5세대 감독들의 작품과는 달리 강렬한 영상미나 비장함은 없다. 하지만 두 소년의 눈을 통해 베이징의 번화가와 뒷골목을 구석구석 보여주면서 빈부격차와 세대갈등, 서로 다른 10대의 모습 등을 보여준다. 결국 합의 끝에 자전거를 공유하게 된 두 소년이 "네 이름이 뭐니?"라고 묻는 장면이 퍽 인상적이다. 생존게임이 치열할 때는 이름조차 알 필요가 없었던 것이다. 감독은 이 작품을 "미래를 살아가기 위해서 힘이 될 수 있는 추억에 관한 영화 그리고 변화와 성장에 관한 영화이다."라고 정의하였다.

중국은 지금까지 '자전거 왕국'이라 칭해졌는데, 세계에서 자전거가 가장 많은 나라라고 할 수 있다. 오래 전부터 자전거는 중국 사람들의 가장 중요한 교통공구였다. 그러나 중국 사회의 발전에 따라 상황이 변화되고 있다. 베이징과 같은 도시에서는 갈수록 많은 사람들이 승용차를 소유하기 시작하였다. 하지만 대다수 사람들에게 자전거는 여전히 중요한 교통공구로 남아 있다. 사람들의 생활 중에서 자전거 지위의 변화는 중국 사회의 변화를 반영하고 있다. 작품 중에는 하나의 자전거에 한 대의 냉장고를 싣고서 세 사람이 붙들고 흔들리며 가는 장면이 나오는데, 그 뒤에는 자전거가 끝내 지탱하지 못하고 넘어지는 장면이 나온다. 함의가 풍부한 이들 화면은 자전거가 중국인들의 생명 중에 너무 무거운 부담을 지고 있음을 암시하는 것 같다.

작품 중에서 궈렌구이와 샤오젠의 자전거를 대하는 태도에는 하나의 물건에 연연하는 병적인 경향이 있는 것 같다. 이러한 경향은 바로 당대 사람들의 심리상에서 날로 심각해지는 물질 숭배를 표현하고 있다. 샤오젠의 애정에 대한 변화무쌍한 태도와 궈렌구이의 훔쳐보기는 도시에서 생활하는 사람들의 불안하고 초조하며 병태적인 심리를 반영하고 있다. 왕샤오솨이는 60년대에 출생한 세대로서 도시에서 성장하면서 상업화의 물결을 경험하였으며, 제6세대 감독의 일원으로서 시종 소외화의 방식으로 당대 도시인의 생존 상황에 관심을 두었다. 그는 자신의 작품을 통해 도시 생활 중에서 곤경에 처한 개체들에 대해 주의를 기울였다.

작품의 표층서사는 시종 자전거의 귀속 문제로 진행되고 있는데, 실제로 작품 중의 자전거 사용권은 일종의 분할과 결손의 상태를 드러내고 있다. 자전거의 사용권과 소유권은 궈렌구이나 샤오젠에게는 언제나 하나의 '결석缺席'상태에 처해져 있었는데, 두 사람은 누구도 완전하게 자전거를 소유할 수 없었다. 이는 상실 상태에서 배회하는 도시인들의 생존 상황을 그리고 있다고 할 수 있다.

중국 도시에서 생활하는 모든 사람들 중에서 농민공은 소외된 계층이라고 할 수 있다. 그들은 도시의 유랑자로, 도시인들은 그들을 자신의 일원이라 생각해 본 적이 없다. 사실 사회형태의 전환과 경제구조의 변화 과정 중에서 농촌에서 도시로 돈 벌러 온 민공들의 생활 변화가 가장 컸다고 할 수 있다. 감독은 작품 중에서 교묘하게도 도시인과 농민공의 생활을 함께 표현하고 있다. 두 종류의 사람 사이의 교류와 피차간 상대방을 대하는 태도를 통해 쌍방 간의 관계를 더욱 깊이 있게 드러내고 있다.

왕샤오솨이는 비교적 전통적인 서사방식으로 이 작품을 서술하고 있는데, 즉 거의 직선형의 서사로 전체 이야기를 완성하였다. 영상의 풍격 상에서 이 작품은 제6세대가 일관하고 있는 사실풍격을 유지하였으나, 여기서의 사실은 일종의 냉정하고 객관적인 현실주의 태도라고 할 수 있다. 동시에 감독은 작품 중에서 드라마틱한 성격 요소의 운용에 주의를 기울여 정밀하고 아름다운 구도와 세심하게 설계한 화면을 많이 사용하였다.

- **장원의《햇빛 찬란한 날들》**

이 작품은 왕숴王朔의 소설《동물흉맹動物凶猛》을 개편한 것으로, 배우로서 유명한 장원의 처녀작이다. 그는 원작을 개편하면서 자신의 인생경험과 문자로 표현할 수 없는 시각적인 요소를 대량으로 증가시켰다.《햇빛 찬란한 날들》은 개성이 충만하고 격정이 끓어오르는 작품이라고 할 수 있다. 지금까지 장원은 두 편의 영화만을 제작하였는데, 즉 처녀작인 이 작품과《귀신이 온다》가 바로 그것이다. 두 편의 영화 모두 한국에서 상영된 작품들이다. 장원의 이 두 작품은 전통 중국 영화에 대해 전복성顚覆性을 지닌 영화라고 할 수 있다.

이 작품의 가장 기본적인 서사 동력은 서사자敍事者가 과거 시절의 격정과 충동을 다시 수습收拾한 것으로부터 나온다. 이 작품 속에는 제5세대 작품이 지닌 침통과 반성의 색채는 찾아볼 수 없으며, 그 시대의 청춘에 대해 묘사하는 가운데 당시 젊은이들의 생활을 복원하였다. 이와 동시에 감독은 그 세대의 분노와 정감을 발설시키는 또 다른 출구를 찾게 되었다. 70년대 초의 베이징, 어른들은 당시 '혁명'으로 바빴는데, 수많은 중국 사람들로 보면 이 시기는 그들 생명 중 암흑의 시대였다. 그러나 마샤오쥔馬小軍과 같은 14-5세의 아이들에 대해 말하면, 이 시기는 오히려 그들이 겪은 일단의 '햇빛 찬란한 날들'이었다. 싸움과 소란, 성性에 대한 환상 등, 아이들은 그러한 혼돈 중에서 천천히 성장하는 것이다. 관중은 이 작품을 통해 중국 영화에서 드물게 보이는 품질을 볼 수 있으며, 꿈·기억·추억 중에서 또 다른 현실을 성취하게 된다.

이 작품은 청춘과 성장에 관한 영화이다. 작품의 중심重心은 '청춘'이라는 이 영원한 화제에 대해 다시 표현하는 데에 있으니, 청춘의 황홀함과 미련 그리고 갑자기 사라진 청춘에 대한 아픔 등을 표현하고 있다. 장원과 이 아이들은 함께 그들 자신의 청춘 신화를 구축하였으며, 아울러 그들 자신의 특유한 방식으로 '청춘 만세'를 외쳤다. 장원은 유쾌함에 가까운 수법으로 이와 같은 침중한 시대와 이 시대 청년들이 가진 자유·환락을 묘사하였다. 작품의 결미는 더욱이 우리가 살고 있는 이 사회의 '존엄'에 대한 조소이며, 또한 이와 같은 블랙유머는 결코 종결되지 않았다.

이 작품을 감상하면서 주의해야 할 점은 작품 중에 발생하는 모든 것은 진실과 환각 사이에 존재한다는 사실이다. 이는 마치 작품 중에서 베이징의 빠른 변화가 "이미 나의 기억을 파괴하여 나로 하여금 환각과 진실을 분명하게 분간할 수 없게 하였다."라고 한 말과 통한다고 할 수 있다. 작품 중에는 뜨거운 햇빛, 영웅에 대한 몽상, 청춘의 소동, 광란의 발설 등으로 가득 차 있다. 마샤오쥔 마음속의 햇빛은 미란米蘭이다. 그가 미란의 집에서 그녀와 이야기를 나누고 있을 때, 창문으로 들어오는 눈부신 빛 때문에 미란이 커튼을 내리자, 방안은 고요하고 아늑하게 변한다. 이는 바로 작자의 심리상태를 스크린에 투사한 것으로, 개성화의 발현을 구체적인 장면 중에서 전달하고 있는 것이다.

인물 설정에서 이 작품은 대량의 정교하고 전형적인 세부묘사를 통해 마샤오쥔·류이베이劉憶蓓·미란 및 '바보傻子' 등 생동적이고 입체적이며 진실하고 재미있는 인물형상을 창조해 내었다. 더욱이 '바보'는 전체 작품을 관통하고 있으면서도 줄거리 서사와는 무관한 인물이지만, 오히려 모든 사람의 비환이합과 여러 가지 변천을 주시하고 있다. 이는 이 '햇빛 찬란한 날들'의 증인이라고 할 수 있다.

이 작품은 영화의 공간 표현상에서 이전의 중국 영화와는 다른 양상을 보이고 있다. 다시 말해 공간이 '저택'에서 '지붕 위'로 바뀌었다고 할 수 있다. 일반적으로 제5세대 감독 작품들 속의 공간형태는 줄곧 내향적이고 폐쇄적이며 협소하였는데, 그것은 중국인의 생존환경과 밀접한 대응관계가 있다. 그러나 이 작품 속의 공간형태는 외향적이고 개방적이며 펼쳐져 있는데, 그것은 사람들을 더욱 넓은 천지로 인도할 뿐만 아니라 오래도록 닫혀져 있던 문을 열게 함으로써 생명으로 하여금 다시는 어두운 세상에서 방황하지 않도록 한다는 의도를 지니고 있다.

이 작품은 중국 내외에서 공인된 성공을 거두었으며, 이전의 '문화대혁명' 제재 작품과는 완전히 다른 사상적 함의와 영화의 외부 형태를 표현해 내었다. 감독은 현대 상업영화의 기교를 대량으로 운용하였는데, 이와 같이 영화 기교를 성공적으로 운용한 배후로부터 우리는 감독이 몰래 내장內藏시키려고 했던 '문혁' 본질에 대한 망각 경향을 발견할 수 있다. 이 작품 중에서의 '문혁'은 더 이상 이전 영화 속에서의 억압과 고통의 표상表象이 아니다. 중화민족은 더 이상 성인成人의 안목으로 역사를 대할 용기가 없는 것은 아닌지? '문혁'을 정말 '햇빛 찬란한 날'로 보아야 할 것이지? 이 물음에 대해서는 작품 중의 아이들 입장에서 보면 아마도 긍정적일지 모르겠으나, 전체 중화민족에 대해 말하면 그 대답은 분명 달라질 것이다.

- **자장커의《샤오우》**

이 작품은 우리나라 부산 국제영화제에서 뉴 커런츠상을 받은 바 있으며, 이 외에도 베를린 국제영화제 등 적지 않은 국제영화제에서 수상 경력이 있는 영화로, 국제 영화계에서 커다란 반향과 관심을 불러일으켰다고 할 수 있다.

자장커는 1970년 생으로 제6세대 감독 중에서도 젊은 감독에 속한다. 산시성山西省 펀양汾陽 사람인 그는 1993년 베이징영화대학 문학과文學系에 입학하여 공부하였는데, 1995년부터 영화 시나리오와 감독 일을 하기 시작하였다. 프랑스의《영화 핸드북電影手冊》은 그의 첫 번째 장편영화인《샤오우》를 중국 영화의 상규常規를 뛰어넘은 영화로, 중국 영화의 부흥과 활력을 나타내는 작품이라고 평한 적이 있다.

《샤오우》는 또 다른 장편영화인《플랫폼站臺》(2000)·《알 수 없는 즐거움任逍遙》(2002)과 함께 자장커 영화의 '고향삼부곡故鄕三部曲'으로 일컬어지고 있다.

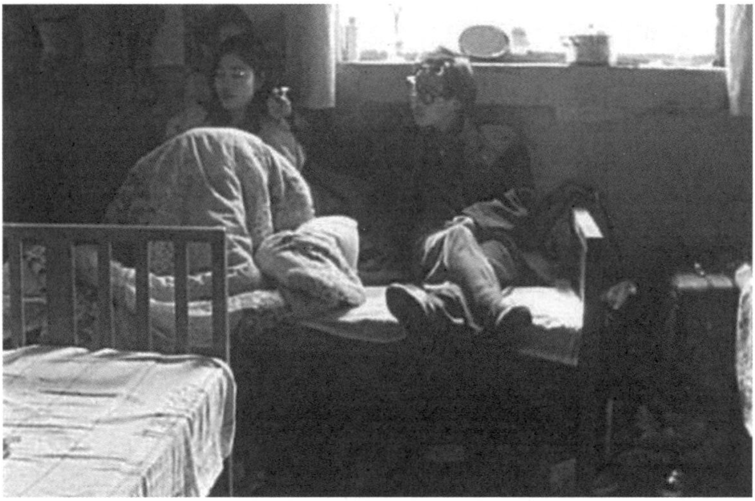

《샤오우》

이 작품 중에 등장하는 인물들은 도시 중에 배회하면서 황망히 존엄성과 애정을 모색하고 있다. 주인공 샤오우는 얼마간의 허망한 자존심을 지닌 채, 여명과 같은 환상을 억지로 지탱해 나가고 있다. 범죄자 또는 소매치기로서 샤오우의 행위는 생활의 압박이나 생존의 필요에 의해서 행해지는 것이다. 금전이 사회 기제機制의 기본 동기와 사회 표상의 실질적인 조절기調節器로 작용하고 있는 국가에서 샤오우는 그러한 사회현실의 산물이라고 할 수 있다. 금전은 현재의 중국을 지배하고 있다. 샤오우 또한 이 원칙에 의해 지배당하고 있다.

샤오우가 대표하는 것은 사실 감독인 자장커가 체험한 일종의 성격이자 운명이다. 그것은 바로 소인물이 사회 환경의 변화로 인해 맛볼 수밖에 없는 좌절감 및 어쩔 수 없는 항쟁이다. 개괄적으로 말하면, 농촌에서 도시로 나가 생계를 도모하는 청년으로서의 샤오우는 현재 중국이 처한 농촌사회로부터 공업사회로의 전환 시기에 있어 전형적인 소인물의 축소판이라고 할 수 있다. 이 도시 중에서 그들은 생계 도모를 위한 직업을 찾지 못하였다. 아울러 이 전환 시기의 사회는 그들에게 양호하고 정당한 직업을 제공하지 못하였다. 샤오우의 청춘 생명은 이 기간 동안에는 그냥 방치해 둔 상태이다. 이 사회 중의 모든 사람들은 자신의 일로 바쁜 나머지 아무도 그에게 관심을 보이지 않는다. 그의 직업 상태는 실업失業이라고 봄이 맞다. 아울러 그의 생명은 이 사회 중에서 합법적인 위치를 찾지 못하였다. 샤오우와 그의 친구들은 각양각색의 치부 수단의 증거를 제시하는데, 어떤 사람은 담배를 밀수하여 판매하기도 하며, 또 어떤 사람은 노래방(술집)을 경영하면서 아가씨를 이용하여 돈을 벌기도 한다. 샤오우는 자신의 자존심으로 인해 이러한 것들을 가치 없는 것으로 무시한다. 게다가 갈수록 이 사회를 멸시하며, 또한 그의 자아 개체 밖에 있는 생존 환경도 멸시한다. 어릴 때 친구인 진샤오융靳小勇이 자신의 결혼식에 샤오우를 초대하지 않았는데, 그는 여전히 진샤오융을 찾아가 축의금을 전달한다. 이 역시 그의 자존심에서 나온 것이라 할 수 있다. 그러나 진샤오융은 깨끗하지 않은 돈이라 하여 끝내 그 돈을 그에게 돌려준다. 샤오우의 자존심은 여기서 또 한 차례 무너지게 된다. 그는 술집 여자인 후메이메이胡梅梅에게 자신은 남들이 잘 하는 장사도 못하는 바보라는 식의 이야기를 하는데, 우리는 그가 이 이야기를 하는 그 순간에 오히려 이 소인물의 마음속에 들어 있는 교양과 자존의 흔적을 어렵지 않게 포착할 수 있다.

감독은 이와 같은 사회 환경의 개체 생명에 대한 불공평과 소인물이 가진 개체 생명의 존엄에 대한 무시를 보아왔다. 이러한 존엄은 본래 모든 개체 생명에 대해 평등한 것이다. 물론 이러한 소인물의 사회적 신분이 소매치기이냐 아니냐는 외재적인 것이다. 내재적 생명에 대해 생겨나는 존엄이야 말로 모두 평등하다. 감독은 친절하게 샤오우를 비롯한 그의 주위 사람들을 '현縣 안의 친구'라고 칭했다. 이는 샤오우를 비롯한 그들 소인물에 대한 감독의 평등과 관심의 표시라고 할 수 있다.

작품 중에 샤오우가 그보다 큰 후메이메이와 거리를 걷는 장면이 나오는데, 이 때 그녀가 "오늘은 하이힐을 신어서는 안 되는데."라고 말한다. 샤오우는 곧 길가의 층계 위를 걷기 시작한다. 이로써 그는 그녀보다 크게 보이게 된다. 그녀가 웃으면서 그에게 "왜 위층으로 올라가지 않아요? 그러면 더 크게 보일 텐데요."라고 말한다. 샤오우는 곧 그 말을 듣고 2층으로 올라간다. 이것에 대해 감독은 자존의 충동 및 내심 깊이 간직하고 있는 교양으로 여기면서, 현 안에 살고 있는 그 친구들의 천성이라고 해석하고 있다.

이 작품 속에 나오는 '소리'들은 표현력을 풍부하게 하는 수단으로, 영상 이외의 또 다른 영화 언어이다. 어떤 경우에는 '소리'를 통해 시대의 변천과 사회 상황을 엿볼 수 있다. 감독은 이것을 운용하는 데 매우 고심하였다. 작품 속에서는 먼저 화면 밖에서 정부가 범죄 소탕을 전개한다는 방송이 흘러나온다. 작품의 마지막 부분에서 샤오우는 T.V를 통해 자신이 체포된 소식을 보게 된다. 이는 그의 체포를 전형적인 안건으로 삼아 여론을 통해 광범위하게 전파함으로써 범죄 소탕의 효과를 노리고 있는 셈이다. 이 때 샤오우의 존엄성은 철저하게 부서지고 만다. 진샤오융의 혼례는 여론을 통해 크게 선전되는데, 이는 샤오우와 분명히 비교가 된다. T.V를 통한 대대적인 광고는 돈이 있기 때문에 가능한 것이다. 여기서 감독은 중국 사회가 이미 전형적인 상품경제사회로 전환되기 시작했음을 증명하고 있다.

감독은 또한 당시의 많은 유행가를 의식적으로 선택하여 자신의 영화의 '소리'로 삼았다. 유행가는 어느 곳에서나 가장 광범위하게 불리어지는 것으로, 시대의 분위기를 잘 반영하고 있다. 그것은 또 젊은이들이 가장 좋아하고 가장 쉽게 받아들이는 것이기 때문에 그들의 사생활에 침투할 이유를 가지고 있다. 이러한 유행가들은 감독인 자장커의 개인 생활 경험 속에 이미 깊이 각인되어 있었다고 할 수 있다. 작품 속에 나오는 왕페이王菲의《하늘天空》은 인물의 정서를 심각하게 표현하고 있으며, 아울러 당시 인물이 직면한 운명을 충분히 묘사하고 있다. 다수의 유행가들은 다른 '소리'와 마찬가지로 인물의 정서·상태와 관련이 없이 일종의 소음으로 존재하는 것도 있다. 감독은 작품 속에서 가라오케의 오락형식을 비교적 많이 사용하고 있다. 이러한 형식 중에서 노래의 '소리'는 기계적으로 복제되어 전파되는데, 이러한 복제 과정 중에 노래는 더 이상 생명을 지닐 수 없는 것으로 변하게 된다. 이때 인물 또한 얼마나 큰 정도 상에서 자아 표현을 실현할 수 있겠는가? 비록 각 인물은 가라오케 앞에 서는 순간 자아를 드러내려는 욕망이 있으나, 노래를 부르자마자 무의식중에 이미 집체적인 행위인 소음의 제조와 전파 속으로 빠져 들어가게 된다. 이와 같은

'소리'의 정경은 실제상에서 일종의 어쩔 수 없는 인생 곤경을 비유하고 있다. 소인물의 청춘 생명은 결국 이런저런 소음의 포위 중에 영원히 놓여 있으며, 아울러 그곳으로부터 영원히 벗어날 수 없음을 나타내고 있다. 이러한 소음 정경은 사실상 소인물의 개체생명으로 하여금 실어失語상태를 야기한다. 가라오케와 유사한 소음에 직면하여 샤오우는 입을 열지 않는다. 사실상 그는 할 말이 없는 것이다. 그러나 일단 그가 입을 열면, 그 '소리'는 이러한 소음 중에 묻혀버린다. 다시는 희망을 가질 수 없으며, 개체적인 '발음'에 대한 환상도 더 이상 가질 수 없다.

- **펑샤오강의 《핸드폰》**

이 작품 역시 희극喜劇수법을 사용하였으나, 그 효과는 비극적이라 할 수 있다. 풍샤오강은 인간의 병태성病態性에 관심을 두고 중년의 생활 병태 더욱이 중년 남성의 지친 모습—가정 문제로 인한 피곤함, 사업상에서 후배들의 압박 등—에 유의하였다. 그러나 그는 그것의 치료를 위한 처방전을 내놓지 못하고 있다. 그래서 결국 웃음으로 끝을 맺을 수밖에 없었다. 이 작품 역시 관중으로서는 웃을 수밖에 없는 옌서우이嚴守一의 놀라고 두려워하는 모습으로 끝을 맺고 있다.

이 작품은 적나라하면서 질식할 정도로 가까워지고 있는 정보사회 속의 인간관계에 대한 문제를 제기하고 있다. 고속으로 발전하는 기술은 우리 인간들을 갈수록 가까워지게 하고 있으나, 우리의 마음을 오히려 갈수록 멀어지게 하고 있다. 그리고 바깥 세계를 갈수록 복잡하고 시끄럽게 하고 있으나, 우리의 내심을 오히려 갈수록 적막하게 하고 있다. 아울러 서로 시기하고 의심하게 하며, 편안하지 못하고 정신력을 초췌하게 하고 있다.

아울러 이 작품은 휴대폰을 통해 말해지는 현대인의 언어들 중에 가치가 있는 언어가 얼마나 되는지에 대해서도 생각하게 한다. 즉, 언어의 효용성에 대한 주제도 심각하게 부각시키고 있다.

이 작품의 서사풍격은 빈틈이 없으며, 언어 또한 구절마다 기지機智가 숨겨져 있으니, 그것들은 남녀 주인공을 이별이라는 비극을 향해 한 발짝 한 발짝 이끌고 있다. 이 작품의 핵심적 우언은 이별에 있다고 할 수 있다.

이 작품은 블랙유머의 수법을 사용하여 전통의 '신년 축하 영화'에 도전하였다. 블랙유머에 가까워질수록 현실에 대한 무력감은 더욱 드러난다고 할 수 있다. 현실을 변화시키는 데에 아무런 힘을 발휘할 수 없을 때 거저 웃을 수밖에 없는 것이다. 질식할 정도로 가까워진 인간관계가 장차 현실이 될 것임을 분명히 알고 있으나, 우리는 기술이 인간에게 가져다준 정감의 위기를 저지할 힘이 없는 것이다. 이는 가장 무서운 사실이 아닐 수 없다. 성과 욕망은 물질사회에서 더 이상 해결하기 어려운 문제가 아니다. 그러나 감정의 기갈飢渴에 대해서는 어떻게 해결할 것인가?

옌서우이는 이 작품의 서사 핵심점이다. 그는 네 차례나 여자와 헤어지는 경험을 한다. 즉, 위원쥐안于文娟·우웨武月·선쉐沈雪와 할머니(할머니와는 그녀의 죽음으로 헤어지게 됨)가 바로 그 네 여자이다. 이들과의 이별은 모두 핸드폰과 간접적으로 연관되어 있다. 그는 이 네 번의 이별 후 다시는 핸드폰을 사용하지 않는다. 그러나 그는 핸드폰 광고 관계로 또 다시 괴롭힘을 당하나, 숨을 곳이 없다.

핸드폰은 사람들로 하여금 더욱 가까워지게 하여 숨을 곳을 없게 한다. 어떤 세세한 일들도 모두 의심을 일으키게 하며, 굳건한 감정도 근거리 감시 중에 있어 단번에 무너질 수가 있다. 사람과 사람 사이는 신뢰감이 사라지고 더 이상 안전감을 기대할 수 없으며, 아울러 정감은 발 디딜 틈이 없어진다. 이것이 바로《핸드폰》의 우언이라 할 수 있다.

현대중국의 기타 대중문화

텔레비전문화

최근 중국 경제의 발전과 국민들의 생활수준의 향상에 따라 텔레비전이 신속히 보급되어 시청인구가 날로 증가하고 있는 추세이다. 중국 가정에서 컬러텔레비전은 이제 필수품이 되었다. 채널수는 CCTV中央電視臺 18개 외에 각 지역마다 지역방송 채널도 적지 않게 있다. 여기에다 유선방송과 홍콩 스타TV 등의 위성방송까지 합치면 보통 가정의 채널 선택 범위가 매우 넓은 편이다. 그래서 드라마를 비롯한 텔레비전을 통한 대중문화가 신속하게 발전하는 추세이다. 통계에 의하면 2005년 현재 중국 전역에는 297개의 방송국이 있다. 1992년 전국에서 방영된 TV 드라마가 5천여 편에 달하고, 2005년에 제작된 TV 드라마 편수는 1만2천여 편에 달한다. 이처럼 중국 자체에서 제작한 드라마뿐만 아니라 타이완臺灣이나 홍콩香港 그리고 외국 등의 드라마를 수입하여 방영하기도 한다. 특히 우리나라의 TV 드라마도 수입되었는데, 우리나라에서도 인기 드라마였던《사랑이 뭐 길래》가 1997년에 방영되어 중국의 안방극장을 석권하였다. 젊은 남녀 주인공의 결혼을 향한 우여곡절이 국내에서의 인기 요인이었던 데 반해 중국에서는 남자 주인공 아버지의 가부장적 태도가 중국 남성 시청자들을 사로잡고 있다는 사실이 흥미롭다. 일찍부터 남녀평등정책을 펴온 중국의 경우 가정에서 부인의 발언권이 상대적으로 센 점을 감안할 때 중국 남성들이 남자 주인공 아버지 같은 가부장적 태도에 대리만족을 느끼고 있음은 쉽게 짐작이 간다. 이외에도 우리나라의 다른 드라마들이 적지 않게 방영되었으며 지금도 방영되고 있다.

중국의 TV 드라마는 문화대혁명 기간 동안 제작이 중단되었다가, 개혁·개방 이후 다시 제작되기 시작하였다. 1980년대 중국 TV 드라마는 《서유기西遊記》(1986)·《홍루몽紅樓夢》(1987)·《사세동당四世同堂》(1986)과 같이 주로 고전이나 문학작품을 위주로 제작한 것이었다.

1990년 두 쌍의 청춘남녀의 복잡한 애정관계와 심리를 묘사한《갈망渴望》이 시청자들로부터 폭발적인 인기를 얻으면서 통속적인 주제를 다룬 중국 TV 드라마의 시대가 열렸다. 그 뒤 1994년에 방송된《후회없는 사랑過把癮》은 개혁·개방 이후 변화되고 있는 중국 청춘 남녀들의 애정관을 비교적 솔직하고 대담하게 묘사하면서 큰 인기를 얻기도 하였다. 1990년대는 중국 TV 드라마 제작에 있어서 일종의 실험단계였고, 다양한 장르의 드라마가 제작되던 시기였다. 1991년 중국 최초의 시트콤 형식의 드라마인《편집부 이야기編輯部的故事》가 방송되었다.《편집부 이야기》는 풍자와 언어유희를 통해 개혁·개방 이후 나타난 사회적 문제점을 제기하고, 비판함으로써 시청자들의 큰 공감을 불러일으켰다. 이와 같은 풍자와 언어유희를 통한 사회 비판은 이후 중국에서 사회비판 드라마의 일종의 전형이 되었다. 1993년 최초 방송 후 120집까지 제작된 시트콤 드라마《사랑해, 나의 집我愛我家》역시 정치색 없이 사회 현실을 풍자하고, 우회적으로 비판하면서 폭발적인 인기를 얻었다. 1995년과 2001년에 방송된《재상 류뤄궈宰相劉羅鍋》·《강철입담 지샤오란鐵齒銅牙紀曉嵐》 등도 사극이었지만 유사한 형태로 제작되어 많은 사랑을 받았다.

1999년 초, TV 드라마 한 편이 12억 여 중국 사람들을 사로잡았다. 그 드라마는 바로 청淸나라 건륭乾隆황제의 공주를 주인공으로 한 《황제의 딸還珠格格》이다. 이 드라마는 엄청난 시청률을 기록했는데, 드라마가 방영된 저녁시간에는 베이징 거리에 인파가 줄고 모임 약속도 하기 어려울 정도였다. 타이완과 합작한 이 드라마는 타이완·홍콩에서도 동시에 방영되었는데, 그곳에서도 폭발적인 인기를 누렸다. 종영 후 시청자들의 성화에 못 이겨 재방도 되었다.

현재 중국의 TV 드라마는 청춘극·사극·시트콤·애정극·주류 드라마에 이르기까지 매우 다양한 분야에서 제작되고 있다. 그 중 우리에게는 비교적 생소한 주류 드라마는 중국공산당의 입장에서 중화인민공화국의 건국과 중국공산당의 통치를 정당화하고 선전하는 것을 목적으로 제작된 것이다. 주류 드라마는 정치선전 드라마로서 주제 면에서는 한계가 있지만, 2000년대 이후부터는 일방적인 정치선전에서 벗어나 등장인물의 심리묘사·갈등관계 등을 성공적으로 묘사하면서 작품의 완결성을 높여왔고, 그 중 일부는 시청자들로부터 많은 사랑을 받기도 하였다. 예컨대 2001년과 2006년에 방송된 《장정長征》·《빛나는 검亮劍》 등이 대표적인 예이다.

가요문화

텔레비전 등 대중매체의 확대로 현재 중국의 젊은 층에서는 타이완이나 홍콩 가수가 선풍적인 인기를 끌고 있다. 장쉐여우張學友·궈푸청郭富城·류더화劉德華·리밍黎明 등등의 공연은 입장료가 무려 인민폐

200~300원 이상이나 하지만 만원사례이다. 우리나라의 가수들도 중국에 진출하여 대단한 인기를 누리고 있다. 이를테면 우리나라 10대들의 우상이었던 인기 댄스그룹 H.O.T가 베이징에서 열풍을 일으킨 적이 있다. 그들이 공연을 했던 2000년 2월 1일 저녁 베이징 공인工人체육관은 열광의 도가니로 변했다. 그들의 몸 동작에 맞춰 중국의 10대 중·후반 청소년들은 야광막대를 휘두르며 아우성을 쳤다. H.O.T의 열풍은 공연 전부터 예고됐다. 인민폐 최저 80원에서 최고 1천 원까지 7종의 티켓, 총 9천여 장이 매진되었다. 다음날 조간《베이징신보北京晨報》는 "중국의 팬들이 H.O.T에 홀딱 반해 버렸다"고 보도했다. 이 신문은 "중국에도 청춘미소녀青春美少女·BOB 심도남해心跳男孩 등의 음악그룹이 있지만, H.O.T처럼 청중을 열광시키지는 못했다"고 지적했다. 중국에서 H.O.T의 인기가 이처럼 높았던 것은 지난 1998년 5월부터 그들의 음반이 처음 소개된 이래, 세 장의 음반과 1장의 VCD가 발매돼 가창력과 춤 솜씨를 인정받았기 때문이다. H.O.T 음악이 소개된 이후 발라드 위주이던 중국 청소년층의 음악이 댄스뮤직으로 바뀌었다고 한다.

중국의 대중음악을 얘기하면서 빠뜨려서는 안 되는 것이 바로 록Rock 음악이다. 왜냐하면 이 음악은 중국 젊은이의 성향 및 정치적인 문제와 관련성이 있기 때문이다. 문화대혁명이 끝나고 1978년에 덩샤오핑鄧小平이 부활하자, 문화정책의 자유화가 시작되었다. 대중음악도 해금되고 외국의 대중가요의 유입도 완화되었다. 그런 속에서 중국의 록이 발전하게 된 것이다. 1986년 중국 록의 제일인자인 추이젠崔健이 충격적으로 데뷔한 이후 내용적인 변천은 세 가지로 구분할 수 있다.

제1기는 추이젠으로 대표되는 여명기인데, 그 특징은 정치적인 의미까지 포함하여 사회에 대한 강한 메시지를 가지고 있다. 그는 1961년 베이징에서 조선족으로 태어났다. 세대로 말하자면 문혁세대(40대)보다는 어리지만 톈안먼의 젊은이들보다는 나이가 많다. 어릴 때 주입된 마오쩌둥 사상이 덩샤오핑의 개혁·개방으로 부정되자, 가치관과 도덕의 기반이 혼란을 일으킨 세대인 것이다. 그는 베이징교향악단에 트럼펫 연주자로 입단하여 개혁·개방으로 들어온 외국음악 장르를 가리지 않고 흡수하다가 1984년에 록을 만나게 된다. 그는 아마추어 밴드를 거쳐 1986년 4월에 '내겐 아무 것도 없다一無所有'를 썼다. 이 노래는 톈안먼天安門사건 때 민중가요로 불릴 만큼 젊은 층 사이에서 선풍적인 인기를 끌었다. 1986년 5월, 국제 평화년 기념 콘서트를 통해 1만 명의 관중 앞에서 처음으로 연주하게 된다. 전국적으로 방송되는 텔레비전 중계였기 때문에 극적으로 데뷔를 장식한 것이다. 그때부터 그는 록의 제일인자로 주목을 받아왔다. 그러나 그의 노래가 젊은이들의 인기를 얻으면 얻을수록 록을 환영하지 않는 중국 정부의 주목을 받게 되어, 마침내 정신오염 캠페인의 표적이 되어 교향악단에서 쫓겨나고 만다. 또 혁명시대의 애창곡인 '난니만南泥灣'을 록으로 연주하여 혁명을 모욕했다는 비난을 받기도 했다. 톈안먼사건이 일어나기 직전에는 민주화를 요구하며 연좌데모를 벌인 학생들을 격려하기 위해 광장에 나가 노래를 부름으로써 당국의 신경을 거슬러 '반체제' 딱지를 붙이게 된다. 1993년 3월에 있었던 인터뷰에서 그는 자신의 록에 대해 "록음악이라는 것은 항상 사회 속에서 사람들에게 불만을 느끼게 하는 것을 비평하는 것이다. 그것은 사회에 있어서는 일종의 균형

추이젠이 붉은 천으로 눈을 가리고 그의 또 다른 히트곡인 〈한 조각 붉은 천一塊紅布〉을 열창하는 모습

이나 마찬가지이다. 단순히 시류를 타고 변천하기만 하는 음악은 본질적으로 록음악이라고 할 수 없다. 그것은 단순한 유행음악에 지나지 않는다"라고 말했다. 그리고 그는 또 "내 음악은 사람들로 하여금 자기 자신을 잃게 하는 일체의 것을 반대하는 것이다. ……나는 나 자신이 필요로 하는 것이 무엇인지는 모르지만 무엇을 반대하지 않으면 안 되는가 하는 것은 잘 알고 있다. 그것이 바로 록음악이라는 것을 나는 이해하고 있다"라고도 했다. 추이젠의 출현으로 록에 눈을 뜨게 된 젊은이와 이로 인해 중국에 새로운 음악시대가 열리려고 할 때 찬물을 끼얹은 것이 톈안먼사건이다. 사건 이후의 단속으로 그 자신도 반년 동안은 움직일 수 없는 상황에 몰렸다. 또한 당시 10여 개쯤 생겨난 베이징의 록그룹의 활동정지와 해산은 말할 것도 없고 대중음악까지도 '자숙'의 풍조 탓에 많은 사람이 모이는 콘서트는 한동안 개최할 수 없었다.

제2기는 톈안먼사건 이후에 등장한 록 밴드로 정치적인 메시지를 배제하고, 독특한 프로그레사운드로 지지를 받고 있는 '당조唐朝'로 대표된다. 그들이 밴드의 이름을 '당조'라고 한 것은 중국 역사상 가장 문화가 발전하고 해외와의 교류가 활발하여 누구나 긍지를 가질 수 있었던 그 시대를 동경하기 때문이라고 한다. 음악성을 추구하는 그들은 아시아의 음악과 서양의 음악을 융합한 형태의 오리지널 사운드를 지향하고 있다.

제3기는 록 밴드 '맹류盲流'처럼 억제와 규제 속에서 싹트는 자기 응시·자기 해방을 주제로 하는 세대이다. 음악적 기법뿐만 아니라 현실을 살아가는 자신에 초점을 맞추고 있는 듯이 여겨진다. '맹류'란 농촌에 사는 사람들이 아무런 목적도 없이 도시로 몰려드는 중국의 사회현상을 일컫는 말로 앞에서 본 '민공조民工潮'라는 말의 의미와 비슷하게 쓰였다. 현재는 대외적인 이미지 손상을 꺼리는 중국 정부로부터 사용을 삼가라는 지시가 내려져 있다. 그런데도 굳이 '맹류'라고 이름을 지었던 것이다.

제3기를 짊어지고 있는 '맹류' 등의 20대 젊은이는 문화대혁명후세대라고 불린다. 문화대혁명을 강력하게 이끌어온 부모 밑에서 개혁·개방과 함께 자라난 세대이다. 그리고 사회적 변동의 세례를 정면으로 받고 있는 세대들이기도 하다. 이들은 체제에 대한 저항을 자기 속에서 구하면서 자기표현으로서 또는 자신의 이상을 관철하는 것으로서의 록을 모색하고 있다.

여기서 '맹류'의 한 멤버가 작사한 '식물인'이라는 노래의 가사를 보기로 한다.

네가 가져온 소식으로는
이윽고 세계는 침몰한다고 한다
도시는 사나운 폭풍우 속에 떠도는 배
나의 웃음소리에도 이제 지각은 없다
아픔은 희미한 기억 속으로 사라졌다
뿌리가 생기고 말았기 때문에
난 이제 울 일도 없다
어둠에 안겨
점차 녹색으로 변해 가는구나

나비가 날아와 내게 사랑을 했다
꿀벌이 춤을 추며 나의 리듬을 새긴다
난 온실 곳의 자그만 식물
누군가가 너에게 얘기해주리라

최후의 만찬이 시작된다고 너는 말한다

사람들의 표정은
마치 술에 취한 새우 같다
창밖까지 뻗친 나의 몸을
좀 잘라 줘
더러운 입김을 느끼게 하지마
빛깔이 없는 나의 연한 피를
넌 보게 될 거야
창문을 닫고
빨리 내 곁에서 떠나 줘

최후의 날이 곧 다가온다
넌 어떻게 달아날 거야
내 마음은 매우 고요해
꽃을 피우기만 하면 되니까
벽을 따라 헐떡이듯이 숨을 쉰다
천장 널빤지 위에서 춤을 추며
혼미 속에서 잠이 든다

도시에서 매일 같이 보는 현실은 배금주의에 젖어드는 사람들 술에 취한 새우와 무시무시한 속도로 변모해 가는 도시의 모습이었다. 그런 사회에 놀라움과 혐오감을 느끼면서도 차츰 둔화되어 가는 자신의 감성. 자신을 뒤돌아보면 분명히 살아 있기는 하지만 그 삶에는 적극적인 광채가 없다. 소리 없이 자라는 식물처럼 은근한 생명력. 날카로운 사회비판과 그 현실을 어쩌지 못하는 무력한 자신을 대조시키는 내용이다. 이것이 바로 그들의 메시지일 것이다. 국가와 인민들과의 가공할 만큼 긴밀한 관계, 여기서 '맹류'의 록이 분출하고 있다. 그들이 노래하는 이유는 현재를 살아가기 위한 절박함 때문이다. 진폭이 큰 현대 중국을 살아가는 젊은이들의 존재 증명으로서, 그 열정적인 록에 공감을 느끼고 있는 것이다.

'한류韓流' 현상

일반적으로 '한류'란 중국 대륙에서 대중가요·TV 드라마·영화·TV 예능프로그램 등 한국의 대중문화가 큰 인기를 끄는 현상에 대해 중국인들이 붙인 명칭으로 알려져 있다. 하지만, 일본·타이완·홍콩·베트남·몽골 등 그 밖의 다른 동아시아 국가들에서도 이와 비슷한 현상들이 나타남으로 인해 한국에서는 그 용어가 지칭하는 범위가 크게 확대되고 있다. 대략 1997년부터 나타나기 시작한 이러한 현상에 대해 '한류'라는 이름이 처음 붙여진 것은 중국 베이징에서 한국인이 운영하는 한 방송기획사에 의해서다. 지난 1999년 문화관광부는 한국 가요의 홍보용 음반을 CD로 제작하여 해당 국가의 방송사·잡지사·대학·디스코텍 및 한국 공관에 배포할 목적으로 1억5천만 원을 투자, 중국어 6천 장과 일본어 및 영어 각 3천 장씩 음반을 기획·제작하였다. 이 음반의 중국 버전의 타이틀이 곧 '韓流-Song from Korea'였다. 그런데 이 중국 버전의 음반 기획을 맡은 회사는 1997년부터 베이징음악방송국北京音樂臺을 통해 정규적으로 1시간씩 중국어로 진행되는 한국가요 소개 프로그램인 '서울음악실漢城音樂廳'의 제작 및 운영을 맡고 있는 주식회사 미디어플러스였다. 당시 홍보용 음반의 타이틀을 논의하는 기획회의에서 베이징영화대학北京電影學院 연출과 교수가 중국 젊은이들 사이에서 새로운 유행 경향을 총칭하는 '寒流'라는 신조어에서 '寒'을 '韓'으로 바꾸자는 의견을 제시하여 타이틀을 '韓流'로 정하게 되었다. 그 후 '한류'라는 신조어는 서울음악실을 통해 베이징·상하이上海·광저우廣州 등 중국의 10개 주요 도시의 약 5억 청취자들을 대상으로 첫 전파를 타게 되었고, 1999년 가을부터 H.O.T·안재욱·유승준의 노래가 담긴 '한류'라는 타이틀의 홍보용 한국 가요 음반이 중국 전역에 배포되었다. 또한 중국 언론은 한국 대중문화의 유행 현상을 보도함에 있어 '한류'라는 용어를 그대로 인용함으로써 이 용어가 중국 대륙에서 한국의 유행 엔터테인먼트 —음악·드라마·패션·영화 등— 를 통칭하는 일반명사가 되는 데 큰 기여를 하였다. 2000년 9월 30일 중국 정부의 공식 대변지이자 가장 유력한 신문인《인민일보人民日報》는 한국 가수들의 대형 콘서트 개최를 보도하면서 한국 음악의 유행이라는 의미로 '한류'라는 신조어를 사용하였는데, 이는 '한류'라고 일컬어지는 현상이 중국 내에 실제로 존재하며, 또한 '한류'가 중국 내에서 공식 용어로 정착하게 되었음을 확인할 수 있는 계기를 제공하였다. 지금은 이 용어가 '한국의 유행 엔터테인먼트'라는 좁은 의미에서 벗어나, '한국 문화' 그 자체를 통칭하는 대명사로 쓰일 만큼 그 의미의 폭이 넓어지고 있다.

중국에서 나타난 '한류' 현상은 1997년부터 한국의 TV 드라마가 시청자들의 인기를 끌면서 시작했다고 보여 진다.《별은 내 가슴에》라는 드라마는 당시 중국 대륙·타이완·홍콩을 비롯하여 아시아 전역에 방송되는 스타TV 계열의 중국어 방송인 펑황TV鳳凰臺 : Phoenix TV에서 방영되어 예상 밖의 호응을 얻었으며, TV 드라마를 통한 '한류' 열풍을 일으키기 시작하였다. 이 드라마 방영 이후, 한국에서 방영된 최신 드라마들이 펑황TV를 통해 차례로 방영되기 시작하여 지금까지도 계속 방영되고 있다. 또한 1997년에는《사랑이 뭐 길래》가 중국 CCTV의 채널1을 통해 방영된 후부터 중국 시청자들의 본격적인 관심을 끌기 시작하였다.《사랑이 뭐 길래》는 평균시청률 4.2%로 CCTV의 수입 외화 방영 역사상 2위를 기록하였다. 이 드라마는 CCTV 채널2를 통해 재방송되기도 하였다. 이후 한국 드라마《보고 또 보고》·《인어공주》·《풀하우스》 등이 중국 TV에서 꾸준히 인기를 얻으면서 중국에서 한국드라마의 열풍을 몰고 왔다. 특히 2005년 방송된《대장금》은 시청률 50% 이상을 기록하기도 하였다. 이 시기 중국 텔레비전에서는 한 두 편씩의 한국 드라마를 방송하고 있었고, 한국 드라마 때문에 밤을 새웠다는 중국 사람들도 적지 않았다.

한국 드라마가 중국에서 인기를 끌게 된 요인으로 첫째는 일본이나 홍콩 또는 타이완의 드라마에서 보지 못한 신선함을 안겨주었고, 둘째는 동양적인 사고와 정서 그리고 친근한 인물형상을 통해 공감대를 형성하였으며, 셋째는 미국과 일본의 상업적 요소를 세련되게 표현하고 있으면서도 현대 도시생활에서 오는 정신적 압박과 생활 주변의 갈등을 동양적 도덕률에 근거하여 재구성함으로써 동체서용東體西用의 실천적 모델을 제시하였으며, 넷째는 스타 출연진의 개성 있고 수려한 용모와 화려한 의상, 뛰어난 촬영기법과 아름다운 영상미가 돋보였다는 사실 등을 들 수 있다.

한국의 TV 드라마가 중국에서 '한류' 현상의 물꼬를 텄다면, '한류'를 확실하게 다지는 계기가 된 것은 대중가요, 특히 젊은 가수들이 부르는 댄스음악이다. 중국의 통계국이 25개 대학의 학생들을 상대로 한 여론조사 결과, '한국' 하면 가장 먼저 떠오르는 것이 한국 가요라는 응답이 가장 많이 나왔다고 한다. 또한 중국의 젊은이들 가운데는 한국 가수들의 복장과 머리 모양을 흉내내고 한글까지 배워가며 노래를 따라 부르는 이른바 '하한쭈哈韓族'가 적지 않았으며, 한국의 댄스음악을 배우기 위해 한국에 전지훈련을 오는 사례까지 있었다.

한국의 대중가요는 1990년대 중반부터 위성방송을 통해 중국 대륙에 흘러 들어갔지만, '한류'의 분수령으로 자리 잡게 된 결정적인 계기는 최근에 비롯된 인기가수들의 중국 방문 콘서트 덕분이라고 할 수 있다. 특히, 1999년 11월 클론의 베이징 공연에 이어 2000년 2월의 H.O.T 공연은 '한류'의 정점을 이루었다고 할 수 있다. 클론이 중국 진출의 개척자 역할을 했다면, H.O.T는 '한류'의 핵심을 이뤘고, 그 뒤를 이어 NRG·베이비복스·SES 등등이 보조하면서, 한국의 그룹들이 1999년에서 2000년까지 중국의 그룹 시장을 점령했다고 할 수 있다. 특히 H.O.T는 진정한 '한류'의 사자로서 그들의 앨범표지에 표현된 신선한 생김새, 검정 색 의상과 가면, 5명의 과장된 신체언어는 모방의 대상이 되었으며, 1998년부터 그들이 해산한 2001년까지 그들은 '한류'의 기치이자 대표자였다고 할 수 있다.

중국의 전문가들은 한국의 댄스음악의 수준이 매우 높고 다양하며 볼거리가 풍부한 점이 중국 젊은이들을 사로잡고 있다고 평하고 있다. 중국의 대중가요가 볼거리와 사운드 면에서 수준이 크게 떨어지기 때문이다. 특히 한국 가수들이 보여주는 댄스의 화려함은 중국 팬들에게 새로운 문화로 부각되고 있다.

자본주의의 달콤한 맛을 알기 시작한 중국 청소년들이 한국의 대중문화를 '필수 패션'으로 받아들이고 있다. 특히 중국인들이 일본 문화에 대해 반감이 적지 않은 것도 한국 가수나 탤런트에게 반사이익을 주고 있다는 분석도 있다.

그러나 일반적으로 볼 때, 중국에 진출한 가수들은 비록 현지에서 인기는 높지만 불법음반이 성행하기 때문에 중국 내 음반발매를 꺼리고 일회성 콘서트 위주로 활동을 전개하고 있다고 할 수 있다. 현지의 유력한 공연기획사와 연계하기보다는 주먹구구식으로 운영되는 부실한 공연기획사와 손을 잡고 일하기 때문에 신뢰도가 낮아 공연이 실패로 돌아가기도 하고, 이득 분배를 둘러싼 갈등이 잦아 제대로 돈을 벌지 못하고 있는 실정이라고 전해지고 있다. 따라서 눈앞의 이익보다는 문화상품의 수출을 통해 한국의 이미지를 높이는 등의 부가가치를 창출하는 데 의미를 두는 것이 보다 냉철한 가치판단이 될지도 모른다. '한류'는 중국 내 '한국 브랜드' 가치를 단숨에 높인 것은 틀림없다. 그러나 '한류'의 신속한 확산은 중국 내에서 반감을 불러일으키기도 하였다.

'한류'에 대한 반발은 우선 중국의 연예계 종사자들로부터 시작되었다. 한국 드라마의 지나친 성공이 자신들의 입지와 경제적 이해관계를 잠식하고 있다고 판단한 중국의 연예인들은 한국이 자국의 문화를 아시아적 보편가치로 포장하고 있다고 공격하였다. 즉 '한류'로 인해 중국 내에, 특히 젊은이들 사이에 한국문화와 가치가 침투하고 있고, 중국의 문화와 가치가 손상 받고 있다는 것이었다. 이들은 심지어 '한류'를 한국의 문화침략으로 규정하고 한국 드라마를 방송하는 것은 매국적 행위라는 다소 극단적인 공격을 퍼붓기도 하였다. 이러한 공격은 중국에서 부상하고 있는 애국주의와 결합하면서 '한류' 쇠퇴를 가져왔을 뿐만 아니라 '嫌韓流(혐한류)'라는 새로운 유행을 만들어 내기도 하였다. 이로 인해 한국의 문화뿐만 아니라 한국이라는 나라 혹은 한국 사람을 싫어하는 풍조가 확산되기도 하였다. 다행히 최근 들어 '혐한류'의 유행은 다소 진정되고 있지만 이후 중국과의 문화교류를 통한 경제적 가치의 창출을 위해서는 매우 신중하고 전략적인 접근이 요구된다고 하겠다.

참고문헌

강춘화,《당대 중국학 입문》(서울 : 박영률출판사), 1998

송영우 외,《중국학》(서울 : 건국대학교 출판부), 1998

송봉규 외,《중국학 개론》(서울 : 동양문고), 1998

노장시 외,《오늘의 중국》(대구 : 중문출판사), 1992

강준영 외,《한 권으로 이해하는 중국》(서울 : 지영사), 1998

김인호,《중국의 이해》(부산 : 세종출판사), 1997

김종현,《12억이 사는 나라》(부산 : 도서출판 늘함께), 1998

한홍석,《강택민시대의 중국》(서울 : LG경제연구원), 1997

류지(劉吉) 외 지음/김태만 외 옮김,《장쩌민과 신중국 건설의 청사진》(서울 : 동방미디어), 1998

鄧小平,《鄧小平文選》(北京 : 人民出版社), 1994

周恩來,《周恩來選集》(北京 : 人民出版社), 1992

翁杰明 외 주편,《與總書記談心》(北京 : 中國社會科學出版社), 1996

김승환,《중국 개혁의 기수 주룽지 : 내 관도 준비되어 있다》(서울 : 다인미디어), 2000

中共中央文獻研究室 편,《十一屆三中全會以來重要文獻選讀》(北京 : 人民出版社), 1987

《十四大以來黨和國家領導人論國有企業改革和發展》(北京 : 中央文獻出版社), 1999

曾壁鈞·林木西 저/박상선·최영렬 역,《중국현대경제사》(서울 : 매일경제신문사), 1993

蕭灼基 저/강준영 역,《중국경제개론》(서울 : 지영사), 1995

王春良·祝明 주편,《世界現代史》(濟南 : 山東人民出版社), 1993

剪伯贊 주편,《中國史綱要》(北京 : 人民出版社), 1986

R. Macfarquhar·J.K. Fairbank 저/金光耀 역,《劍橋 中華人民共和國史》(上海 : 上海人民出版社), 1992

조훈 편역,《강좌 중국근현대사》(서울 : 역사 교양사), 1999

하자마 나오끼·이와이 시게끼 저/신일섭 역,《데이터로 본 중국근대사》(서울 : 신서원), 1999

이수웅·김경일,《중국문화의 이해》(서울 : 대한교과서주식회사 도서개발부), 1995

이장우·노장시,《중국문화통론》(대구 : 중문출판사), 1993

梁漱溟,《中國文化要義》(臺北 : 里仁書局), 1982

《중국의 비밀》(서울 : 중앙일보사),《월간 중앙》 별책부록, 1983

NHK 중국 프로젝트 지음/문용수 옮김,《중국 : 21세기를 향하는 실험국가》(제2권, 서울 : 하늘출판사), 1996

이동식,《천안문을 열고 보니》(서울 : 창공사), 1996

박승준,《중국 중국인 똑바로 보기》(서울 : 조선일보사), 1999

전경옥,《차이나 리포트 : 열린 중국, 닫힌 중국》(서울 : 문학세계사), 1999

김문학,《반문화 지향의 중국인》(서울 : 도서출판 이채), 1999

홍순도 외,《베이징 특파원 중국 문화를 말하다》(서울: 서교출판사), 2013

李大遂 편,《簡明實用漢字學》(北京 : 北京大學出版社), 1993

김종수·최건,《중국당대문학사 1949-1984》(서울 : 청년사), 1991

김양수 편역,《중국 신시기문학 입문》(서울 : 토마토), 1995

이종희,《중국 영화의 어제, 오늘, 내일》(서울 : 책세상), 2000

최환,《중국 영화의 이해와 감상》(경산: 영남대학교출판부), 2010

주윤탁·김지석 책임편집,《아시아 영화의 이해》(서울 : 제3문학사), 1993

김지석,《아시아 영화를 다시 읽는다》(서울 : 도서출판 한울), 1996

안병섭 외,《세계 영화 100》(서울 : 한겨레신문사), 1996

김소영,《김소영의 영화리뷰》(서울 : 한겨레신문사), 1997

신채호, 《영화로 읽는 세기말의 역사》(서울 : 바다출판사), 1998

전택원, <중국의 부패문제>, 《중국연구》 1993년 여름호(대륙연구소)

김대광, <중국 소수민족 간부정책>, 《중국연구》 1993년 가을호

금희연, <중국에서의 관료부패 : '관도(官倒)'를 중심으로>, 《중국연구》 1993년 겨울호

이종환, <중국 농촌과 농민문제>, 《중국연구》 1994년 봄호

한택환·고동수, <중국 경제와 환경문제>, 《중국연구》 1994년 가을호

한정원, <개방시대를 살아가는 오늘의 중국 대학생들>, 《중국연구》 1995년 봄호

승계호 저/조창환 역, <주제의 틀 : 현대 중국영화에 사용된 예술적 기법>, 《문화·비평·사회》1(현대미학사·동아대 인문과학연구소), 1999. 12.

이치한·허진, <'한류(韓流)' 현상과 한·중 문화교류>, 《중국연구》 제30권, 2002. 12.

김영구·장호준 공저, 『중국의 사회와 문화』, 한국방송통신대학교출판문화원, 2016

조영남, 『후진타오 시대의 중국정치』, 나남출판, 2006

한국고등교육재단, 『중국, 새로운 패러다임-18인 석학에게 묻다』, 한울, 2015

이수행·조응래, 「중국의 일대일로一帶一路와 시사점」, 『이슈&진단』 193호, 2015.7.29.

주장환, 「시진핑 체제의 반부패 투쟁-중국식 엘리트 정치는 어디로 나아갈까」, 『시민과 세계』 26호, 2015.

KOTRA-국가·지역정보-중국-정치·사회동향 http://news.kotra.or.kr/user/nationInfo/kotranews/14/userNationBasicView.do?nationIdx=53

중국 국가통계국國家統計局 http://www.stats.gov.cn/

• 기타 잡지 및 신문 그리고 인터넷 자료는 생략하였음.

저자약력

최 환(崔 桓)_ hchoi@ynu.ac.kr

영남대학교 중어중문학과 졸업
國立臺灣大學 문학석사
國立政治大學 문학박사
南開大學 교환교수
北華大學 교환교수
현재 : 영남대학교 중국언어문화학과 교수

남민수(南敏洙)_ soonam61@naver.com

영남대학교 중어중문학과 졸업
성균관대학교 문학석사
山東大學 문학박사
현재 : 영남대학교 중국언어문화학과 강사

박명진(朴明眞)_ piao406@ynu.ac.kr

영남대학교 중어중문학과 졸업
北京大學 문학석사
北京大學 문학박사
현재 : 영남대학교 중국언어문화학과 교수